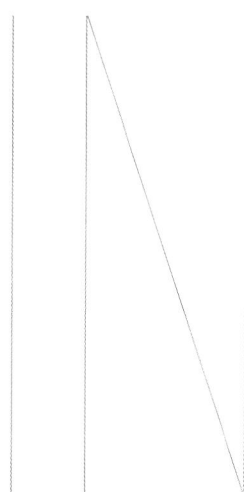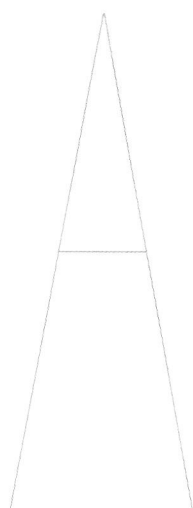

ZHIDU ZHILIANG
SHIJIAO DE
ZHONGGUO MAOYI
ZHENGCE YANJIU

制度质量视角的
中国贸易政策研究

郭苏文　著

经济科学出版社
Economic Science Press

图书在版编目（CIP）数据

制度质量视角的中国贸易政策研究／郭苏文著

—北京：经济科学出版社，2013.12

ISBN 978 - 7 - 5141 - 4000 - 2

Ⅰ.①制…　Ⅱ.①郭…　Ⅲ.①贸易政策 - 研究 - 中国

Ⅳ.①F720

中国版本图书馆 CIP 数据核字（2013）第 271486 号

责任编辑：周国强

责任校对：郑淑艳

版式设计：齐　杰

责任印制：邱　天

制度质量视角的中国贸易政策研究

郭苏文　著

经济科学出版社出版、发行　新华书店经销

社址：北京市海淀区阜成路甲 28 号　邮编：100142

编辑部电话：010 - 88191350　发行部电话：010 - 88191522

网址：www. esp. com. cn

电子邮箱：esp@ esp. com. cn

天猫网店：经济科学出版社旗舰店

网址：http：//jjkxcbs. tmall. com

北京季蜂印刷有限公司印装

710 × 1000　16 开　13.5 印张　240000 字

2013 年 12 月第 1 版　2013 年 12 月第 1 次印刷

ISBN 978 - 7 - 5141 - 4000 - 2　定价：49.00 元

前　言

　　新古典贸易理论认为，国与国之间的贸易会使发达国家与欠发达国家、富国与穷国的发展趋同。然而，在现实世界中这一趋同不但没有实现，反而被进一步拉大了。世界贸易的快速发展并没有改变以发达国家为中心的贸易格局，尽管有个别像中国这样的发展中国家在世界贸易中崛起，但总的来看，并没有改变发展中国家在全球贸易额中比重不断下降的事实，这使得传统的成本优势理论和资源禀赋论在现实世界中的运用遇到了困难。

　　作为新贸易理论的重要组成部分——战略性贸易政策所支持的具有产业保护目的的"狭窄移动带"在日本获得了极大的成功，但在其他国家却不具有适用性。另外，虽然我们可以从动态比较优势论中找到一些能够解释发展中国家后来者居上的理论基础，但除了个别新兴工业国家外，以印度为代表的其他许多国家虽然也在管理、技术以及教育等方面进行了大量的投资，但这些投资对其产业结构和产品结构的改变及优化并没有起到实质性的作用。因此，可以说新贸易理论并没有很好地说明后发展国家如何有效地利用外贸理论中的技术因素。

　　传统的贸易理论和新贸易理论之所以很难合理地解释现实中所存在的一些国际贸易现象，是因为这两类贸易理论的前提假设中都没有涉及"制度"因素，而这也往往是一些国际贸易模型在解释发展中国家贸易时陷入困境的原因。以诺思为代表的制度经济学派在考察欧洲远距离的贸易时，引入了制度和产权理论，从历史演进的角度，提出了"制度启动贸易"的命题，拓展了贸易理论的研究思路和应用空间。

改革开放30多年来，中国已经初步建立起了一个符合市场经济要求和国际贸易惯例的、统一、开放、符合多边贸易规则的、具有本国特点的贸易制度，极大地促进了中国的贸易发展和经济增长，使中国成为了国际贸易大国，大大地提升了中国在国际市场上的地位。然而，中国的贸易政策和贸易发展还存在着一系列的问题，如政府对贸易政策的行政性干预过多，经济性干预不足；贸易政策与相关经济政策还存在一定的不协调性；外贸发展的不平衡、不协调和不可持续问题日显严峻：贸易发展与资源能源供给和环境承载力的矛盾日益突出；和东部地区相比，中部和西部地区的对外贸易无论从规模上还是水平上都相对落后；外贸发展的质量和效益仍然相对低下等。这些问题如果得不到及时纠正，贸易发展和经济增长的进一步开展就会遇到阻碍。

因此，不管是从主动适应国际经贸格局变革的客观要求，还是从贸易自身要实现可持续发展的内在需要，特别是适应"加快转变经济发展方式"的要求来看，中国的贸易制度都必须进一步深化改革。现行侧重于数量扩张的贸易体系，必须根本转变为结构优化、协调发展、高质、高效的内外融通的综合贸易体系。本书认为，当前推进贸易制度改革的关键在于，创造合理的制度环境，进一步优化贸易制度安排，通过提升贸易制度管理质量，改善贸易、经济的运行环境，促进中国贸易结构和经济结构的战略性调整，以"制度红利"替代"人口红利"和"资源红利"，推动贸易实现平衡、协调和可持续发展。

经济发展的国际经验表明，一国贸易制度的成功与否，相当程度上取决于该国贸易政策的合理安排和利用。因此，本研究拟用制度质量分析框架，从制度有效性和稳定性入手，首先对贸易政策的有效性和稳定性进行界定，提出贸易政策制度质量的评价标准与方法，然后对发达国家和发展中国家的贸易政策进行比较研究，在此基础上重点考察中国贸易政策的制度质量问题，分析中国当前贸易政策的制度质量水平，指出贸易政策存在的制度质量问题，并最终给出中国贸易发展的贸易政策制度质量提升的相关建议。

本书以制度有效性与稳定性的基本范畴和中国贸易政策的现状为出发点，

以理论分析和经验分析为主要的研究方法，通过构建制度有效性和制度稳定性的二维属性统一维度的分析框架，对中国的贸易政策和贸易发展进行理论和统计的分析，以求为处于"完善社会主义市场经济体制"和"加快转变经济发展方式"的中国的贸易发展和贸易制度改革提供参考。

本书的主要内容包括以下几个部分：

导言和第一章首先介绍了本研究的国内外研究背景、理论及现实意义；其次介绍了研究思路、研究方法和主要内容，阐述了研究的主要观点、创新点以及不足之处；最后对相关的国内外文献作了综述，分析了现有研究的不足之处以及可能存在的研究空间。

第二章为制度质量的分析框架。本章主要对制度、制度有效性与制度稳定性的内涵进行介绍，对制度质量的测量方法进行总结和分析，并构建了制度有效性和稳定性相结合的贸易政策制度质量分析框架。

第三章为制度质量与贸易发展。本章主要从理论层面探讨制度质量对贸易发展的影响，分析制度质量影响国际贸易的内在机制以及贸易发展对制度质量的影响。

第四章为贸易政策制度质量的评价标准与方法。本章主要从制度有效性和稳定性的概念界定入手，对贸易政策制度有效性和稳定性的概念进行了提炼，进一步探讨影响贸易政策制度质量的主要因素，并在此基础上总结出贸易政策制度质量的评价标准与方法。

第五章为基于制度质量视角的贸易政策国别比较分析。本章首先对发达国家和发展中国家不同时期的贸易政策进行了梳理，然后基于制度质量视角从经验层面对发达国家和发展中国家的贸易政策进行了比较分析。

第六章为中国贸易政策的制度质量分析。作为本书最核心的章节，本章首先回顾了中国对外贸易政策的演变历程；其次，对中国贸易政策的制度质量从有效性和稳定性角度进行了简单评价；最后，在对中国现行贸易政策的有效性和稳定性分别进行检验的基础上将二者整合于一体，建立了一个有效性与稳定性统一的制度质量实证分析框架。

第七章为中国关税政策的制度质量考察。本章在对中国总贸易政策制度质量考察的基础上选择一个具体的贸易政策——关税政策来进行分析。类似第六章的分析思路，本章从理论和经验两个层面考察了中国关税政策的制度质量对中国外贸发展的影响。

第八章为新时期中国贸易政策的选择。本章从中国现有贸易政策存在的制度质量问题入手，探讨新时期中国贸易政策的选择问题，并在此基础上提出了提升中国贸易政策制度质量的相关建议。

结论部分是对本书的总结，主要阐述了本书的主要观点和主要结论，并指出了本研究的不足之处以及后续研究的方向。

在以上内容的基础上，本研究得出了以下主要观点：

（1）好的制度既是有效的制度，也是相对稳定的制度。一个完整的制度质量分析框架应该包括制度有效性和制度稳定性两个方面，制度有效性与制度稳定性是一个有机的整体。有效性是制度的直接特性，稳定性是制度的长期特性，是制度存在的理由，只有从同一纬度对制度的有效性和稳定性进行把握，制度的竞争力才会得以体现。

（2）制度是影响国际贸易的内生变量。包括政策、体制、规则等在内的制度本身既可以直接对贸易产生影响，还可以通过人力资本、交易费用、技术创新、规模经济等渠道间接地对贸易产生影响。

（3）对贸易政策的制度质量评价应当包括政策的制度有效性和稳定性两个方面。贸易政策的有效性是对贸易政策的结果和成本的综合考虑，贸易政策的稳定性是对贸易政策的波动性、政府对贸易政策承诺以及贸易政策一致性三者的综合考虑。

（4）高制度质量（高有效性和相对稳定）的贸易政策促进一国的对外贸易发展，低制度质量的贸易政策则阻碍一国对外贸易发展。因为高质量的贸易政策通过减少经济交易和生产性激励活动中的不确定性，提供有效的信任和激励，降低了对外贸易商所面临交易的不确定性进而降低了交易的成本，激励了微观经济个体交易行为的增加和交易效率的提高，增加了人们从专业化分工和对外贸易中获取的利益。

（5）中国的贸易政策总体上是有效的、相对稳定的。对中国贸易政策结果的定性分析和对中国贸易政策制度有效性的实证考察都证实了中国贸易政策的总体有效性。中国贸易政策波动性较大的两个时间段是 1995～1997 年以及 2004～2006 年，这是中国的贸易政策适应外界经济大环境变化的结果。中国贸易政策的有效性与稳定性在发挥作用时相互影响，共同促进对外贸易的发展。

（6）中国要实现贸易的良好发展，须以改善贸易政策制度质量为基础。良好的制度是对外贸易和经济长期持续增长的推动器。与难以改变的地缘联系和文化纽带联系相比，制度更容易改进，决策者可以通过行之有效的工作提升制度的有效性和稳定性，虽然近年来决策者在这方面在不断地改进，但是要实现中国贸易和经济的稳定增长，仍需进一步采取措施改善贸易制度环境。

目　录

导论 ……………………………………………………………………… 1

 第一节　研究背景和意义 ………………………………………… 1

  一、研究背景 …………………………………………………… 1

  二、研究意义 …………………………………………………… 6

 第二节　研究思路、内容和方法 ………………………………… 9

  一、研究思路 …………………………………………………… 9

  二、研究内容 …………………………………………………… 10

  三、研究方法 …………………………………………………… 11

 第三节　主要观点、创新与不足 ………………………………… 12

  一、主要观点 …………………………………………………… 12

  二、创新之处 …………………………………………………… 14

  三、不足之处 …………………………………………………… 14

第一章　国内外相关文献综述 ………………………………………… 16

 第一节　制度质量与贸易发展 …………………………………… 16

  一、国外研究现状 ……………………………………………… 16

  二、国内研究现状 ……………………………………………… 21

 第二节　制度质量与经济增长 …………………………………… 22

  一、国外研究现状 ……………………………………………… 22

  二、国内研究现状 ……………………………………………… 26

第三节　现有研究存在的不足 ……………………………… 27

　　一、缺乏系统性和全面性 ………………………………… 27

　　二、国内的研究相对滞后 ………………………………… 28

第四节　可能存在的研究空间 ……………………………… 29

　　一、制度质量的内涵和测量研究 ………………………… 29

　　二、制度有效性与稳定性的评价标准与方法 …………… 29

　　三、系统性研究 …………………………………………… 29

　　四、个案研究 ……………………………………………… 30

第二章　制度质量的分析框架 ………………………………… 31

第一节　相关概念解析 ……………………………………… 31

　　一、制度 …………………………………………………… 31

　　二、制度创新 ……………………………………………… 38

　　三、制度变迁 ……………………………………………… 39

　　四、制度质量 ……………………………………………… 41

第二节　制度质量二维属性的构建 ………………………… 43

　　一、制度有效性 …………………………………………… 43

　　二、制度稳定性 …………………………………………… 46

第三节　制度质量的度量方法 ……………………………… 48

　　一、正式制度指标 ………………………………………… 48

　　二、非正式制度指标——信任指数 ……………………… 54

　　三、各制度质量指标对比 ………………………………… 55

第三章　制度质量与贸易发展 ………………………………… 57

第一节　制度是影响国际贸易的内生变量 ………………… 57

　　一、"国际贸易由制度启动"命题的提出 ……………… 57

　　二、制度对国际贸易的影响 ……………………………… 59

第二节　制度影响国际贸易的内在机制 …………………… 70

　　一、制度影响国际贸易的直接机制 ……………………… 70

　　二、制度影响国际贸易的间接机制 ……………………… 73

第三节　贸易发展对制度质量的影响 ……………………… 78

第四章　贸易政策制度质量的评价标准与方法 ……………… 82

　第一节　贸易政策制度质量的界定 ………………………… 82

　　一、贸易政策有效性的界定 …………………………… 82

　　二、贸易政策稳定性的界定 …………………………… 84

　第二节　影响贸易政策制度质量的主要因素 …………… 86

　　一、内在因素 …………………………………………… 87

　　二、外在因素 …………………………………………… 89

　第三节　贸易政策的制度质量评价标准 ………………… 90

　　一、贸易政策有效性的评价标准 …………………… 90

　　二、贸易政策稳定性的评价标准 …………………… 93

第五章　基于制度质量视角的贸易政策国别比较分析 …… 95

　第一节　发达国家的贸易政策 …………………………… 95

　　一、发达国家的自由贸易政策 ……………………… 95

　　二、发达国家的贸易保护政策 ……………………… 97

　第二节　发展中国家的贸易政策 ………………………… 102

　　一、进口替代战略 …………………………………… 102

　　二、出口导向战略 …………………………………… 104

　　三、发展中国家的贸易自由化 ……………………… 105

　第三节　贸易政策国别比较实证分析 …………………… 106

　　一、贸易政策有效性的国别比较 …………………… 108

　　二、贸易政策稳定性的国别比较 …………………… 113

　　三、贸易政策制度质量的国别比较 ………………… 117

　本章小结 …………………………………………………… 119

第六章　中国贸易政策的制度质量分析 …………………… 121

　第一节　中国对外贸易政策的演变历程 ………………… 121

　　一、新中国成立至改革开放前的对外贸易政策 …… 122

　　二、改革开放至加入 WTO 前的对外贸易政策 …… 122

　　三、后 WTO 时期的对外贸易政策 ………………… 126

　　四、世界金融危机背景下对外贸易政策的调整 …… 128

第二节 中国贸易政策制度质量定性分析 …………………… 129

　　一、中国贸易政策的有效性分析 …………………… 129

　　二、中国贸易政策的稳定性分析 …………………… 138

第三节 中国贸易政策制度质量经验分析 …………………… 141

　　一、中国贸易政策的有效性考察 …………………… 141

　　二、中国贸易政策的稳定性考察 …………………… 147

　　三、中国贸易政策的制度质量考察 …………………… 151

　　本章小结 …………………… 155

第七章 中国关税政策的制度质量考察 …………………… 157

第一节 中国关税政策简述 …………………… 157

　　一、中国关税政策的内容 …………………… 157

　　二、中国关税政策的目标 …………………… 158

　　三、改革开放以来中国关税政策的调整 …………………… 159

第二节 中国关税政策的制度质量评价 …………………… 161

　　一、对关税政策有效性的评价 …………………… 161

　　二、对关税政策稳定性的评价 …………………… 162

第三节 中国关税政策的制度质量考察

　　　　——基于 VEC 模型 …………………… 163

　　一、数据来源 …………………… 164

　　二、协整检验 …………………… 164

　　三、VEC 模型 …………………… 166

　　四、方差分解分析 …………………… 167

　　本章小结 …………………… 168

第八章 新时期中国贸易政策的选择 …………………… 170

第一节 中国现有贸易政策存在的问题 …………………… 170

　　一、贸易政策的有效性方面 …………………… 171

　　二、贸易政策的稳定性方面 …………………… 175

第二节 中国贸易政策的选择 …………………… 176

　　一、中国贸易政策选择的约束因素 …………………… 176

　　二、中国贸易政策的现实选择 ………………………………… 178

　第三节　提升中国贸易政策制度质量的建议 ………………… 181

　　一、努力提升贸易政策的有效性 ……………………………… 182

　　二、不断改善贸易政策的稳定性 ……………………………… 184

结　论 ……………………………………………………………… 187

　　一、本书的主要观点和结论 …………………………………… 187

　　二、本书的不足之处及后续的研究方向 ……………………… 188

参考文献 …………………………………………………………… 190

后　记 ……………………………………………………………… 198

导　　论

第一节　研究背景和意义

一、研究背景

（一）国际背景

第二次世界大战以来，随着新科技革命的涌现以及经济一体化和全球化趋势的不断深入，大大推动和加快了生产活动和交换活动的国际化进程，同时也加深了各国间的相互往来和相互依赖。在当今的世界中，没有一个国家能够在封闭的状态下取得经济的快速增长。不管是发展中国家还是发达国家，要从全球经济一体化进程中获得利益，就必须实行对外开放，参与到国际分工和协作中来。

自 20 世纪 90 年代以来，国际贸易的增长速度明显快于世界经济的增长速度。根据世界银行的统计数据，1990～2012 年世界平均经济增长率为 2.67%，而同期的世界平均货物和服务出口增长率则高达 6.07%，约为世界经济增长率的 2.27 倍（见表 0-1）。

在国际贸易快速发展的大背景下，发达国家占据中心位置的国际贸易格局并没有得到改变，作为世界上最引人注目的三大经济体——美、日、欧在国际贸易中仍居于发展中国家难以撼动的主导地位。根据世界银行的统计数据，2011 年，美国、德国和日本在世界货物和服务出口中的份额分别高达到 9.37%、8.08% 和 4.00%（如图 0-1 所示）。目前，发达国家的货物贸易超过

表 0 – 1　　　　　　国际贸易发展和经济增长率（1990～2012 年）　　　单位：%

年　份	GDP	出口额
1990	3.02	6.27
1991	1.57	4.06
1992	2.10	4.33
1993	1.77	3.99
1994	3.29	9.46
1995	2.87	9.37
1996	3.36	6.71
1997	3.81	10.80
1998	2.32	4.47
1999	3.29	5.35
2000	4.19	12.7
2001	1.69	0.45
2002	1.99	4.01
2003	2.73	5.54
2004	3.99	11.3
2005	3.46	8.04
2006	4.00	10.0
2007	3.94	7.97
2008	1.33	3.34
2009	– 2.25	– 10.87
2010	4.34	14.29
2011	2.73	6.04
2012	1.84	2.00
平　均	2.67	6.07

资料来源：www.worldbank.org。

了世界货物贸易总量的 70%，而服务贸易则超过了世界服务贸易总量的 90%。尽管发展中国家，特别是中国和亚洲新兴工业国家或地区的对外贸易近几年持续高速发展，根据海关总署所公布的数据，2012 年中国对外贸易总额高达 3.87 万亿美元，首次超过美国（3.82 万亿美元），成为第一贸易大国，但发展中国家总体情况并不乐观，在国际贸易中的比重不断下降。由贸易和经济发展的不平衡以及国际制度的不完善所引发的各国之间的经贸冲突和摩擦已经成为了世界经贸领域的主要矛盾。

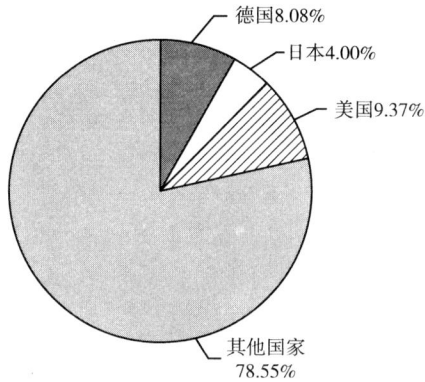

图0-1　2011年德、日、美货物和服务出口占世界货物和服务总出口比重

资料来源：www.worldbank.org。

根据新古典贸易理论的观点，发达国家与欠发达国家、富国与穷国之间的差距会因国与国之间的贸易而逐渐变小最终实现发展趋同，然而，在现实世界中，这一趋同不但没有实现，反而被进一步拉大了。国际贸易的快速发展并没有改变以发达国家为中心的贸易格局，这使得传统的成本优势理论和资源禀赋论在现实世界中的运用遇到了困难。

另外，大量的证据也证明"具有比较优势"和"拥有发达的贸易"之间不具备必然的对应关系，有些发展中国家虽然拥有比较优势，但不一定会拥有发达的贸易，而有些国家虽然不具备赫克歇尔和俄林意义上的资源禀赋优势，但却能够在贸易中创造出自身的竞争优势，如东亚的日本、韩国和西亚的以色列等国便是典型的例证。

作为新贸易理论的重要组成部分——战略性贸易政策所支持的具有产业保护目的"狭窄移动带"在日本获得了很大的成功。日本政府在不同的时期为了保护包括钢铁、汽车、微电子、新材料等在内的不同产业，通过采取提高关税的方法，使某些产业在没有比较优势的初期得到来自政府的保护，当这些产业在政府的保护下获得了竞争优势后，政府再将其保护过渡适用到其他要保护的产业。"狭窄移动带"在历史上对日本的贸易发展和经济增长都起到了非常积极的作用，但在其他国家却不具有普遍性的适用意义。自20世纪七八十年代至今，包括中国在内的一些国家试图像日本学习，采用这种方式，但大多数都不太成功。问题究竟出在了哪里？什么样的"经济约束"和"历史条件"

才能够造就"狭窄移动带"的成功？

另外，虽然我们可以从动态比较优势论中找到一些能够解释发展中国家后来者居上的理论基础，但除了个别新兴工业国家外，以印度为代表的其他许多国家虽然也在管理、技术以及教育等方面进行了大量的投资，但是这些投资对其产业结构和产品结构的改变及优化并没有起到实质性的作用，因此，可以说新贸易理论并没有很好地说明后发展国家如何有效地利用外贸理论中的技术因素。

传统的贸易理论和新贸易理论之所以很难合理地解释现实中所存在的一些贸易现象，是因为这两类理论的前提假设中都没有涉及"制度"因素，而这也往往是一些国际贸易模型在解释发展中国家贸易时陷入困境的原因。以诺思为代表的制度经济学派在考察欧洲远距离的贸易时，引入了制度和产权理论，从历史演进的角度提出了"贸易由制度启动"的命题，拓展了贸易理论的研究思路和应用空间。

(二) 国内背景

改革开放30多年来，中国初步建立起一个符合市场经济要求和贸易惯例、并具有中国特色的外贸管理体制，促进了对外贸易的飞速发展，货物进出口总额从1978年的206.4亿美元上升到2008年的25632.6亿美元，受金融危机的影响，2009年的进出口总额有所下降，但仍高达22073亿美元，2010～2012年又分别迅速增长到2.97万亿美元、3.64万亿美元和3.87万亿美元，对外贸易已经成为推动中国经济增长的重要动力之一。中国也是世界范围内贸易增长中最显眼的"亮点"，在全球贸易总量中的排名不断攀升，1978年中国仅位居第32位，2010年，中国对外贸易额超过日本和德国，成为仅次于美国的第二大贸易国，2012年又首次超过美国，成为第一国际贸易大国。

在中国总体贸易水平不断提高的同时，对外贸易发展的区域性差异日益凸显。东部地区作为改革开放的前沿地带，自20世纪80年代初就率先融入了经济全球化的进程。80年代中后期，广东逐渐取代了北京和上海，占据了出口贸易和进口贸易的领头羊的位置，凸显了其作为一个对外贸易大省的"标杆"地位。除广东之外，在国家对对外贸易政策的支持和倾斜下，浙江、江苏等省异军突起，成为了继广东省之后的中国对外贸易发展的新主力军，长三角和珠三角地区成为了中国对外贸易的主要阵地，尽管在2000年以后中国陆续实施了西部大开发战略、振兴东北老工业基地战略以及中部崛起战略，但是区域贸易发展的不平衡并没有缩小，东部地区的进出口贸易总值仍占全国进出口贸易总值的80%以上。中西部各省市的对外贸易发展仍处较低的水平，各省之间对外贸易水平的差距仍在不断拉大，以江苏和贵州两省为例：1990年贵州省的对外贸易额为21802万美元，江苏省对外贸易额为413910万美元，是贵州省的18.98倍，而到了2011年，贵州省对外贸易额为48.84亿美元，而江苏省对外贸易额却高达5397.59亿美元，是贵州省的110.52倍（如表0-2所示）。是什么因素导致省际之间的对外贸易水平差距越来越大呢？除了各省的经济水平、基础设施等因素之外，贸易政策制度质量上的差异是否是另外一个重要的原因呢？

表0-2　　　　江苏省和贵州省进出口总额比较（1990~2011年）　　　单位：亿美元

年　份	江苏省进出口总额	贵州省进出口总额
1990	41.39	2.18
1991	53.10	2.46
1992	69.62	3.39
1993	91.29	3.65
1994	117.59	5.36
1995	162.78	6.81
1996	206.88	6.42
1997	236.21	6.77
1998	264.26	6.22
1999	312.61	5.48
2000	456.38	6.60
2001	513.55	6.50
2002	703.05	6.91
2003	1136.7	9.85
2004	1708.57	15.14
2005	2279.41	14.04
2006	2839.95	16.17
2007	3496.71	22.73
2008	3922.68	33.70
2009	3388.32	23.07
2010	4657.93	31.38
2011	5397.59	48.84

资料来源：《江苏省统计年鉴》（1990~2011，历年），《贵州省统计年鉴》（1990~2011，历年）。

如何促进发展中国家的贸易发展并由此带动其经济增长，是备受各国政府和学者关心的一个重要问题。作为发展大国和贸易大国，中国当前面临着如何保持贸易平衡、协调和可持续发展的严峻问题。那么，究竟采用什么样的贸易政策，如何提高贸易政策的有效性、维持贸易政策的稳定性，优化贸易制度安排，使中国充分发挥比较优势，变比较优势为竞争优势，从贸易中取得更大的利益，是中国政府、企业以及学术界所共同关注的问题。

二、研究意义

（一）理论意义

国际贸易理论的发展过程比较漫长，经过了古典贸易理论、新古典贸易理论、新贸易理论和新新贸易理论四个阶段。作为古典贸易理论的代表人，亚当·斯密最早提出了绝对优势理论，该理论认为国际贸易产生的原因在于国家与国家之间在生产相同的商品时，技术水平存在着绝对差异。李嘉图在此基础上建立了相对比较优势学说，认为即使一国在两种产品的生产上都处于劣势，也可以根据相对成本差异进行国际分工，生产并出口和贸易伙伴国相比具有相对比较优势的产品，并由此从贸易中获得贸易利益。赫克歇尔—俄林的资源禀赋论继承了李嘉图的比较优势学说，但又有新的发展，用生产要素禀赋差异解释了比较成本差异的原因。二战以后，国际贸易领域出现了许多新特点与新格局，传统的贸易理论无法对此作出合理的解释。随着对"里昂惕夫悖论"的进一步研究，国际贸易理论发展到了一个新的阶段，以克鲁格曼为代表的经济学家认为收益递增或规模经济也会导致贸易的产生，即便国与国之间不存在传统国际贸易理论意义上的商品生产技术上的差异或者资源禀赋上的差异，规模经济的存在也会导致专业化生产和国际贸易的产生与发展。"新新国际贸易理论"则更进一步，开始关注并分析企业层面变量，研究企业的异质性与出口和对外直接投资决策的关系，关注异质性企业的贸易和投资问题，这一理论突破了传统贸易理论以产业为研究对象的局限，从而成为了国际贸易理论研究和实证研究的前沿。

上述国际贸易理论通常假定制度因素是既定的，对国家的制度性因素并没有给予十分的关注。新制度经济学认为制度是一种社会博弈规则，是限制人们相互交往的行为框架①。新制度经济学强调契约和交易成本，认为人是存在于一定的制度框架之中的，组织是制度的主要层面，各个组织之间的关系主要是契约关系。组织与组织之间要建立契约关系，就会产生相应的交易费用，而产权的界定就是为了节约因建立契约关系而产生的成本。作为比较优势的重要组成部分，交易成本在一定程度上都由制度而决定，因此可以说，制度对贸易有着至关重要的、甚至是决定性意义的影响。诺思在考察制度对贸易的影响时，从历史演进的角度入手，提出了"国际贸易由制度启动"的命题。

稳定性是制度的长期特性，也是制度存在的理由，因为制度多变意味着约束多变、信息多变、激励多变，意味着人们将无所适从。而具有稳定性的制度能使人们形成对未来的稳定预期，从而达到减少生活不确定性的目的。高有效性的制度是贸易促进型的。然而，一般来说，要提高制度有效性，一国必须经历一系列的制度改革和由此产生的一段时期的制度不稳定。制度变迁和因而产生的制度不稳定性对一国的对外贸易会产生一定的影响。制度改革和制度变迁的方向有可能是正向的，即制度变迁反映的是对不断变化环境的适应，也有可能是负向的，即使是对贸易和长期经济增长有利的正向制度变迁，在短期内也可能会因为制度的不稳定而产生阻碍贸易和经济发展的转型成本（郭苏文、黄汉民，2011）。

把制度纳入贸易发展和经济增长的理论框架，是国际经济领域的一个最新进展。制度经济学认为制度是长期经济增长的根本原因，制度能够为生产性活动提供相应的激励机制，制度正向变迁的过程同时也是经济同步增长的过程。然而，许多发展中国家所存在的问题是，制度质量的正式约束常常因其执行成本太高而以无效率的非生产性的方式进行。因缺乏制度变迁所需的有利条件，再加上不利的贸易条件的冲击和政治不稳定等因素的影响，发展中国家普遍存在着路径依赖的问题。那么，如何运用制度质量分析框架来分析、度量中国改革开放所取得的成果以及面临的问题？本研究尝试性地从贸易政策的制度质量视角出发，对制度质量的有效性和稳定性二重属性进行量化，探讨贸易制度质量与对外贸易的关系，并在此基础上重点考察中国贸易政策的制度质量问题，一方面在一定意义上丰富了国际贸易的理论体系，另一方面也深化了制度经济

---

① North, D., *Institution, Institution Change and Economic Performance*, New York. Cambridge University Press, 1990, P.4.

学理论。另外，本研究从制度有效性和制度稳定性统一视角对贸易问题进行研究，拓展了以往仅仅强调制度有效性研究的传统，对制度稳定性的考察和对制度二重属性的构建也可以更透彻地研究对外贸易问题。

（二）现实意义

世界经济一体化的发展趋势以及国与国之间的紧密联系使一国的对外贸易在其经济发展中的作用越来越举足轻重。然而各国之间的贸易发展却极不平衡，美国与俄罗斯无论是在人口规模上还是在国土面积、自然资源和科学技术等指标上都比较接近，但美国的对外贸易额几乎是俄罗斯对外贸易总额的10倍。同样，如果我们考察一下统一之前的民主德国与联邦德国，也会发现同样的问题。第一次世界大战刚刚结束时，民主德国与联邦德国在人力资本和技术水平上相差无几，而经过几十年的发展之后，两国在对外贸易额上却产生了巨大的差距，原因是什么？韩国、日本、中国台湾以及以色列等国家和地区在资源相对劣势的情况下却能够创造出竞争优势，而有些国家虽然在资源上拥有优势但其贸易却没有得到长足的发展，原因是什么？制度因素在其中起到了什么样的作用？

就中国而言，自改革开放以来，外贸体制的不断改革和完善，极大地促进了对外贸易的发展。世界银行的统计数据显示，1978～2011年中国GDP平均增长率高达9.98%，人均GDP平均增长率高达8.84%（如图0-2所示）；另外，中国在全球贸易中的排名也迅速攀升，已经由1978年的第32位上升到2012年的第1位，超过美国，成为第一国际贸易大国。然而，中国的贸易政策和贸易发展还存在一系列的问题，如政府对贸易政策的行政性干预过多，经济性干预不足；贸易政策与相关经济政策还存在一定的不协调性；外贸发展的不平衡、不协调和不可持续性问题日显严峻：贸易发展与资源能源供给和环境承载力的矛盾日益突出，和东部地区相比，中部和西部地区的对外贸易无论从规模上还是水平上都相对落后，外贸发展的质量和效益仍然相对低下等。这些问题如果得不到及时纠正，贸易发展和经济增长的进一步开展就会遇到阻碍。

在此背景下，制度质量与对外贸易和经济增长的关系成为了人们所关注的新焦点，从制度的有效性和稳定性两个层面来剖析贸易政策与对外贸易的关系，可以从制度层面为中国的贸易工作提供新的启示和决策参考。对制度质量的研究应该既包括制度的有效性又包括制度的稳定性，这两者是制度质量的两

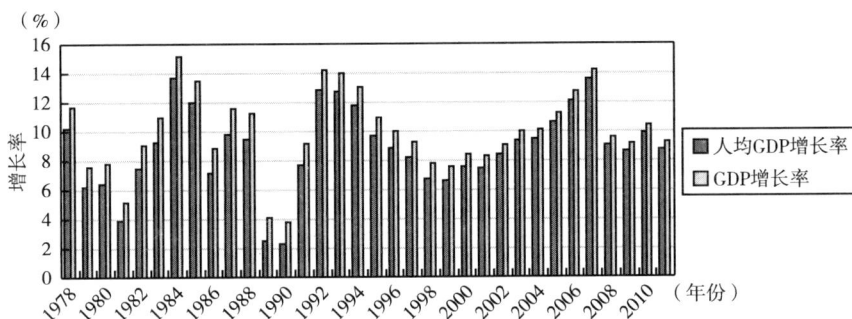

图 0 - 2　1978～2011 年中国 GDP 和人均 GDP 增长率

资料来源：www. worldbank. org。

个方面，是对立统一的关系，从短期来看，两者似乎存在冲突，然而从长期来看，两者又是相互补充且动态一致的。新时期的中国，是最新崛起的对外贸易大国，同时又处于制度变迁的进程当中，因此，"从制度有效性和稳定性视角研究贸易问题"对新时期中国制度的贸易效应认识的深化，以及相应的政策制定，都具有一定的现实意义。

第二节　研究思路、内容和方法

一、研究思路

本书的研究思路如下：在借鉴和吸收前人研究成果的基础上，以经济全球化和中国的工业化、城市化为研究背景，运用制度质量分析框架，提出贸易政策的制度质量评价标准与方法，从更一般的角度分析中国贸易政策的制度质量水平，系统研究中国经济综合转型下的贸易政策问题。试图从改善贸易制度质量出发，构建适应新时期中国经济发展要求的贸易政策，具体的技术路线图见图 0 - 3。

具体内容包括：第一，将通过广泛的文献纵览和数据搜集，进一步界定制度质量的内涵，从理论和经验层面论证有关测度指标体系设计，构建有效性与稳定性统一纬度的制度质量分析框架。第二，从理论层面探讨制度质量影响国际贸易的内在机制，并从界定贸易政策的制度质量入手，在分析影响贸易政策制度质量的主要因素的基础上，总结出贸易政策制度质量的评价标准与方法。

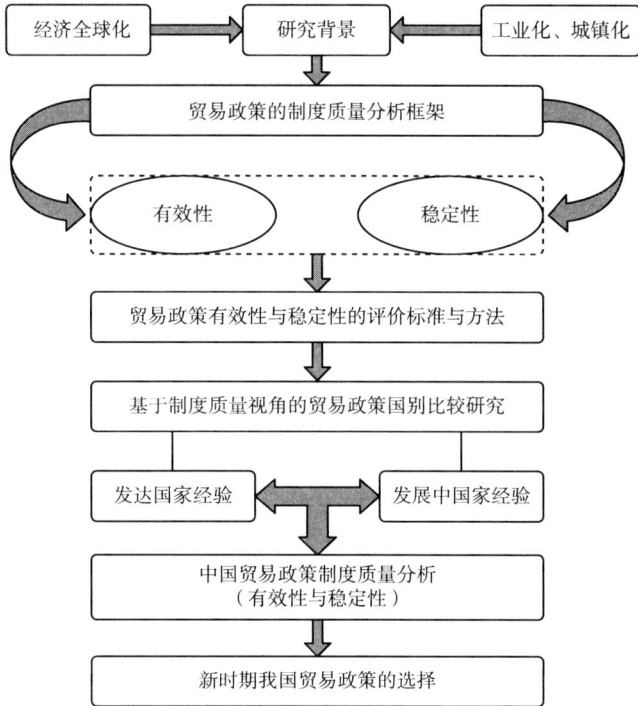

图 0-3　技术路线

第三，在多国样本比较分析的基础上，对中国贸易政策的运行从制度有效性、制度稳定性方面进行个案系统研究，并对具体的贸易政策之一——关税政策进行理论和经验分析；最后，在总结当前中国贸易政策制度质量存在的主要问题的基础上，提出具体的贸易政策选择以及提高贸易政策制度质量的相关建议。

二、研究内容

本书一共有八章：

导言和第一章首先介绍了本书的国内外研究背景、理论及现实意义；其次介绍了研究思路、研究方法和主要内容，阐述了研究的主要观点、主要创新点以及不足之处；最后对相关的国内外文献作了综述，分析了现有研究存在的不足以及可能存在的研究空间。

第二章为制度质量的分析框架。本章主要对制度、制度有效性与制度稳定性的内涵进行介绍，对制度质量的测量方法进行总结和分析，并构建了制度有效性和稳定性相结合的贸易政策制度质量分析框架。

第三章为制度质量与贸易发展。本章主要从理论层面探讨了制度质量对贸易发展的影响，分析了制度质量影响国际贸易的内在机制以及贸易发展对制度质量的影响。

第四章为贸易政策制度质量的评价标准与方法。本章主要从制度的有效性和稳定性的概念界定入手，对贸易政策的有效性和稳定性概念进行了提炼，进一步探讨影响贸易政策制度质量的主要因素，并在此基础上总结出贸易政策制度质量的评价标准与方法。

第五章为基于制度质量视角的贸易政策国别比较分析。本章首先对发达国家和发展中国家不同时期的贸易政策进行了梳理，然后基于制度质量视角从经验层面对发达国家和发展中国家的贸易政策进行比较分析。

第六章为中国贸易政策的制度质量分析。作为本书最核心的章节，本章首先回顾了中国对外贸易政策的演变历程；其次对中国贸易政策的制度质量进行了简单评价；最后，在对中国现行贸易政策的有效性和稳定性分别进行检验的基础上将二者整合于一体，建立了一个有效性与稳定性统一的制度质量实证分析框架。

第七章为中国关税政策的制度质量考察。本章在对中国总贸易政策制度质量考察的基础上选择一个具体的贸易政策——关税政策来进行分析；类似第六章的分析思路，本章从理论和经验两个层面考察了中国关税政策的制度质量对中国外贸发展的影响。

第八章为新时期中国贸易政策的选择。本章从中国现有贸易政策存在的制度质量问题入手，探讨新时期中国贸易政策的选择问题，并在此基础上提出了提升中国贸易政策制度质量的相关建议。

结论部分是对本书的总结，主要阐述了本书的主要观点和主要结论，并指出了本研究的不足之处以及后续研究的方向。

三、研究方法

为了避免迷失研究方向，规范研究过程，学术研究需要一定的方法来进行指导。研究方法是形成思想的必然手段和基本前提，在具体的研究过程中，研究方法既有可能由研究者明确表达，也有可能隐藏在研究者的思想背后。

本书主要研究对外贸易的发展问题，通过制度的内生化作用机制，探讨制度质量和制度稳定性对对外贸易的影响，对中国的对外贸易发展战略和方式提出新的解释。本书的研究方法主要有以下几种：

（一）理论分析与实证分析相结合的分析方法

本书以理论梳理为基础，分析制度质量影响国际贸易的机制，然后落脚于实证分析，从国际经验和中国经验的角度对贸易政策的制度质量对对外贸易的影响进行了分析，努力做到理论分析与实证研究相辅相成，相互支持。

（二）文献归纳的方法

本书在充分把握丰富的历史文献的基础上，对国际贸易理论和新制度经济学理论关于对外贸易与制度质量探讨的相关研究成果进行归纳总结，并构建了制度有效性、制度稳定性与中国对外贸易的研究框架。

（三）具体分析和抽象分析相结合的分析方法

制度有效性、制度稳定性是相对抽象的制度经济学范畴，其定量性的衡量具有一定的困难，而对外贸易和经济增长是相对具体的概念，有十分具体和明确的衡量指标。本书在分析中将抽象的制度概念应用到了具体的贸易概念的分析当中，实现了具体分析与抽象分析的有机结合。

（四）多学科融合的分析方法

本书在研究过程实现了国际贸易理论和制度经济学理论有机结合，在实证部分又将这两个理论与计量经济学方法进行综合运用，实现了各学科的高度融合和有机统一。

第三节　主要观点、创新与不足

一、主要观点

（一）好的制度既是有效的制度，也是相对稳定的制度

一个完整的制度质量分析框架应该包括制度有效性和制度稳定性两个方

面，制度有效性与制度稳定性是一个有机的整体。有效性是制度的直接特性，稳定性是制度的长期特性，是制度存在的理由，只有从同一纬度对制度的有效性和稳定性进行把握，制度的竞争力才会得以体现。

（二）　制度是影响国际贸易的内生变量

包括政策、体制、规则等在内的制度本身既可以直接对贸易产生影响，还可以通过人力资本、交易费用、技术创新、规模经济等渠道间接地对贸易产生影响。

（三）　对贸易政策的制度质量评价应当包括政策的有效性和稳定性两个方面

贸易政策的有效性是对贸易政策的结果和成本的综合考虑，贸易政策的稳定性是对贸易政策的波动性、政府对贸易政策承诺，以及贸易政策一致性三者的综合考虑。

（四）　高质量（高有效性和相对稳定）的贸易政策促进一国的对外贸易发展，低质量的贸易政策阻碍一国的对外贸易发展

因为高质量的贸易政策通过减少经济交易和生产性激励活动中的不确定性，提供有效的产权、信任和有效的激励，降低了对外贸易商所面临交易的不确定性进而降低了交易的成本，激励了微观经济个体的交易行为的增加和交易效率的提高，增加了人们从专业化分工和对外贸易中获取的利益。

（五）　中国的贸易政策总体上是有效的、相对稳定的

对中国贸易政策结果的定性分析和对中国贸易政策制度有效性的实证考察都证实了中国贸易政策的总体有效性。中国贸易政策波动性较大的两个时间段是 1995～1997 年以及 2004～2006 年，这是中国的贸易政策适应外界经济大环境变化的结果。中国贸易政策的有效性和相对稳定性在发挥作用时相互影响，共同促进对外贸易的发展。

（六）　中国要实现对外贸易的良好发展，须以改善贸易政策制度质量为基础

良好的制度是对外贸易和经济长期持续增长的推动器。与难以改变的地缘联系和文化纽带联系相比，制度更容易改进，决策者可以通过行之有效的工作提升制度的有效性和稳定性，虽然近年来决策者在这方面在不断地改进，但是要实现中国贸易和经济的稳定增长，仍需进一步采取措施改善贸易制度环境。

二、创新之处

（一）研究视角有新意

运用新制度经济学中的制度质量视角来分析贸易政策问题，在现有的研究中并不多见。已有研究大多仅从制度有效性角度来研究制度变迁与贸易发展问题，不够透彻、深入，且缺乏对制度有效性和稳定性有机结合研究。

（二）分析框架有新意

利用扩展的引力模型，构建有效性与稳定性统一纬度的制度质量分析框架，综合考察中国贸易政策的制度质量问题，在现有的研究中并不多见。

（三）贸易政策有效性与稳定性的评价标准与方法

在对贸易政策的有效性与稳定性界定的基础上，分析影响贸易政策有效性与稳定性的主要因素，进而提出贸易政策有效性与稳定性的评价标准，为贸易政策制度质量的衡量提供了一定的评价方法和依据。

三、不足之处

第一，本书的理论研究和实证研究都属于宏观层面，对微观层面涉及较少，因此，将制度有效性和制度稳定性的分析与微观个体行为联系在一起，细化制度质量变量，针对微观个体的动机和行为进行建模，将是未来研究的一个方向。

第二，在数据的搜集和整理方面，由于有关研究机构对各类制度质量指标的统计时间相对较短，导致本书计量检验的样本期不足 20 年，面板数据的结果可能会受到一定的影响，如何合理地运用现有的制度质量衡量方法进行范围更广泛的、合理的、科学的实证研究，将会是未来研究的另一个方向。

　　第三，本书虽然采取了规范分析和实证分析相结合的分析方法，但实证分析的数据多是来源于国内外公开发表的刊物或网站，相关研究并没有进行相应的实地调查，为了避免理论与实践相脱节，后续研究有必要对这一方面进行改善。

第一章

国内外相关文献综述

第一节 制度质量与贸易发展

一、国外研究现状

制度通过对生产性活动提供激励机制，改变着经济变化的走向（诺思，1991）。诺思从历史演进的角度说明了制度对贸易的作用，他认为欧洲远距离贸易的发展是由更为复杂的组织形式的内部联系发展所启动的，并由此提出了"贸易由制度启动"的命题。跟随诺思的脚步，学者们展开了贸易发展领域的制度质量分析，所取得的研究成果可以归纳为以下几类：

（一）制度质量对贸易流量的影响

制度质量与贸易流量之间有着密切的正向联系，拥有高质量的制度对一国的对外贸易具有促进作用，因为高质量的制度能够通过减少经济交易和生产性激励活动中的不确定性，提供有效的产权、信任和有效的激励，进而可以减少交易成本，促成组织之间的相互交易。拥有较高制度质量的国家或者地区通常会拥有较高的贸易水平，制度质量的改进对扩大贸易有着重要的积极作用（Dollar & Kraay，2003；Henri & Linders，2004；Gani & Prasad，2006；Yu，2010）。制度质量较低的国家贸易流量较小，不透明的公共政策和效率低下的法律体制会减少贸易量，因为脆弱的制度框架会增加商业机会的寻求成本、贸易的谈判和执行成本以及对外贸易中的风险（Anderson，2005），这相当于对进出口产品增加了额外的关税（Anderson & Marcouiller, 2002），进而会阻碍国际贸易的发展。

制度质量对贸易流量的直接影响包括三个方面：①不良的制度质量（繁琐的规章以及吹毛求疵的官僚作风）相当于对出口产品征收了出口税。贸易的主要阻碍便是合同的执行问题，而这一点在国际交易中更加明显，因为贸易商们所面临的法律和政治权利都是不同的（Rodrik, 2002），合同执行的匮乏对于风险中立者来讲相当于是额外的关税，进而会导致它们减少贸易。②风险/不安全性会减少出口。掠夺行为不仅会导致出口减少，而且可能还会导致资源从生产部门流向对产权的捍卫方面。③制度质量还会影响贸易的地理结构，不同国家的出口商在对进口商支付回扣方面表现出的偏好程度不同，如果出口商偏好支付回扣，则产品会流向进口国当局腐败的国家（Meon & Sekkat, 2006）。

（二）制度质量对贸易模式的影响

拥有较高制度质量的国家或地区对人力资本的积累相对较多，道德风险较少，通常会致力于复杂产品行业或规模生产型行业产品的生产；反之，拥有较低制度质量的国家和地区，因人力资本积累较少，道德风险较大，通常会致力于简单产品行业或个体生产型行业产品的生产（Berkowitz, Moenius & Pistor, 2004; Desroches & Francis, 2006）。

制度环境的变化会改变一国的比较优势。不同国家的制度环境不同在一定程度上导致了其合约不完全程度的不同，由此影响到该国的劳动分工范围和分工程度，从而对生产效率产生影响。如果一国的制度环境相对比较完善，那么该国在对合约依赖性较强、分工程度较大的产业上就会具有相对较高的生产效率，因为这些国家相对完善的制度环境大大降低了因契约的不完全性而给企业分工所造成的道德风险，所以这些国家在上述产业上就会具有相对较强的国际贸易比较优势，会出口那些具有较长生产迂回程度的产品。相反，如果一国的制度环境较不完善，那么该国在对合约依赖性较强、分工程度较大的产业上就会具有相对较低生产效率，因为这些国家的制度环境无法降低由于契约的不完全性而给企业分工所造成的道德风险，所以上述产业在这些国家就属于具有相对劣势的产业，因此他们就只能够出口那些具有较短生产迂回程度的产品与之相似的产品（Costinot, 2005）。与考斯蒂诺特（Costinot）的观点类似，阿西莫格鲁等学者（Acemoglu，Antràs & Helpman，2007）也指出，如果一国的制度较为完善，那么受完善制度的影响，该国的对合约实施质量较为依赖部门的中间品的供应商就会得到迅速的发展。通过采用互补性更高和更为先进的技术进行生产，会大大提高这些部门的生产效率，进而给这些部门带来了国际贸易比较优势。

米恩、塞卡特（Meon & Sekkat，2008）使用 1990～2000 年的跨国面板数据，检验了制度框架内各制度维度对总出口、制成品出口（manufactured goods）和非制成品出口（non-manufactured goods）的影响程度。研究发现制成品的出口显著地受"对腐败的控制""法治"（the rule of law）"政府效能"（government effectiveness）"政治暴力的欠缺"（the lack of political violence）正向影响，然而这一结论并不适用于非制成品出口和总出口。非制成品之所以出现例外，主要是因为：①非制成品特别是自然资源受腐败当局所控制，其为了获得更多的自然资源租，更倾向于便利而不是限制自然资源的出口。②如果不良的制度与教育投资进而低识字率正相关，那么不良的制度会使生产由制成品转向非制成品的生产，因为制成品的生产需要更多的技术。

（三）制度质量对贸易利益分配的影响

一国的制度质量不仅在一定程度上决定了该国的国际贸易量和国际贸易模式，同时还会影响到该国不同要素的收入和国际贸易利益的分配。列夫琴科（Levchenko，2007）对李嘉图的比较优势模型进行了扩展，将不同国家的制度差异纳入到模型当中，研究发现，制度质量较高的北方国家（发达国家）之所以愿意推动国际贸易的自由化，是因为这些国家因具有制度优势进而能够在世界范围内的国际贸易分工和协作中获得整体福利的改进。而南方国家（发展中国家）则有可能由于参与到国际贸易分工和协作中来而遭受福利损失，因为南方国家的制度质量较低。因此，根据比较优势原理，国际贸易的结果便是南方国家将进口那些制度依赖型或制度密集型的产品，如高技术产品或高创新产品，进而，北方国家的劳动力要素会从国际贸易中增加收益，而南方国家的资本要素也会从南北贸易获得收益，但劳动力要素可能会因此从南北贸易中遭受损失。

贸易是促进经济增长还是阻碍经济增长的关键在于制度发挥着什么样的作用。许多理论模型表明贸易可以提高生产力和收入水平，然后实证分析却表明贸易和经济增长两者的关系并不稳定，结论如何依赖于所使用的国家样本、时期以及所用的方法。对于一些国家，贸易对经济增长有强劲的促进作用，而对另外一些国家贸易可能对经济增长没有甚至有阻碍作用，例如一些东南亚国家的经济腾飞可以部分归因于积极的出口导向发展战略，而非洲和拉丁美洲的一些国家却从贸易中获利较少。给定相同的开放水平，高制度质量的国家从贸易中的获益要大于低制度质量的国家。博尔曼、布塞（Borrmann & Busse，2006）研究发现要使贸易对收入水平有促进作用需要制度质量发挥作用：首先，劳动力市场规则是降低与贸易有关的适应成本的关键，市场准入规则、税收制度效益、法治以及政府效能也都起着作用。加纳、乔杜里（Garner & Chaudhry，2007）的研究也得出了类似的结论，通过运用模型和工具变量法，他们发现要使贸易对收入水平有促进作用需要制度质量发挥作用，也即是制度质量对贸易和经济增长之间的正相关关系起着十分重要的作用。劳动力市场规则是降低与贸易有关的适应成本的关键，市场准入规则，税收制度效率、法治以及政府效能也都起着作用，拥有低制度质量的国家，往往从贸易中获利较少。

贸易和制度在经济发展中具有互补效应，两者在经济增长中相互替代。如果一国要想从贸易中获利，其制度质量必须要达到一定的门槛值，这表明在制度质量较差的国家，减少贸易障碍，增加贸易份额可能并不会带来经济利益。长期的贸易开放要比短期的贸易开放政策更重要，拥有高质量制度的国家从贸易开放政策中的得利要大于低制度质量的国家（Bhattacharyya，Dowrick & Golley，2009）。

米恩、塞卡特（Meon & Sekkat，2008）则认为贸易并不是同质的，贸易量仅仅是一国融入世界经济一体化的一个维度，另外，所有的出口对经济增长和经济发展的作用也是不同的。制成品比非制成品更能带动经济的增长。因为制成品能通过前后的产业链产生更多的正的外部性。相比较而言，自然资源的世界价格比制造业更不稳定，这就导致了初级产品生产商面临很大的不确定性，这一不确定性也会波及其他部门，而不确定性对要素积累进而对经济增长是不利的。制度质量对制成品和非制成品的影响可能不同，因为自然资源会产生资源租，而资源租多为政府当局所控制，这样就会产生自然资源分配方面的腐败竞争，非制成品的出口很有可能与较低的制度质量正相关。通过使用1990~2000年的跨国面板数据，米恩、塞卡特发现制度质量对制成品和非制成品的影响作用不同："对腐败的控制""法治""政府效能""政治暴力的欠缺"等制度质量测度指标对制成品的出口有显著的正的影响，而对非制成品出口影响不大。

（四）贸易开放对制度质量的影响

贸易开放通过各种渠道对制度质量产生影响。首先，贸易可以通过技术转移和技术进步带来制度变迁：一国实行贸易开放加速了该国与其他国家之间的技术转移，而技术转移又可以促进技术进步（Romer，1990；Coe，1995），人口增长和技术进步所带来的人均资本的变化能够导致制度的变迁（North，1981）。与上述观点类似，阿西莫格鲁和罗宾逊（Acemoglu & Robinson，2006）认为贸易可以通过能使中产阶级收入份额增加的"技能偏好型技术"的转移来影响制度变迁。因为贸易带来了技能偏好型技术转移，进而增加了中产阶级的收入，增加了他们的政治权利，他们就会对现有的制度实施制衡以保护他们的产权和合同。其次，贸易可以通过影响生产要素的价格来影响国内的政治结盟（Rogowski，1989），从而对制度变迁的速度和方向产生影响。最后，贸易还可以通过强化商业利益而导致制度变迁（Acemoglu et al，2005）。

贸易开放对制度质量的影响从经验层面也得到了证实：杜大伟和克拉埃（Dollar & Kraay，2003）证实了贸易开放度和法治之间的正相关关系。Wei（2000）通过研究发现，贸易开放度的扩大会带来制度质量的提升。巴特查里亚（Bhattacharyya，2011）研究发现经济制度的内部差异可以由贸易自由化来解释。列夫琴科（2011）通过研究发现，随着贸易开放的进行，贸易双方的制度质量在相互竞争中改进，不管在贸易的最初双方之间存在着多大的差距，一旦实行贸易开放之后，贸易双方将都会努力地去提高各自的制度质量，以提升贸易比较优势。制度质量和贸易开放是相互促进的，两者之间存在着双向的稳定的联系，但吉亚瓦奇、塔伯里尼（Giavazzi & Tabellini，2005）认为，和贸易开放对制度质量改善的影响相比，制度质量的改善对贸易开放的影响程度相对更大一些。但由于制度的变迁是一个非常缓慢的过程，因此，在现实世界中，发展中国家往往首先选择贸易开放，再以推进制度变迁相辅。

尽管多数人认为贸易因能够提高制度改革的预期利益而可以促进制度质量的改善，但也有学者有着不同的结论，有学者认为一国贸易开放对其制度质量的影响受国内企业规模和性质的影响。规模较大历史悠久的企业对一个经济体的制度依赖程度要小于小的、新成立的公司（LiPuma，Newbert & Doh，2011；Zhao & Fogel，2010），跨国公司能够使用其全球组织避开弱的当地制度，在公司对周围的环境依赖更多或拥有更多潜在进入者的经济体，其在加入到全球经济中后更有可能经历制度的进一步改革。而在公司或潜在进入者对良好的制度依赖较少的经济体，在加入到全球经济中后，其制度发展可能会存在不足，甚至会出现制度恶化（Zhao & Fogel，2010）。

二、国内研究现状

追随国外研究的脚步，国内学者也对制度和贸易的相互关系进行了大量的研究。林毅夫等人认为"赶超战略"的实施导致内生的经济体制会对资源配置机制造成扭曲，从而使比较优势的发挥受到限制，进而也无法得到比较优势所带来的贸易比较利益。20世纪50～80年代以日本、韩国和新加坡为代表的亚洲国家之所以能够实现经济起飞，主要是因为这些国家在出口导向战略的指导下较好地发挥了比较优势，而"鼓励投资和劳动力投入的制度"为这些国家的经济起飞提供了支持。唐永红（1999）认为对于市场制度不健全的发展中国家来说，其贸易发展的最大障碍不是生产经营成本，也不是运输成本，而是源于制度运行费用的交易成本。发展中国家具有要素潜在的比较优势，然而要将这种优势向竞争优势的转化需要有"制度"作保障。在深层次上，国与国之间的竞争实际上是制度竞争，而具有激励性和创新性的制度本身就是一种比较优势。中国对外贸易发展的历程证明了这一点，中国对外贸易的迅速发展得益于中国外贸体制的改革和不断完善，但这一制度还存在一定的缺陷，正是这些缺陷制约了中国对外贸易的进一步开展，中国外贸的发展需要进一步的制度创新。俞剑平、张小蒂（2001）认为，和以往遵循货物、服务及资本方面的差价套利原则不同，当前的国际贸易所遵循的是制度方面的差异套利原则。国与国之间的制度差异构成了国与国之间的比较优势的差异，使得一国在产权、激励机制以及外向型经济中所产生的作用程度不同，在推动国际贸易和经济全球化的进程方面所产生的结果也不尽相同。张伟（2003）认为贸易制度的建立和完善会促进贸易的发展，因为制度的完善可以减少交易成本，使个人收益和社会收益相接近，对个人或组织从事贸易活动产生激励作用。对发展中国家的贸易发展而言，制度因素的作用非常重要，如何选择制度变迁的路径，如果作出正确的制度安排，对发展中国家的贸易发展有可能起着决定性的影响作用。唐海燕（2005）认为制度可以最大限度地降低市场中的不确定性，使交易者的交易后果具有可预测性和可计量性。这有助于市场交易主体作出决策，也利于贸易主体开展贸易活动。市场经济法律制度的有效运行和不断完善，可以降低微观经济主体企业的交易成本，促使企业进行更深层次的专业化分工和生产，促进微观经济主体创新企业组织和贸易模式，成为对外贸易创新动力供给的重要源泉。潘向东等（2005）运用跨国面板数据，分析了经济制度安排和贸易流量之间的相互关系，发现对一国贸易流量影响最大的经济制度安排变量是一国的贸易政策，一国的贸易政策越趋于市场化，该国的贸易流量就越大。潘镇（2006）将制度变量纳入扩展的重力模型，将低质量的制度和国与国之间的制度距离作为两个可能的贸易隐形成本，对153个国家的样本进行了实证研究，结果表明，贸易国的制度质量越差，其贸易就越不活跃；国与国之间的制度距离越大，对贸易的阻碍作用就越大。蔡洁（2007）认为一国的制度越完善，该国发生的交易活动中的交易成本就越小，从而这种制度就可以因促进交易行为而增强该国的竞争优势。另外，如果两国之间的制度差异很大，那么这两国之间的制度运行成本就会上升，从而会阻碍两国之间的贸易，还会可能导致两国之间贸易摩擦的发生。熊锋、黄汉民（2009）认为贸易政策的制度质量分析框架除了包括制度有效性分析，还应当包括制度稳定性分析。贸易制度的稳定性既是经济长期增长的需要，更是贸易制度变迁进入"梯形"上升演进通道的必要条件，沿着熊锋、黄汉民的分析思路，郭苏文、黄汉民（2011）使用1995~2009年105个国家的样本平均每5年期的面板数据，从法律制度、微观经济制度和宏观经济制度三个维度来综合考察制度质量和制度稳定性对一国对外贸易的影响，结果表明：一国的制度质量越高、稳定性越强，其对外贸易增长就越快。制度质量对国际贸易促进作用的发挥，需要制度的稳定性作保障，制度质量和制度稳定性在促进对外贸易的发展方面具有协同作用。

第二节　制度质量与经济增长

一、国外研究现状

包括新古典增长理论以及内生增长理论等在内主流经济增长理论都没有考虑到"制度"对经济增长的作用，在这些理论中，制度是既定的，对经济增长是无关重要的。以诺思为代表的新制度经济学家却指出制度是一国经济增长和经济发展的根本决定因素。

虽然在诺思之前已有不少学者如亚当·斯密、韦伯等人已经注意到了制度在经济增长中所起到的作用，然而诺思却是首位系统论述制度与经济增长之间的关系的新制度经济学家，在他的《西方世界的兴起》和《经济史中的结构与变迁》等多部著作中都对制度对经济增长所起到的决定性作用进行了详细论述。

（一）诺思关于制度与经济增长的主要观点

诺思认为制度才是经济增长的根本原因，技术进步和资本积累等因素是经济增长本身而并非是经济增长的原因。产权理论和国家理论是诺思理论分析框架中的两个重要组成部分。诺思认为，有效率的产权结构和经济组织是经济增长的关键，西方国家的兴起的原因在于有效率的经济组织在西欧得到了发展。有效率的产权应该是排他性的，对个人私有产权进行的明确的界定和保护。制度上的安排和所有权的确立会对组织产生一种刺激，这种刺激可以减少未来的不确定因素，进而减少机会主义行为发生的概率，减少个人活动和努力的成本和费用，增加获利的可能，最终会使个人的经济努力实现私人收益率近似等于社会收益率的结果。许多制度性特征尤其是与对私有产权的保护相联系的制度性特征能够带来高的确定性和对生产行为的激励。这些制度性特征包括：普遍性原则、公共决策的透明性、公共决策的可信赖性，以及对制度会被很好地贯彻和实施的预期等。在这样的环境下，预期人们会更愿意从事经济活动。因为人们认为如果机会主义或欺骗行为发生，那么机会主义者或欺骗者会就受到惩罚，因此发生背信弃义行为的几率就会大大降低。所以，高的制度质量通过向政治和经济行为人的诚实行为提供激励，可以确保经济活动的结果更有预见性，进而对生产性行为而不是非生产性行为提供激励。

产权的建立和保护需要依靠国家，由国家对产权进行界定并实施有效的保护可以显著地降低交易费用，因为国家在保护产权方面具有规模经济效应；然而国家的非中立立场决定了其行为的选择不仅取决于统治者的利益、统治者的意识形态，还取决于国内各种社会集团的利益和约束。因此，统治者和各种利益集团之间的利益的冲突导致了国家所建立和保护的产权结构不一定是有效的。

除了作为其理论分析框架基石的产权理论和国家理论之外，诺思还强调意识形态的作用，意识形态在一定程度上可以帮助有效制度的建立，因为意识形态可以帮助个人或团体的行为朝理性化的方向发展。

（二）制度有效性与经济增长

自诺思指出制度是一国经济增长和经济发展的根本决定因素以来，对制度和经济增长的讨论就没有停止过。

罗德里克（Rodrik，2002）提出"制度统治"观点，认为要素积累和生产率变迁是经济增长的近向原因。地理、一体化（贸易）和制度才是影响经济增长的深层原因，其中制度在这三者中居"主导"地位。地理通过影响一个国家的具体位置（纬度、距海的距离、气候）等而给一国带来优势或劣势。贸易是一国融入世界市场，获得参与国际货物、服务、资本甚至是劳务贸易的利益。制度是指正式的和非正式的社会政治安排质量，产权、合理的规制结果和法院的独立与质量以及官僚当局的能力等，是启动和维持经济增长的最重要的因素。阿西莫格鲁（Acemoglu，2002）认为在过去的 500 年里，在欧洲殖民地国家当中，那些曾经富裕的国家现在变得贫穷。这种逆转对将地理因素和经济发展联系起来的观点提出挑战。事实上，这种逆转反映了欧洲殖民主义所带来的制度的变迁。欧洲对殖民地的入侵创造了殖民地的制度逆转。在原来贫困的地区，很少有人居住，这使得欧洲人大量进入，发展了激励投资的制度，带来了产权制度的发展。在原来富裕的地区，殖民者采用或维持了掠夺型制度。之所以在贫穷地区建立私有产权制度，是因为在富裕的地方掠夺型制度对于殖民者来说会获利更多一些。这种制度的逆转，最终带来了不同的经济结果。杜大伟和克拉埃（Dollar & Kraay，2003）认为拥有良好的制度的国家以及国际贸易频繁的国家，经济增长通常较快，而那些拥有良好制度的国家通常进行的国际交易也更多。他们使用每十年的经济增长率作为被解释变量，用贸易的变化和制度质量的变化作为解释变量，用工具变量法进行回归，发现在长期中，制度和贸易共同对经济增长起作用，而在短期，贸易对经济增长的作用要更大一些。恩格尔曼和索科洛夫（Engerman & Sokoloff，2003）则认为不同的制度结构在促进经济增长方面的作用是可以相互替代的，即对经济增长有着相似的促进作用。适应于某一环境的制度结构不一定会适应于另一环境，高经济增长地区的制度通常能够随环境的变化而不断变迁，我们应该将注意力放在影响制度变迁的速率和变迁的方向上，而不是寻求一种放之四海而皆准的促进经济增长的同一制度结构。合理的制度框架对经济增长是至关重要的，较差的制度多是由腐败导致（Shleifer & Vishny，1993）。由低政府官员质量、腐败等所体现出来的低制度质量的社会，其平均生产率较低。腐败对经济增长边际效应的大小与制度的其他方面有关，如果一个国家仅仅是存在司法腐败或政治腐败中的一种，仍然能够实现经济的快速增长，但是如果司法腐败与政治腐败同时共存，经济将会陷入增长困境（Teles，2007）。赫克曼和本杰明（Heckelman & Benjamin，2010）研究发现腐败在经济自由度最低时可以加速经济增长，但是随着经济自由度的增加，这一有利影响逐渐降低。由此可见，腐败是不可持续发展的源泉（Toke，2009）。

（三）制度稳定性与经济增长

上述文献证明了制度质量对经济增长的促进作用，但通过分析会发现，这些文献所提及的制度质量大多仅仅指的是制度质量的有效性维度。针对制度质量的第二个维度——制度稳定性研究的相关文献相对较少。

作为最早关注制度稳定性的学者之一，奥尔森（Olson，1982）强调，如果利益集团致力于保持低制度质量的话，不稳定性可能会减少利益集团特别是组织良好的利益集团的影响。奥尔森的理论机制是：制度的不稳定性对所有社会中的经济人意味着交易成本，而对政治活动者如利益集团则可能意味着是高的交易成本。在某些情况下制度的稳定性被称为是"制度硬化"。制度的不稳定会改变政治权力的平衡性，增加政治活动的交易成本，进而在一定时间内对经济增长是有利的。哈耶克（Hayek，1978），奈特和约翰逊（Knight & Johnson，2007）认为既然很难知道如何设计最优的制度，那么制度实验——尝试并比较不同的制度安排——可能会产生较好的经济产出。注意到经济环境是在不断变化的——最近的一个例子便是互联网的兴起，给经济和司法都带来了新的挑战——这样的一些较小的实验会反映出最优的制度调整，这虽然会带来制度的变迁和不稳定性，但也会带来高的制度质量，进而带来高的经济增长率。

高的制度质量因为能够降低经济交易和生产性激励活动中的不确定性，进而是增长促进型的。然而要提高制度质量，一国必须经历一系列的制度改革和由此产生的一段时期的制度不稳定。制度变迁本身和因而产生制度不稳定性在理论上对经济增长的影响是不确定的。对长期经济增长有利的制度变迁，在短期内可能会因为制度的不稳定性产生阻碍经济增长的转型成本（Berggren，

2012）。另一方面，制度变迁反映的也可能是对不断变化环境的最佳调整，在这种情况下，制度的稳定性便与制度僵化和低增长相联系。帕特里克（Pitlik，2002）研究发现易变的自由化政策阻碍经济增长，即使这一政策在长期中是以市场为导向的。伯格伦和伯格（Berggren & Bergh，2012）运用 132 个国家的数据研究发现制度质量与经济增长正相关，制度的不稳定性在基线案例中与经济增长负相关。戴维斯（Davis，2010）使用模型验证了制度质量——产权集和制度适应性（flexibility）——发展新制度的能力与动态经济绩效的关系。其结论表明，制度质量的提升可以降低市场交易成本，促进经济增长率，这种促进作用是即时的、短暂的；相反，制度适应性的提高对经济增长的促进是有时滞的，但却是永久性的。萨托、萨穆勒斯和佐佐木（Sato，Samreth & Sasaki，2011）的研究表明高的制度质量可以减少经济发展（用真实的储蓄率作为代理变量）的波动性，在经济的可持续发展中起着十分重要的作用。克罗朴、哈安（Klomp & Haan，2009）使用 1960～2005 年间 100 个国家的面板数据，考虑了各种控制变量之后，检验了制度对经济增长波动性的影响。结果表明民主能够降低经济的波动性，政治的不稳定和政策不确定性会增加经济的波动。

二、国内研究现状

跟随国外学者的脚步，国内学者也对制度质量和经济增长之间的关系进行了相关研究，并取得了一定的研究成果。潘向东、廖进中和赖明勇（2005）使用跨国面板数据研究发现在所有的经济制度安排变量中，一国产权的保护程度对该国经济增长的影响作用最大。涂红（2006）认为在不同类型的国家制度、贸易对经济增长的作用不同，对于中国而言，贸易开放对经济增长固然重要，但政府更应该重视国内市场制度尤其是的产权制度和法律体系以及宏观管理制度的完善方面。刘文革、高伟（2008）的研究表明，制度对经济增长的影响在短期内不显著，但是在长期内具有显著的正向作用。制度、劳动和资本三者之间在长期内存在着协整关系。另外，和改革开放前相比，制度因素在改革后对经济增长的贡献力要明显更大一些。钟昌标、李富强和王林辉（2006）的研究发现近年来中国经济制度对经济增长是至关重要的，在当前的经济增长中，政府起着不可忽视的乃至决定性的作用。中国经济增长存在最佳的经济制度安排，以经济增长为目标的政府治理能够实现中国最优的经济增长。李富强、董直庆和王林辉（2008）从理论和经验两个层面验证了制度不仅直接作用于经济增长，而且还通过影响生产要素投入和配置效率来促进经济增长，认为产权制度是中国现阶段经济增长的最主要动力。郭苏文、黄汉民（2011）认为良好的制度环境是影响对外贸易的重要因素。体现良好制度质量的金融深化、对外开放以及城市化率对中国的对外贸易有显著的促进作用，相反，体现低制度质量的政府管制对中国对外贸易有显著的阻碍作用。中国各省（市、区）之间的不同历史经历、不同发展轨迹以及中国梯度型推进的改革开放战略导致了制度质量在不同地区之间存在差异，各省（市、区）之间的制度质量差异是中国对外贸易差异化发展的主要原因。

第三节　现有研究存在的不足

如前文所述，学者们就制度质量和贸易发展与经济增长问题进行了大量的研究，取得了浩瀚的研究成果，但仍存在一定的不足之处。

一、缺乏系统性和全面性

（一）制度质量指标缺乏统一性

首先，现有的对制度质量与贸易发展和经济增长的研究有很多是从实证角度进行的，因此制度质量指标数据是其研究的基础数据，然而目前的制度质量指标并不存在统一性，发布制度质量指数的机构有 10 多家，每家机构所采用衡量标准大相径庭，而且由于这些指标的源数据大部分都是通过问卷调查而获得，因此其指标的科学性就会受到很多主观因素的影响，譬如对问卷调查对象的选择是否合理，调查对象的认知是否客观等都会对指标的科学性产生影响。

其次，由于各个研究机构（或学者）受其自身认知及学术专长的限制，不可能很全面系统地对制度质量指标进行设计，例如透明国际主要从法律层面来设计制度质量指标，而政体项目指数和弗雷泽研究所指数则分别主要从政治层面和经济层面来设计制度质量指标。

最后，不同的制度质量指标所涵盖的国家（地区）范围以及时间跨度也有很大的差异。自由之屋指数和全球治理指数涵盖的国家（地区）范围最广，行贿指数涵盖的国家（地区）范围最小。政体项目指数的时间跨度最大（从1800年迄今），世界产权数据和经济学家指数的时间跨度相对最小（从2007年迄今）。

（二）研究内容缺乏系统性和全面性

虽然国内外理论界已经取得了一批具有较高质量的研究成果，特别在制度质量有关的数理分析方法方面，取得了实质性进展，为今后的研究提供了较为丰富的分析工具。但在制度质量的整体研究上仍然没有形成完整的理论体系，大多从某一侧面去研究有关问题。特别是运用制度质量方法深入剖析特定国家制度体系的研究成果严重不足，未能充分揭示制度质量对贸易、经济增长的作用机理。

二、国内的研究相对滞后

（一）制度质量指标方面

国内相关研究的滞后首先表现在制度质量指标体系不系统、不全面、不统一。国内并没有现成的制度质量指数，只有可能供研究使用的各类代理变量：卢中原、胡鞍钢提出了市场化指数概念，以测度中国市场化改革的程度；樊纲、王小鲁等通过构建市场化指数对中国各地区的市场化进程进行测评；李翀提出了对外开放比率的概念，以衡量中国的对外开放程度；金玉国在前人的基础上提出了一个衡量制度变迁因素的综合指标；钟昌标、李富强等使用政府管制指标、非国有经济发展水平、经济体的治理结构、城市化率以及各地区的市场化指数等来反映中国的制度质量；刘文革通过纠正金玉国、傅晓霞文中的重复性指标，使用产权多元化、对外开放程度和国家控制资金因素三个指标来测度中国的制度质量。

（二）研究视野和研究对象方面

和国外的研究相比，中国学者在此领域的研究范围过于集中，研究视野多为实证范式，即主要研究制度质量是否促进了贸易发展和经济增长，没有涉及更多的、更深层次的研究内容。另外，纵览国内的研究成果可以发现，国内的相关研究多数仍然是以世界各国为研究对象，以中国尤其是以中国的贸易政策为研究对象的文献相对较少。

第四节　可能存在的研究空间

一、制度质量的内涵和测量研究

目前对于制度质量的内涵研究大多侧重于制度的有效性层面，对制度的稳定性研究相对较少，虽然也有部分学者对制度的稳定性进行了研究，但是缺乏对制度有效性和稳定性的统一纬度的构建。在对制度质量的测量方面，目前各学者所使用的指标大多仅仅衡量了制度的有效性方面，而对制度稳定性方面的衡量并没有现成的指标可用，因此亟须构建制度的有效性和稳定性的统一纬度，并提出相对应的指标测量方法。

二、制度有效性与稳定性的评价标准与方法

虽然理论界都意识到了制度效率的作用以及制度相对稳定的重要性，也认识到在不同的发展阶段，制度的有效性和制度稳定性的重要程度各不相同，但缺乏对制度有效性与稳定性的评价标准与方法的探讨。对制度质量的双重属性界定一个清晰的评价标准，给出一定的评价方法将会有助于去判断一国（地区）制度质量的高低。

三、系统性研究

在制度质量的整体研究上仍然没有形成完整的理论体系，学者们大多从某一侧面去研究有关问题。特别是运用制度质量方法深入剖析特定国家制度体系的研究成果严重不足，未能充分揭示制度质量对贸易、经济增长的作用机理。此外，制度质量相关的研究成果数量也相对不够丰富。

四、个案研究

目前对制度质量的研究大多是跨国研究，从制度质量视角来对中国贸易政策的运行进行个案系统研究十分鲜见，尤其是将制度有效性、稳定性两个维度统一综合考察中国贸易政策的制度质量问题，在现有的研究中更不多见。因此有必要从制度质量角度来专门研究中国的贸易政策和贸易发展问题。

第二章

制度质量的分析框架

第一节 相关概念解析

一、制度

（一）制度的内涵

在探讨制度质量之前，首先要了解什么是制度。这里的制度与我们现代汉语中意识形态化了的社会制度是完全不同的两个概念。我们平时思维习惯所谈论的制度以及意识形态化了的社会制度在英文中与之相对应的是"social regimes"，一般是相对于"奴隶制度""封建制度""资本主义制度""社会主义制度"而言的。而本书所讨论的制度是一种规则系统，该词从拉丁语动词"instituere"（建立或者创立）一词派生而来，在英文中相对应的词是"institution"。"制度"一词是制度经济学中的最重要的概念，也是进行制度分析的理论基点。

在对"制度"概念的理解和使用方面，不同学者的相异性很大，直到现在都还没有一个统一的定义。正如阿罗所说："因为对该领域的研究还属于早期阶段，因此应当避免不适当的精确化定义。"但是我们还是有必要对"制度"的定义进行简单的了解，以便更好地把握它的内涵。那么，什么是制度？根据《美国文化遗产大字典》和《韦氏字典》，制度就是行为规范。然而，《辞海》对制度的定义是要求成员共同遵守的、按照相同程序进行办事的规则和章程。这些定义都是制度的一般意义上的定义。

最早将"制度"概念应用到经济学领域的应该是旧制度经济学派。作为旧制度经济学的代表，凡勃伦和原芒斯在他们的论著中都对"制度"进行了定义。凡勃伦曾在他的《有闲阶级论》中这样定义"制度"："制度实质上是思想习惯，而这些思想习惯是由个人或者是社会因某些关系或作用而形成的"①；而社会的某一个阶段或某一个时期的制度的总和则是由人们的生活方式所构成，所以从心理学的角度来看，可以把制度概括为是一种流行的生活理论或者说是一种精神态度。从该定义可以看出，凡勃伦把"制度"定义为人们的"一般思想习惯"或"流行的精神态度"，揭示了非正式规则的存在，但这一定义还没有抓住制度最一般的本质。

康芒斯在其《制度经济学》一书中也对"制度"的定义进行了详细的阐述。他首先对"制度"进行了最直接的界定："如果我们要找出一种普遍的原则，适用于一切所谓属于'制度'的行为，我们可以把制度解释为集体行动控制个体行动。"

这句话表明康芒斯认为所谓制度，就是"集体行动控制个体行动"。那么，集体行动怎么样去控制个体行动呢，其所使用的工具和手段又是什么呢？康芒斯又进行了更为详细的解释："业务规则在一种制度的历史上是不断改变的，包括国家和一切私人组织在内，对不同的制度，业务规则不同。他们有时候叫做行为的规则。亚当·斯密把他们叫做课税的原则。最高法院把他们称作合理的标准或合法的程序，可是不管他们有什么不同以及用什么不同的名义，有一点是相同的：那就是他们指出个人能或者不能做，必须这样或必须不这样做，可以做或不可以做的事情，由集体行动使其实现。②"这段话中，康芒斯明确地指出了"规则"是集体行动控制个体行动的工具和手段。进而，康芒斯对制度的定义可以总括为：制度是集体行动控制个人的一系列行为准则或规则。这一界定指出了制度的"行为规则"本质和"对行为进行规范"的重要作用。

安德鲁·斯考特则从人们的行为规律角度来定义制度，他认为人们的社会行为中会有一些具有规律性的全体社会成员所赞同的东西，而且这种规律性通常会非常具体地体现在某些经常出现的特定的境界中，人们的这种社会行为规

---

① 凡勃伦：《有闲阶级论》，商务印书馆 1964 年版，第 139 页。
② 康芒斯，《制度经济学》（上册），商务印书馆 1992 年版，第 89 页。

律可以自行实行，也可能是由某些外来的权威机构来帮助施行①。

霍奇森则从社会组织的角度定义了制度，他认为制度更多的是作为一种社会组织而存在的，这种社会组织是在历史传统、风俗习惯或者法律法规的作用力下所创造出来的，而且一旦被创造出来，社会组织便具有持久性和规范性，而且也恰恰正是这种特性，使得社会科学被应用于实践成为了可能②。

尼尔认为制度其实对人类各种事务的一种安排，而且这种安排是可以观察、可以被遵守的。制度不仅具有时间特性，还具有地点特征。我们可以识别某一项制度是基于以下几个方面的原因，第一，人类活动虽然很多，但是通常是可见的、可以被人为所辨认的；第二，人类的活动虽然繁多，但通常情况下，这些活动具有稳定性和重复性，这使得某些规则可以为人类的活动提供可以预期的秩序；第三，人类中存在许多历史传统和习俗可以对人类的活动以及对人类活动提供预期秩序的各种规则进行解释和评价。

布罗姆利认为制度是对人类活动施加影响的权利与义务的集合。这些权利与义务中的一部分是无条件的和不依赖于任何契约的，它们可能是也可能不是不可分割的；其他的权利和义务则是在自愿基础上签订的协约。制度体系既可以用法律、社会学或社会人类学来表述，又可以用经济学来描绘③。

沃尔顿·汉密尔顿认为，从某种意义上说制度其实是一种思维方式，是一种具有广为流行、经久不衰特征的一种行动。制度根植于人群的习惯风俗，制度以强加的形式为人类的活动提供了范围和界限，要求人们去遵守。

不少新制度经济学家也给"制度"下了定义：

诺思认为制度是一种规范人们行为的准则，是人们所创造的用以限制人们相互交往的行为框架。他认为制度包括正式约束（如规则、法律和宪法）、非正式约束（如行为规则、惯例、习俗、行为自律）和实施特征三个部分。这三个部分共同决定了社会的激励结构④。

舒尔茨把制度定义为一种涉及社会、政治和经济行为的管束人们行为的一系列规则⑤。

---

① Scotter, A., *The Economic Theory of Social Institution*, Cambridge University Press, 1980, P. 124.
② Hodgson, G., *Institutional Economics: Surveying the "Old" and "New"*, Metroeconomica, 1993, P. 44.
③ 转自卢先祥：《新制度经济学》，北京大学出版社 2007 年版，第 108 页。
④ 道格拉斯·C. 诺思：《经济史中的结构与变迁》，上海三联书店 1981 年版，第 227 页。
⑤ T. W. 舒尔茨：《制度与人的经济价值的不断提高》，载［美］R. 科斯、A. 阿尔钦等：《财产权利与制度变迁——产权学派与新制度学派译文集》，上海三联书店 1991 年版，第 253 页。

柯武刚、史漫飞认为制度是一种规则，人与人之间在交往过程中很可能会出现投机行为和任意行为，而制度便是人类制定的抑制这些任意行为和投机行为的规则，这些规则因具有惩罚性，所以可以建立起一定的规范人类行为的秩序，进而使人类的行为可以被理性地预期①。

青木昌彦将制度与博弈理论相结合，从博弈论的角度来定义"制度"。他认为，从本质上讲，制度是共有信念的自我维护，是一种博弈均衡，是均衡博弈路径特征的浓缩表征，人们在决策时，不仅能够感知到这种表征，而且还会认为这种表征与他们所要做出的决策是相互关联的，进而，制度就可以制约决策人的决策，而且这种制约是以自我实施的方式实现的，反过来，制度又随着人们实际决策的不断变化环境中而被不断地再生产出来②。

由上可知，不同的学者对制度的理解不同，进而给出的定义不同，因此截至目前"制度"本身并没有一个一致的定义。但是，我们可以从这些不同的定义表面探寻到深层的有关制度的某些带有普遍性的东西。

第一，制度具有习惯性特点。制度的习惯性特点与制度自身的形成有关，作为规范人类行为的规则，制度是历史发展中的一种积累和沉淀。某些个人或团体在生活或交易中发现某些规则对自身有利，就会使这些规则不断重复并被坚持下来，接着逐渐被越来越多的人所接受，并不断重复成为了一种习惯，被固定下来，并成为历史沉淀而被保留下来。

第二，制度具有可知性特点。制度具有可知性特点指的是制度是可以很容易被人们所理解的，不是晦涩难懂的，是透明的，不是隐晦的。人们对制度的理解不需要高深的知识，也不需要接受多么高等的教育。一般认知的人就有准确理解制度的能力，可以很好地把握制度所表达的预期奖励或预期惩罚的信号，把握如果遵守制度会带来什么后果，而违反制度又会带来什么后果，进而可以为未来的行为提供可靠的指导。

第三，制度具有普遍性特点。制度的普遍性是针对制度的适用情况而言的，强调制度的非歧视性，在制度的适用范围内，任何人、团体和社会组织都应该自觉遵守制度，制度面前人人平等，没有人能够凌驾于制度之上。因此，制度的普遍性也反映了制度的公平性，制度在其特定的适用范围内，对所有的

---

① 柯武刚、史漫飞：《制度经济学》，商务印书馆 2000 年版，第 35 页。
② 青木昌彦：《比较制度分析》，上海远东出版社 2001 年版，第 28 页。

人都同等对待，同等适用，人们对制度的遵守程度不受其社会地位高低的约束。

第四，制度具有确定性特点。能为人们的生活和交易提供稳定的预期，减少生活和交易中的不确定性是制度的主要功能之一。正是因为具有确定性特点，所以人们通过制度就可以直接或间接地知道哪些事情是为制度所允许做的，而哪些事情是为制度所禁止做的。制度给人们的行为划定了界限和范围，对人们的行为形成了隐形的约束。制度的确定性特征为人类的行为提供了稳定的预期，减少了人类行为的不确定性。

第五，制度具有符号性特点。简单、易于理解的符号通过对背后复杂的内容进行隐藏，最大限度地节约了人们对制度的认知成本，清晰而又明确地对人们的行为标准进行了界定。例如，红绿灯信号告诉我们是应该行进还是停下来等待，这些符号虽然看似简单，但却代表了一个复杂的制度安排，给人们的行为进行了明确的指引。

（二）制度的构成[①]

通过提供一系列的行为规则，制度约束了人与人之间的关系和人们的选择空间，从而减少了交易环境中的不确定性和交易费用，促进了生产性活动的进行。制度种类有很多，总体上我们可以将各种类型的制度大致分为两类：正式制度和非正式制度。正式制度常以法律、法规为代表，主要包括政治制度、经济制度、各种契约制度等。这几种正式制度之间不是孤立的，而是相互联系、相互影响、相互作用的。政治制度为经济制度和各种契约制度的实施提供保障，另一方面经济制度及其所决定的社会经济利益结构对政治制度也产生着不可忽视的影响。从短期来看，各种利益集团都会从自身的利益出发对政治舞台指手画脚，使政治制度的调整能够维持并增进自身现有的利益；从长期来看，经济制度以及其所带来的经济的变革和发展也会影响到政治制度的更迭和改变。非正式制度指社会习俗、习惯行为、道德规范、思想信仰和意识形态等。声誉机制和信任机制是非正式制度的典型代表。非正式制度基于社会共同知识、传统文化等为人们的行为提供了稳定的预期。进一步地，我们可以把非正式制度分为两类：一类是个人或团体所进行的自我实施的约束；另一类是来自

---

① 参见卢现祥：《新制度经济学》，武汉大学出版社 2004 年版，第 115～118 页。

个人或团体之外的社会群体的力量对个人或团体所施加的约束。

诺思则认为，制度由三个基本要素构成：正式约束、非正式约束以及实施机制。

1. 正式制度及其实施机制。

正式制度也被有的学者称为是正式规则、正式约束或硬制度，是人们有意识建立起来的并以某种明确的形式被确定下来，并由行为人或团体所在的组织进行强制性执行和保证实施各种行为规范。如宪法、各种成文的法律、法规、政策、规章以及不成文法，甚至一些特殊的细则，最后到个别的契约等等都是正式制度的表现。

强制性是正式制度所独有的鲜明特征。尽管正式制度的制定也是人们根据自身的利益进行制定的，也是集体选择的结果，但是正式制度通过明确地规定对人们行为的奖赏和惩罚来规范人们的行为。正式制度的强制性特征决定了正式制度需要有维护者和实施者来保障正式制度的正常运行，对于正式制度所约束范围的社会成员来说，正式制度是一种强制性的外在约束，不会因个人的意愿而有所改变。正式制度的收益率会随着社会复杂程度的提高而上升，这是因为制度的实施存在在规模经济效应，任何正式规则的制定和执行都离不开高昂的成本和费用，社会越复杂，正式规则所使用的范围越大，正式制度制定和执行的边际成本就会越小，进而正式制度的收益率就会越大。

正式规则主要包括政治规则、经济规则、各种合同规则等。经济规则通常由政治规则所决定，然而由于政治规则不仅会受到政治和军事方面原因的影响，还会受到社会、历史以及意识形态方面的影响，因此，政治规则的发展不会遵循效率至上的原则，进而一国或民族有可能长期地被锁定在低效率的经济制度中。

2. 非正式制度及其实施机制。

非正式制度又被称为非正式规则、非正式约束或为软制度，是指对人类行为的一些不成文的限制和约束，是与法律等正式制度相对的概念，包括人们在长期的社会生活中逐步形成的习惯习俗、伦理道德、文化传统、价值观念及意识形态等。非正式制度的形成是人们有意识的选择，但在很大程度上，其结构的出现不是深思熟虑的结果①。诺思认为，非正式制度在约束人类的行为方面

---

① 阿兰·斯密德：《制度与行为经济学》，中国人民大学出版社 2004 年版，第 110 页。

起着至关重要的作用。相对于正式制度而言，非正式制度是决定行为选择的总体约束的主要组成部分，人们的行为选择主要是受非正式制度来约束的，而正式制度仅是对非正式制度的补充。进一步地，非正式可以分为三类：第一类是对正式制度的扩展、修改和丰富；第二类是为社会成员所认可的行为准则；第三类是自我实施的行为标准。

非正式制度安排的多是由文化遗传和生活习惯累积而成的，人们对某种非正式制度安排的遵循也往往是出于习惯而非理性的计算和安排。作为文化遗产的一部分，非正式制度的建立先于正式制度，虽然非正式制度也是集体选择的结果，但其对正式制度有很强的排斥力，非正式制度的产生和运行常常带有集体的目的。

意识形态在非正式制度中处于核心地位。因为意识形态不仅蕴含了价值观念、伦理规范、道德观念和风俗习性，而且还可以在形式上构成某种正式制度安排的"先验"模式。意识形态有可能取得优势地位或以"指导思想"的形式构成正式制度安排（或正式约束）的"理论基础"和最高准则。

习惯也是非正式制度中的一项主要内容。这里的习惯与我们通常所说的习俗是不同的两个概念。在英文中，习惯的相对应的单词是"habits"，习俗所对应的单词是"customs"。这里的习惯是指在那些正式制度没有进行定义和规范的场合中起着规范人们行为的作用的惯例或作为"标准"的行为。所谓的"标准行为"，通常是指在没有正式约束规范的场合，由前人或者年长的人或者是人群/团体中的大多数人的起着榜样作用的行为。

除了意识形态和习惯，价值观念和伦理道德也是非正式制度中的重要组成部分。价值观念，是指在某种世界观的基础上对各种事物、行为以及可能做出的选择等进行评价的标准和据此采取的某种行为的态度及倾向，人类社会的各种规范，实际上是特定的价值观或价值标准的具体体现。因此，制度的建构在一定程度上是基于人们的价值观念的，制度的内容也是人们价值观念的反应，人们所持有的价值观念影响着人们对制度的建构和认可。伦理道德中的"伦理"蕴含着西方文化中的理性、公共意志、科学等含义，"道德"则更多地为东方人所用，更多地蕴含着东方世界文化中所具有的情形、人文、个人修养等色彩。人们所遵循的伦理道德不同时，其对利益追求的机制和方式就会发生差异，进而对现存制度产生推动或阻碍的作用。

和正式制度相比，人们在日常生活和交易中，其行为更多的是受到来自非正式制度的约束，因为人们所面临的外界信息量是庞大的，而人们自身的认知能力和计算能力都是有限的，人们在对经济行为作出判断的时候，往往不会对经济行为的各个方面都详加考虑、反比比较，而且即便是最详细的制度，也不可能囊括所有的人们相互交往和交易中的所有细节。因此，人们就会更多地按照在过去生活或交易中的成功经验也即是按照以往的习惯作出相应的决定，而不是依靠繁杂琐碎的正式制度的章程或条款，对人们而言，在处理生活和交易中的问题时，按照习惯行事也许是降低成本的最佳选择。当非正式制度表现乏力的时候，当人们仅靠舆论和良心无法完成交易的时候，具有强制性的正式制度才会发挥其应有的作用。

非正式制度具有自发性、非强制性、广泛性和持续性的特点。非正式制度形成于人们的长期社会生活，是人们的习惯习俗、伦理道德、文化传统、价值观念及意识形态在历史中的沉淀，因此非正式制度蕴含着传统文化的信息和痕迹。此外，非正式制度的形成过程也决定了其一旦形成就具有稳定性，即使正式制度发生了天翻地覆的变化，非正式制度受其影响也较小。最后，不同社会的非正式制度会有所差异，因为每个社会的非正式制度在形成之初所面临的外界环境不同，因此行为人所面临的问题进而所形成的解决方案就会不同，而这些差异随着时间的推移就形成了今天的社会和文明的差异。

二、制度创新

根据诺思和戴维斯的观点，制度创新是指能够使创新者获得追加或额外利益的、对现存制度的变革。现存制度主要是指具体的政治、经济制度，如银行制度、税收制度、教育制度、公司制度、公会制度等。制度经济学认为，制度和其他物品一样，有着供给量和需求量。作为经济增长的内生变量，制度产品的供给和需求在不断动态变化的过程中逐渐达到均衡的过程便是制度创新的过程。

市场规模的不断扩大，科学技术的飞速发展都会改变制度方面一定安排的收益和成本之比，使现存制度中出现一些潜在的获利机会，另外，人们对现存制度下的收益和成本之比的观念和看法发生了改变之后也会发现某些潜在的获利的机会，然而在现存的制度下，这些潜在的获利机会因为外部性内在化的困难、对规模经济的要求、厌恶风险、政治压力等多方面的原因而存在实现障碍，因此，为了获取这些潜在利益，现存制度下的某些人或团体就会采取措施来克服这些障碍，当潜在的利益大于这些障碍所带来的成本时，人们就会推动一项新的制度安排。

诺思和戴维斯把制度创新过程概括为 5 个主要的阶段：第一阶段为第一行动集团的形成：第一行动集团是支配制度创新过程的一个决策单位，在现存制度下，第一行动集团首先感知到了潜在利益的存在，并且认识到现存的制度安排所设置的各种障碍会使这些潜在利益无法实现，只有进行制度创新，才能得到潜在的利益。第二阶段为第一行动集团提出制度创新方案：制度创新的方案可能有几种，每一种创新方案都可以取代原有的制度安排，但它们所带来的收益和成本又有很大的不同。第三阶段是对各种制度创新方案的选择阶段：在第二阶段的基础上，第一行动集团通过对每一种制度创新方案的收益和成本进行对比和分析，找出纯收益最大的方法作为最终的制度创新方案。第四阶段为第二行动集团的形成阶段：制度创新的成功不仅仅需要作为决策者、首创者和推动人的第一行动集团，还需要为帮助和支持"第一行动集团"获得预期纯收益而建立的第二行动集团。当然，第一集团在制度创新实现之后，也会将新制度安排所带来的追加收益在两个集团之间进行再分配。第五阶段为通过两个集团共同努力，最终使制度创新得以实现。

在经过上述 5 个阶段之后，制度创新得以实现，新的制度均衡局面得以形成，在制度均衡的情况下，外界已不存在可以通过制度创新而获得潜在利益的机会，因此这样制度安排就得以获得一段时间的相对稳定，也就暂时失去了制度创新的动力和可能性。

三、制度变迁

所谓制度变迁，是指制度的转换和更迭的过程。是高效率的制度对低效率制度的替代过程。制度安排之间的转换是一个费用昂贵的过程，因此，制度变迁只有在新制度安排下的个人净收益大于制度变迁所带来费用时才会发生。

诺思认为制度变迁是制度不均衡时追求潜在获利机会的自发交替过程；根据制度变迁的主因和诱因，可以把制度创新的方式分为需求诱导性制度变迁和强制性制度变迁两种。

那么制度变迁的原因是什么？制度变迁的根本原因在于制度稳定性、环境的变动性和不确定性以及对利益最大化的追求三者之间所存在的冲突①。

1. 制度的稳定性。

制度的稳定性是指制度维持一种相对不变的均衡状态。制度的稳定性主要强调总体制度框架的稳定，而制度框架中的边际调整和局部变化可以忽略不计。

稳定性是制度的直接特性，是制度存在的理由，但同时也是制度发生变迁的原因。制度的稳定性通过为人们对未来生活和交易提供相对稳定的预期，进而可以减少生活和交易中的不确定性。制度的稳定功能是制度存在的理由。正如其定义所言，我们这里所强调的稳定性是一种总体制度框架的稳定，是制度总体和全局的稳定，而不是制度框架内的边际表征和局部变化。

作为人们的行为规则和规范，制度是现实的而不是超时空的，是具体的而不是抽象的。人们一方面需要制度维持其稳定性，以减少生活和交易中的不确定性，但另一方面也会因其稳定不变性所困扰。因为，随着外界条件和环境的变化，原有制度的许多功能会逐渐丧失，其边际收益也会逐渐下降，因此原来有效的、适宜的制度会因外界环境的变化逐渐就变成了低效的、过时的制度。制度本身是不能自行变更的，制度的变迁和更迭需要借助于外界的力量，这就要求人们采取行动，打破原有的旧制度的稳定性，建立新的稳定性，制度的变迁就随之发生了。

2. 外界环境的变动性和不确定性。

制度并非是超时空存在的，它总是存在一定的环境当中的，而外界环境却总是在不断变动的，同时也是不确定的，物质世界的运动、科学技术的发展等都是外界环境变化的原因，物质世界的运动是人类无法干预、只能被动接受的，科学技术的发展虽然在一定程度上可以为人类所控制，但其对自然环境的改变也常常会出现人类无法预测或意想不到的副产品：如环境污染、全球变暖、物种灭绝等。人类的利己本性决定了人们会适时地根据外界环境的不断变化而不断改变和调整自身的行为规则，以最终实现自身利益的最大化，进而制度变迁就会发生。

3. 对利益最大化的努力追求。

利益最大化这一经济原则是人类能够得以生存并不断进步的技巧。既然每

---

① 卢现祥：《新制度经济学》，武汉大学出版社 2004 年版，第 162～163 页。

个人都在追求个人利益的最大化，那么作为公共物品的制度又是怎样被提供的呢？

对于包括习惯习俗、伦理道德、文化传统、价值观念及意识形态等这些非正式制度而言，只有个人或团体违反非正式制度的成本小于其能够得到的收益，那么个人或团体就会有动力去违反现有的非正式制度，进而逐渐地带来非正式制度的变迁。

四、制度质量

给"制度"下定义的学者很多，但明确地给出"制度质量"含义的学者却很少，尽管很多学者在做比较制度分析和经济计量分析时，所研究的不是制度本身而是制度质量。制度质量和制度的区别在于当我们从静态的、封闭的单个个体角度去观察制度时，制度就是制度，没有高低之分，也没有优劣之分。但当我们从动态的、比较的角度去观察制度时，当我们对制度加入了时间维度或国别（地区）维度时，制度本身所体现就是拥有"好""坏"之分、"高""低"之分的制度质量。

那么，究竟什么是制度质量？在《西方世界的兴起》一书中，诺思和托马斯陈述道："创新、规模经济、教育和资本积累等是经济增长本身，而不是经济增长的原因。""有效率的经济组织是经济增长的关键，一个有效的经济组织在西欧的发展正是西方兴起的原因[1]"。诺思和托马斯反复强调的就是"制度效率"。类似地奥尔森也曾强调"各个国家之间之所以出现在财富上的巨大差距，唯一合乎逻辑的解释就是国家之间的制度和经济政策质量之间的差异所导致的"。

阿兰·斯密德认为，可供选择的制度的绩效可以依照实质上谁得到了什么来确定，这样可以让利益群体回答什么对他们而言是好的问题，不许分析人员说什么对所有人是最好的。"什么是最好的制度？"政治过程能被科学所替代吗？我们将分析四个可能的确定绩效的变量：①效率：能否根据效率来对制度绩效进行检验和选择呢？答案是否定的，因为效率是制度选择的产物，而不是相反。效率不是唯一的结果，从多种可能的效率中，制度选择某一点的效率，

---

[1] 道格拉斯·诺思、罗伯特·托马斯：《西方世界的兴起》，华夏出版社 1999 年版，第 58 页。

通过观察根据初始资源分配情况经过讨价还价形成的合约曲线上的点（艾奇沃斯盒），可以验证这一观点。采用效率的问题在于有太多的制度形式，所以效率不能作为选择制度的依据。②自由：如果我们不能用效率来衡量制度绩效的话，那么能否用自由来检验哪项制度更好呢？自由似乎是人人都能同意的事情，但在全球范围内，人们对自由的认识却不是统一的。因为当我们把交易作为基本的分析单位时，稀缺性决定了一方的自由就是另一方的制约和义务，因此当一个人需要自由，他们真正需要的是稀缺的机会，作为绩效变量的自由必须要有利益群体作为后盾。③民主与全体一致性：为了个人偏好可以累加而又不违反诸如非独裁等广泛统一的规则，是否可以设计制定规则的规则呢？答案是否定的，阿罗在他的"不可能定理"中已经对此作出了回答，不可能有这样的宪法和政治制度。④交易成本最小化：交易成本最小化能否作为用于检验制度绩效的合适变量呢？如果交易的双方发现交易有利，那么他们取消所有阻碍交易的壁垒和摩擦应当得到广泛的赞同和批准。一些人认为交易成本是制度存在的唯一原因，如果没有交易成本的存在，那么制度也就失去了存在的理由。但另一方面，一般相互依赖性理论又指出现实中更多的交易不仅仅涉及两方，而是涉及更多的人，而交易双方的失败常常正是第三方所获得的机会。①由此可以看出，根据阿兰·斯密德的观点，上述哪一个变量都不能孤立地作为评价制度绩效的变量，只有综合考量，才会对制度绩效作出正确的评价。

伯格伦等（Berggren, Bergh & Bjornskov, 2012）将制度质量定义为：制度为经济决策者减少不确定性以及为生产性行为提高激励的程度。高的确定性意味着低的交易成本，进而使经济活动在预期内变得更有利可图，经济活动便会增加。通过对生产性行为提供激励，有效的制度能够激励个人从事私人报酬和社会报酬相差无几的活动。减少不确定性和提供有效的激励这两个作用是制度质量所必须具备的②。

国内学者也对制度质量给出了解释：罗小芳、卢现祥认为所谓制度质量，是指制度的好坏及程度的总称③。好制度是有利于经济发展及人的全面发展而且相对公平的制度，坏制度是不利于经济发展和人的全面发展且不公平的

---

① 阿兰·斯密德：《制度与行为经济学》，中国人民大学出版社 2004 年版，第 113~116 页。

② Berggren N., Bergh A., Bjornskov C., The Growth Effects of Institutional Instability, *Journal of Institutional Economics*, 2012 Jun, Vol. 8, No. 2, pp. 187-224.

③ 罗小芳、卢现祥：《制度质量：衡量与价值》，载《国外社会科学》2011 年第 2 期。

制度。

熊锋认为"制度质量"是判断制度优劣的标准，它是制度变迁最根本的原因。正是因为制度质量存在"好"与"坏"、"高"与"低"之分，制度变迁的动机才得以产生，虽然制度变迁的结果可能是新制度对旧制度的更替，也有可能是制度本身的演进，但贯穿于制度变迁始终的只能是制度质量的改善与提高[①]。

李燕娥认为，和产品质量、工作质量一样，制度质量是制度好坏的一种衡量方式，是对人们行为具有约束力的准则被人们所接受的程度以及对人们所产生的约束力的程度等。高质量的制度是内容完备、具有较强的执行力和公信力的制度，这类制度对人们的行为具有基础性的约束作用。拥有高质量制度的国家，经济交往中机会主义减少，各类经济行为结果具有较高的预见性，国家能够很好地对其经济进行管理和调控。反之，内容缺乏、公信力和执行力较差的制度为低质量的制度，对人们的经济行为具有较弱的约束力和威慑力，执法不严、腐败、司法体系效率不高且缺乏独立性都是低质量制度的表现[②]。

在借鉴前人对制度质量定义的基础上，本文认为制度质量是对制度好坏的衡量，是制度差异的主要体现，高质量的制度是能够很好地提供有效的产权、减少交易成本且相对稳定的制度，反之则是低质量的制度。

第二节　制度质量二维属性的构建

制度质量主要涉及两个方面：一是制度的有效性，二是制度的稳定性。

一、制度有效性

有效性也即是效率。效率一般用来说明成本与收益之间或者投入与产出之间的关系。传统的经济学在研究"效率"时，通常以"帕累托最优"为标准，认为经济主体都不愿改变自己的策略时，经济就达到了"帕累托最优"状态，

---

① 熊锋：《中国贸易政策的制度质量研究》，2010 年博士学位论文。
② 李燕娥：《对制度质量的初步探析》，载《企业技术开发》2010 年第 9 期。

又称作经济效率。但这一分析受到了制度经济学家们的质疑。科斯在进行效率评价时，引入了交易成本理论，进而提出了科斯定理，他认为只要产权是明确的，并且交易成本为零或者很小，则无论在开始时将财产权赋予谁，市场均衡的最终结果都是有效率的，资源配置都能够达到"帕累托最优"状态。然而，在现实社会中，交易成本处处存在，而且正是因为交易成本的存在，制度才显得更为重要。因为不同的制度安排会带来不同的利益和成本分配。布罗姆利（1996）在《经济利益与经济制度》一书中也曾经指出："判断资源的每一种配置是否有效率主要取决于经济深层的制度结构——即产品的所有权状况和经济主体的财富状况。"而且他还认为社会中不但存在着提高生产效率和改善收入分配的制度交易，还存在着能够重新分配经济优势以及重新配置经济机会的制度，它们都是有效率的，尽管在一些情况下，这些制度交易是不符合"帕累托效率"的。

制度的有效性涉及制度的成本和制度的收益两个方面，我们可以通过对制度的成本和收益的对比来解释和描述制度的有效性。制度的成本包括制度本身的设计成本、制度实施和运行时所可能发生的执行费用、维护费用和实施费用等。而制度的收益则主要体现在制度在减少个人或团体所面临的不确定性、形成稳定预期、降低交易成本等多方面所发挥的积极作用。我们可以用以下两种方法来表示制度有效性：一种是假定制度的收益是既定的，则几种制度中成本相对较低的制度便是更有效的制度；另一种是假定制度的成本是既定的，则几种制度中能够带来更大收益的制度是更为有效的制度。

那么具体究竟如何判断一项制度是否是有效的制度呢？

诺思在其早期的研究中，从实证角度建立模型，通过衡量交易成本的高低来判断制度的效率。他认为较高的交易费用并不必然和低制度效率相联系，有些国家尽管交易费用较高，但其具有比较健全的法律制度和司法系统，因而在保护产权和促进经济增长方面仍然是高效率的。诺思在后来的研究中又提出了制度效率的"适应性效率标准"，即处于该项制度下的行为主体同该制度之间的适应程度。但是由于适应性效率属于主观感受，难以进行数量上的精确描述，因此，除了在该制度约束下的主体能够感知这一适应程度外，其他外部观察者是无法把握这一适应性效率的。

对于外部观察者而言，郑兴山等人认为可以对一项制度约束下的微观主体的"产出"结果进行观察，进而通过比较"产出"结果来发现该制度的效率。

现以企业进行的某项制度创新为例来说明这一点：假定企业在生产技术等外部环境既定的情况下，实施了一项新的制度安排，则可以用以下方法来衡量该项新制度的效率：

首先，可以将该项制度带来的净成本和净收益进行对比来衡量其效率。假定该项新制度实施后，该企业的收益由实施前的 R_2 变为了 R_1，那么该项制度所带来净收益为 $NR = R_1 - R_2$。再假定该项制度实施后的企业的总成本为 C_1，该项制度实施前的企业总成本为 C_2，则该项制度的实施净成本为 $NC = C_1 - C_2$，则制度效率 $E_1 = NR/NC$。由此可见，制度效率 E_1 与制度收益成正比，与制度的成本成反比。这种衡量方法反映了一项新的制度所带来的效率。

其次，用制度的对比效率来衡量一项制度的效率。假设该项制度实施前的收益 R_2 基本保持不变，且新制度实施的净成本基本固定，用 NC 表示。则该项新制度的效率就可以用 $E_2 = R_1/NC$ 来近似的表示。

如果该企业没有采用该项制度，而是采用另一项制度，且在采用另一项制度后，该企业的收益为由实施前的 R_2 变为了 R'_1，在净成本 NC 不变的情况下，如果 $R'_1 < R_1$，则说明两项制度相比，前项制度的效率更高一些。对于同一组织而言，可以使用制度的对比效率方法来对可能采取的不同制度的效率进行对比分析，进而选择效率更高的新制度。但对于不同对象的比较，制度的对比效率方法显得无能为力，而且在该方法所假定的净成本 NC 在现实中也是经常变动的。

最后，用制度的边际效率来衡量一项制度的效率。假设某一项制度的边际收益用 MR 表示，边际成本用 MC 表示，边际效率用 ME 表示，则 $ME = (MR/MC)$。我们可以根据 ME 的值来判定采取某一项新制度的效率：

如果 $ME = (MR/MC) > 1$，则该项新制度是高效的制度；

如果 $ME = (MR/MC) < 1$，则该项新制度是低效的制度；

如果 $ME = (MR/MC) = 1$，则由此可确定制度收益的最大化边界。

该种判定方法可以用来判断制度变动的科学性和有效性，但却不能反映制度带来的平均效率水平[①]。

制度效率并不是一成不变的，任何一项新的制度安排都是在一定的生产力水平基础上产生的，但随着生产力的发展和周围环境的变化，如果制度安排不

---

① 郑兴山：《产权制度和企业绩效》，载《经济体制改革》2001 年第 1 期。

能做出适应性调整的话，那么该项制度安排的效率便会下降。从长期来看，制度的"效率生命"曲线和生物体的生命曲线类似。任何社会所存在的制度形式都不是完美无缺的，每一种制度形式都有其生命周期，都会经历产生、发展、完善和衰亡这几个阶段。一项制度安排在其生命初期可能是有效的，但是当制度的"效率生命"曲线在达到一定点之后，再发展下去就会出现效率递减的趋势。此时，就需要制度创新，制度创新实质上是制度为了适应生产力的发展和周围环境的变化所作出的适应性度调整，只有坚持制度创新才能克服制度效率递减的趋势①。

尽管在理论上可以对制度进行成本收益分析，但实际上却很难计量制度的成本与收益，尤其是制度的收益②。作为一个小的社会综合体，任何制度作用的发挥都不是孤立的，制度本身收益的形成受多种因素的影响，其对社会的影响也是多方面的，不仅会影响到社会财富的增长，还会影响到社会中无形知识的积累。因此对制度安排效率的计量通常是很困难的。

二、制度稳定性

制度的稳定性是指制度维持一种相对不变的均衡状态。制度的稳定性主要强调总体制度框架的稳定，而制度框架中的边际调整和局部变化可以忽略不计。

从制度变迁的角度来看，制度有效性与制度稳定性是一个有机的整体。稳定性是制度的主要特性，是制度存在的理由，因为制度多变意味着约束多变、信息多变、激励多变，意味着人们将无所适从。而具有稳定性的制度能使人们形成对未来的稳定预期，从而可以减少交易中的不确定性，促进经济行为主体之间交易的达成。人类的社会生活无法在缺乏稳定性秩序的社会中进行，制度存在的理由便是制度的稳定性功能。

制度稳定性是以制度有效性为基础的，正是出于对更高有效制度的追求，制度创新的过程才得以产生。作为微观主体的行为规则和规范，制度并非是超时空的，而是现实的和具体的，也是不能自行改变的。行为主体一方面需要制

---

① 李怀：《制度生命周期与制度效率递减》，载《管理世界》1999 年第 3 期。
② 黄少安：《关于制度变迁的三个假说及其验证》，载《中国社会科学》2000 年第 4 期。

度的稳定性，但另一方面又有可能被制度的稳定性所困扰。原因在于随着外界条件和环境的变化，原有的制度安排会逐渐失去原有的功能。这样，原来高效率的制度就会变成了现在低效率的制度。这就要求人们去采取行动，来打破或者改变旧的制度，建立新的制度，也即是制度变迁的过程。

在制度变迁的过程中，一国必须经历一系列的制度改革和由此产生的一段时期的制度不稳定。制度变迁和因而产生的制度不稳定性对一国的经济发展都会产生一定的影响。制度改革和制度变迁的方向有可能是正向的，即制度变迁反映的是对不断变化环境的适应，也有可能是负向的。即使是对长期经济增长有利的正向制度变迁，在短期内也可能会因为制度的不稳定而产生阻碍贸易和经济发展的转型成本。那么，制度稳定性为什么重要呢？因为贸易发展和经济增长的维持需要制度建设的持续累积和稳定，而且，当经济增长的一定程度，不仅会对稳定的制度产生需求，还会在客观上要求采取措施来维持它们。因此，制度的稳定性对于制度的可持续发展至关重要。

本书将借助于熊锋（2009）的制度变迁演化图来描述具体的制度变迁过程（见图2-1）。该图主要包括三个阶段：第一阶段为制度变迁的初始阶段，第二阶段为制度的稳定阶段，第三阶段为制度的更迭阶段。在制度变迁的初始阶段，制度质量曲线是一条向左上方凹进的曲线，在曲线的最左端，其斜率相对较小，是制度的创新过程，随着新制度被更多地接受和采纳，制度的效率得到提高，曲线的斜率逐渐增大，新制度被接受和采纳的时间越短、程度越高，该部分曲线的斜率就会越大，曲线也就会越陡峭，最终在第一阶段实现了新制度的合法化。在制度的稳定阶段，制度质量曲线成平稳的直线形式，这代表着新制度被合法化后，达到了其效率的最大值，因此其稳定性也得以很好的维持。在制度变迁演化图的第三个阶段，曲线呈现出了S型的双重发展路径，这主要是由制度效率的递减规律所引起的，由于制度效率存在着递减规律，因此制度曲线在此阶段的发展走向两个极端，要么消亡，要么演进，也即曲线要么向下延伸，要么向上延伸。但是，无论是制度消亡，还是制度演进都会对贸易发展和经济增长产生举足轻重的影响。

承认稳定的制度有利于对外贸易的发展和经济增长并不意味着制度应当是一成不变的。一成不变的制度只会使国家陷入"制度僵化"陷阱。制度需要随其所在环境的变化而变化。促进对外贸易的发展并非一定需要大刀阔斧的制度改革，对发展中国家而言，制度的学习和引进是必需的，但它必须在可承受的范围内进行，具有相对稳定性的制度才可能对贸易发展和经济增长产生长期作用。

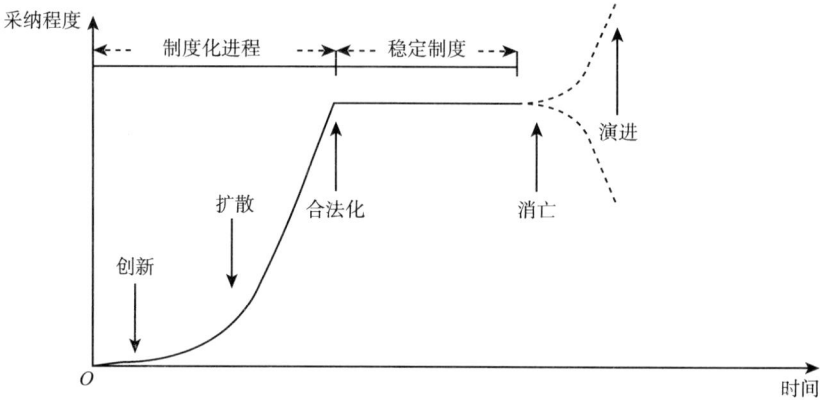

图 2 - 1　制度稳定性与制度质量曲线

资料来源：熊锋，黄汉民：《贸易政策的制度质量分析——基于制度稳定性视角的研究评述》，载《中南财经政法大学学报》2009 年第 5 期。

第三节　制度质量的度量方法

制度本身具有不可观测性，因此学者们在作实证分析时通常都是使用代理变量来度量制度质量的高低。本节将对国内外学者们所使用的制度代理变量进行梳理，为本文以后各章所要使用的制度代理变量奠定基础。

一、正式制度指标

（一）全球治理指标（Worldwide Governance Indicators）

该指标是由丹尼尔·考夫曼（Daniel Kaufmann）和阿特·凯雷（Aart Kraay）、玛斯莫·马斯特鲁奇（Massimo Mastruzzi）等人开发。该指标主要包含六个方面的内容：一是话语权和责任（voice and accountability）：该项内容主要刻画一个国家的公民能够参与选择他们的政府的程度，刻画一国公民的言论表达自由程度，联盟自由程度以及是否拥有自由的媒体。二是政治稳定和不存在暴力（political stability and absence of violence）：主要刻画政府统治被包括政治动机型暴力和恐怖主义在内的违宪方式或者是暴力方式所推翻或动摇的可能性。三是政府效率（government effectiveness）：主要刻画公共服务的质量，公民服务的质量和公民独立于政治压迫的程度，政府的制度和执行的质量以及政府对政策承诺的可信度。四是管制质量（regulatory quality）：主要刻画政府制定和执行承诺并促进私有部门发展的政策和规章的能力。五是法治（rule of law）：主要刻画机构对社会规则的信心度以及遵守这些规则的程度，特别是合约实施、产权保护、警察和法庭的质量以及犯罪和暴力的可能性。六是对腐败的控制（control of corruption）：主要刻画为了私人得益而实施公共权力的程度，包括各种形式的腐败，刻画社会精英和私人利益集团对国家的巧取豪夺。该指标汇集了全球发达国家与发展中国家的企业、民众和专家的观点，数据来自协会、智囊机构、非政府组织和国际组织，计算标准是将全球国家加以分析后，给予正负 2.5 之间的评分，然后按百分数排名。最新的全球治理指标（WGI）项目报告了 215 个国家 1996～2012 年的数据，是覆盖范围最广的制度质量代理指标。

（二）经济自由度指数（Index of Economic Freedom）

经济自由度指数是由《华尔街日报》（The Wall Street Journal）和美国传统基金会（Heritage Foundation）自 1995 年开始联合发布的年度报告。最初，该指数有 50 个经济自由度子指标，每个子指标的取值范围都为 [1～5] 分，评分和经济自由度评价呈反比关系，即在某个指标上的分值越低，表示经济自由度越高，政府对经济的干预越少。将一国在各项指标的分值进行累加后再求平均值即可得到该国的总体经济自由度指数。美国传统基金会认为，经济越是自由的国家，其长期的经济增长速度也就越高，经济也越繁荣。

2007 年，经济自由度指数进行了修正，摒弃先前 [1～5] 分的评分方法，采用 [0～100] 分的评分方法，使分值和经济自由度呈同向关系，并评定了测评经济自由度的 10 个大类指标。在计算一国的经济自由度指数时，首先计算出这 10 项大类指标的分值，然后进行加总再求平均值。分值越高，说明政府对经济的干预越少，经济的自由度越高，反之相反。该指数根据各国的得分情况，将其划分为 5 个不同的经济自由度区间：得分在 [0～50]（不包括 50）的国家属于"受压制经济体"；得分在 [50～60]（不包括 60）的国家属于

"较不自由经济体"；得分在［60～70］（不包括70）的国家属于"中等自由经济体"；得分在［70～80］（不包括80）的国家属于"较自由经济体"；得分在［80～100］的国家属于"自由经济体"。作为全球最权威的经济自由度评价指标之一，2012年该指标涵盖了全球184个国家和地区，其中中国香港地区连续18年被该指标评为全球最自由的经济体，朝鲜依旧排在最后一位。

（三）弗雷泽研究机构指数（Fraser Institute Index）

弗雷泽研究所是一家非营利性的科研教育机构。该机构成立于1974年，由迈克尔·奥克和帕特里克·泊伊尔在温哥华创建。弗雷泽研究机构指数从五个主要的指标来衡量经济自由的程度：①政府的规模：支出、税收和国有企业；②法律结构和财产权的安全性；③使用稳健货币的权利；④对外贸易的自由度；⑤对信贷、劳动力和商业的管制。这五个主要指标又包括了23个分项指标，而这些分项指标中，有很多自身又包含若干基础指标。每个分项指标和基础指标都使用［0～10］分的尺度来衡量，以反映指标值（得分）的具体分布。在每一个指标框架内，对组成该指标的分项指标的得分进行平均，以得到这五个主要指标的得分。依次，经济自由指数总得分是对这五个方面指标得分的平均，取值范围为［0～10］分，数值越大，表示经济自由度越高，反之就表明经济自由度越低。截至2012年年底，该指数涵盖1970年、1975年、1980年、1985年、1990年、1995年、2000年、2001年、2002年、2003年、2004年、2005年、2006年、2007年、2008年、2009年和2010年的数据。最新版本的《世界经济自由度指数2012》将141个国家依据政府的相对规模、产权保护、货币稳定性、贸易开放程度和监管机制等指标进行排位。因为其所使用的大量数据具有时滞性，2012版的报告反映的是2010年时的经济自由状况。

（四）政体项目指数（Polity Project IV Index）

政体项目指数主要用来衡量制度性民主程度和制度性独裁程度。政体项目是截至目前时间跨度最长的民主调查报告，作为政体项目前三个阶段的主要负责人之一，泰德·戈尔的著作《政治体系的持续和变化：1800～1971》为政体项目的早期成果奠定了基础。政体项目的初衷是为了衡量政治体系的稳定性程度，然而，随着研究的进一步深入，其逐渐发展成为了研究各国民主程度高低的主要指数之一。

制度性民主程度主要考察人事竞争力、认识开放度、对行政长官的限制以及政治参与的竞争力；制度性独裁程度除了要考察以上几个方面以外，还要考察参与管制方面。

政体项目指数最终由制度性民主程度减去制度性独裁程度经过标准化处理后得到，其取值范围为［-10～10］。其中得分为［-10～-6］的国家为"独裁国家"，得分为［-10～5］的国家为"无支配国家"，得分为［6～10］分的国家为民主国家。最新的政体项目指数涵盖了 164 个国家从 1800～2010 年的民主状况的数据。

（五）全球腐败指数（Corruption Perception Index）

全球腐败指数主要由非政府性组织透明国际或国际透明组织（Transparency International）定期发布。该组织由世界银行的前任区域主管彼得·艾根（Peter Eigen）于 1993 年 5 月创立，总部位于德国柏林。目前该组织在世界上 70 多个国家设有分部，主要监测并发布国际发展中的企业腐败和政治腐败。1995 年，透明国际发展了腐败印象指数（CPI），该指数根据对商业人士的调查，对一国的腐败状况进行排名，随后，该组织开始每年颁布 CPI 指数和年度全球腐败报告。该指数曾因其所使用的方法不良和对发展中国家的待遇不公而被批评，但也因关注腐败和使政府难堪而受到表扬。1999 年，透明国际又开始颁布行贿指数（BPI），该指数根据一国跨国企业的行贿状况来对国家进行排名。

腐败印象指数（CPI）是世界范围内最为广泛应用的测量一国腐败的指数。为了得到该指数，透明国际进行了大量的调查，询问一国国内和国外的企业商人和分析人士对一国腐败状况的感知。该指数的取值范围为［0～10］，分值越高，表示一国的腐败程度越低，廉洁程度越高，分值越低，表示一国的腐败状况越糟糕。在［0～10］的取值范围中又进行了细分，其中［0～2.5］为极其腐败；［2.5～5］为一般腐败；［5～8］为轻微腐败；［8～10］为比较廉洁。截至 2012 年年底，该指数涵盖了 176 个国家的腐败指标排名。

作为对 CPI 指数的补充，BPI 指数主要使用问卷调查的形式，对跨国企业的高层管理人员进行调查，根据被调查者对问题的答案进行汇总，最终得出每个国家的行贿指数。BPI 的取值范围也是［0～10］，分值越低，表示一国企业对政府官员的行贿状况越严重，反之相反。

（六）法治指数（the Rule of Law Index）

法治指数旨在判断一国的法治状况，并将其进行评估和量化。2008 年和 2009 年在奥地利维也纳先后两次举办了"世界正义论坛"，论坛号召各国共同促进"法治发展"和"公平公义"的早日实现。论坛的主要内容和贡献之一便是提出要完善"法治指数"。法治指数主要包括下列四个普适原则：一是政府和官员及其代理机构均应受法律约束；二是法律应该是明确的、被广泛宣传、稳定和公平的，应该保护包括安全和产权在内的人们的根本权利；三是法律制定、执行和被实施的过程应该是易被理解的、有效的和公平的；四是司法职业应该由那些有能力的、有道德的、独立的代表和中立人士承担，这类人员在数量上应该充足，且能代表他们所服务的社区的特征。"法治指数"主要采用"人口抽查"和"访问专家"两种形式对一国的法治状况进行评估。其中，人口抽查每 3 年进行一次，在一国抽取三个城市，对这三个城市的 1000 名人口进行抽样访问调查。而对专家的访问则是每年进行一次，所谓的专家主要包括刑事司法、民商法以及公共健康领域等知名学者或人士。2012 ~ 2013 年度的法治指数报告是第三份以年度形式发布的指数，涵盖了 97 个国家或地区。

（七）国际国家风险指数（International Country Risk Guide Index）

国际国家风险指数由政治风险服务集团所提供，该公司于 1979 年在美国纽约成立，是一家评定政治风险的专业机构。1992 年，政治风险服务公司纳入了曾是其竞争对手的 ICRG，并在此基础上组建了政治风险服务集团。政治风险服务集团是所有政治风险评级机构中唯一能坚持自 1980 年起按月发布其 ICRG 指数的机构，截至 2012 年，该机构所发布的指数涵盖 166 个国家或地区，其发布的风险指数具有较高的权威性。

ICRG 指数使用 22 个变量来考察政治、金融和经济三个方面的风险。其中政治风险主要和偿付意愿有关，而金融风险和经济风险则主要和偿付能力有关。政治风险项下设有 12 个子项目，主要考察样本国家的政治稳定性、腐败、法治、民主责任和政府质量等方面，取值范围为［0 ~ 100］分，数值越高表明政治风险越低，反之相反；金融风险主要考察样本国家汇率的稳定性、外债、经常项目等 5 个子项目，取值范围为［0 ~ 50］分；经济风险需要考察样本国家的人均 GDP、实际 GDP 的增长率，年度通货膨胀率、预算平衡占 GDP

的百分比、经常账户占 GDP 的百分比等 5 个子项目，取值范围为［0 ~ 50］分。最终的 ICRG 指数数值是将政治风险、金融风险和经济风险加总再除以 2 而得到。依据其数值大小的不同，可以再将 ICRG 指数分为 5 类：［0 ~ 49.9］分为"非常高风险"；［50 ~ 59.9］分为"高风险"；［60 ~ 69.9］分为"中等程度风险"；　［70 ~ 79.9］分为"低风险"；　［80 ~ 100］分则为"非常低风险。"

（八）企业营商环境指标（Doing Business Index）

企业营商环境指标是世界银行为衡量各国小企业运营的客观环境而设计的。主要从各国国内中小型企业的角度出发，对这些企业生命周期各个阶段所适用的监管规则进行衡量。首份《营商环境报告》发布于 2002 年，该年度报告旨在对国内中小企业进行考察，并对在企业存在周期内所适用的法律、法规和机构的效率和效力进行评估。最新的年度报告是《2012 年营商环境报告》，该报告提供有关商业监管和产权保护的量化指标，可以用来对从阿富汗到津巴布韦的 183 个经济体进行纵向和横向的比较。报告中的数据涵盖了影响企业生命周期的 11 个方面的监管规则：开办企业、办理施工许可证、获得电力、登记财产、获得信贷、保护投资者、纳税、跨国贸易、执行合同、解决破产（原来为关闭企业）和雇佣员工。指标主要用来分析经济成果并找出什么样的商业监管改革是有效的，在什么地方有效和为什么有效。企业营商环境指数排名是所有经济体按其企业经营环境的便利程度排名，排名越靠前，说明该国的政策法规环境越有利于企业经营，而在 2012 年的报告中，中国的排名为 91 位，比 2011 年倒退了 4 位。

（九）合约密集型货币比率（Contract-Intensive Money）

该指标是克莱格等人（Clague，Keefer，Knack & Olson）在《契约密集型货币：契约实施、知识产权和经济绩效》一文中构建的一个指标，主要用于测度一国或地区契约实施及产权安排安全性的状况。契约密集型货币比率指的是非现金货币与总货币供给量之比，计算公式为 $(M_2 - C) / M_2$，其中分子和分母中的 M_2 代表的是广义的货币供给量，分子中的 C 代表的是银行以外持有的现金数额。公式里的分子既包括了支票账户和长期存款，同时也包括了其他金融权证等，公式里的分母则除了包括所有的这些资产总和之外，还包含了现金资产①。一国或地区的 $(M_2 - C) / M_2$ 的比值越大，表示该国或地区的产权确定性程度越高。反之，该比值越小，表示该国或地区的产权确定性程度越低。

克莱格等人认为，产权和契约的执行制度会影响到人们持有资产的形式，在一个没有建立起稳定法律和政策环境的社会里，人们倾向于在交易中大量使用现金，因为现金的使用可以使交易过程更容易被掩盖。而且人们之所以愿意持有现金，或以持有现金的形式代替金融证券，是因为人们要么对银行或金融资产的发行者丧失了信心，要么认为政府不具备很好地实施金融监管的能力。反之，如果一个社会能够对产权实施有效的保护，并能保证契约的有效实施和执行，人们不仅会倾向于持有少量的现金，还会在交易中更喜欢使用信用卡或支票，而避免大量使用现金，因为非现金形式交易的交易过程更容易被正式地记录，更能有效地防止交易纠纷的产生。由此克莱格等人认为，一国或地区的产权确定性指标可以使用契约密集型货币比率（CIM）来衡量。

二、非正式制度指标——信任指数

信任指数（trust barometer）由总部设于美国芝加哥的世界上最大的一家提供公关咨询服务的独立公关公司爱德曼（Edelman）公司调查并发布，该指数是大众对政府、商业、媒体等组织平均信任水平的一种体现。2012 年研究公司 Strategy One 为了得到爱德曼信任指数，对 25 个国家或地区的 3 万多名受访者进行了网上调查。受访者被要求为成年人，密切关注新闻时事，受过高等教育且家庭的年收入水平应该在其所在国家的年龄组别中位于前 1/4。2012 年由 1500 名符合上述条件的中国受访者参与了此次调查。根据 Strategy One 的调查，全球信任综合指数由 2011 年的 55% 下降到了 2012 年的 51%，但中国却以 76% 的指数一跃成为了当年信任指数最高的国家，紧跟其后的是阿联酋和新加坡两个国家，信任指数分别为 68% 和 67%。在中国所有的行业中，科技、媒体和汽车行业的信任度最高，而食品和饮料行业的信任度则最低，成为了最不受信任的行业②。

---

① 袁庆明：《产权确定性及其对投资和经济增长的价值》，载《江西财经大学学报》2009 年第 5 期。
② 数据源于 http://www.edelman.com/。

三、各制度质量指标对比

在确定本研究所使用的制度质量指标之前，有必要对以上 10 种制度质量指标进行简单的对比和分析（见表 2 - 1）。

表 2 - 1　　　　　　　　　　各制度质量指标对比

指标种类	指标名称	衡量对象	关注领域
正式制度质量指标	全球治理指标	衡量各国政府治理水平	政治、法律
	经济自由度指数	衡量各国经济自由度状况	经济
	弗雷泽研究机构指数	衡量各国经济自由度状况	经济
	政体项目指数	衡量制度性民主程度和制度性独裁程度	政治
	全球腐败指数	衡量各国的腐败程度	法律
	法治指数	衡量一国的法治水平	法律
	国际国家风险指数	评估各国的政治、经济和金融领域的风险	政治、经济
	企业营商环境指标	衡量企业经营的外部环境	法律、经济
	合约密集型货币比率	衡量各国或地区有效保护产权和合约的水平	法律
非正式制度质量指标	信任指数	衡量各国的社会信任程度	政治、经济

由于本书所将使用的制度质量指标主要是涉及经济领域的正式制度质量指标，因此有可能为本书所采用的指标主要有：经济自由度指数，弗雷泽研究机构指数、国际国家风险指数以及企业营商环境指数。

企业营商环境指数排名是对所有经济体按其企业经营环境的便利程度排名，排名越靠前，说明该国的政策法规环境越有利于企业经营。但是该数据仅有每个国家企业营商环境的总体排名和涵盖了影响企业生命周期的包括跨国贸易在内的 11 个方面的监管规则的排名，缺少具体的制度质量分值，且该指数的时间跨度相对较短，仅有 2002 ~ 2011 年 10 年的数据。

国际国家风险指数涵盖了的国家或地区范围相对广泛，时间跨度也较长，但该指数的经济风险指数主要包括了样本国家的人均 GDP、实际 GDP 的增长率、年度通货膨胀率、预算平衡占 GDP 的百分比、经常账户占 GDP 的百分比等 5 个子项目取值，缺少本书所需要的用来衡量贸易政策制度质量的指标。

由美国传统基金会（Heritage Foundation）和《华尔街日报》（*The Wall*

Street Journal）联合发布的经济自由度指数从贸易自由度、企业运营自由度、政府支出、财政自由度、投资自由度、货币自由度、金融自由度、政府的廉洁程度、知识产权以及劳工自由度等 10 个指标来考察一国或地区的经济自由度。其中贸易自由度指数主要包括加权平均关税、非关税壁垒和海关腐败三个子指标，贸易自由度指数是对这三个子指标的综合评价，其分值范围为［0～100］，分值越高，表明一国的贸易越自由，反之相反。《华尔街日报》和美国传统基金会从 1995 年开始发布经济自由度年度数据，到 2012 年年底，该指数涵盖了 184 个国家和地区经济自由度指数，时间跨度为 1995～2012 年，是全球最权威的经济自由度评价指标之一。

弗雷泽研究所指数是由非营利性科研教育机构弗雷泽研究所发布的指数，该指数从政府的规模、支出、税收和国有企业；法律结构和财产权的安全性；使用稳健货币的权利；对外贸易的自由度；对信贷、劳动力和商业的管制五个方面来衡量经济自由的程度。截至 2012 年年底，该指数涵盖了 141 个国家的经济自由度指数，时间跨度为 1970～2010 年。需要说明的是在 2000 年以前，只有 1970 年、1975 年、1980 年、1985 年、1990 年、1995 年、2000 年的数据，2000 年以后才有每年的年度数据，而且该指数具有滞后性，一般滞后两年。对外贸易的自由度指标包括国际贸易税收、管制性贸易壁垒、贸易部门相对预期规模的实际规模、官方汇率与黑市汇率之间的差别、国际资本市场的管制程度等 5 个子指标。对外贸易自由度指数是对这 5 个子指标的综合，其分值范围为［1～10］，分值越高表明贸易自由化程度越高。

和经济自由度指数相比，弗雷泽研究所指数所涵盖的年度数据跨度相对较短，且涵盖的国家或地区的范围相对较小，而且该指标数据具有滞后性，截至 2012 年年底，该指标的最新数据为 2010 年的指标数据。

因此，综合以上各个指标的优缺点，本研究认为经济自由度指数项下的贸易自由度子指标更适合作为本书的贸易政策质量的代理指标。

第三章

制度质量与贸易发展

第一节　制度是影响国际贸易的内生变量

一、"国际贸易由制度启动"命题的提出

　　传统的国际贸易理论通常认为劳动力、技术创新以及人力资本等生产要素禀赋的差异是国与国之间贸易产生的主要原因，这些要素禀赋的差异决定了国家之间的贸易形势以及贸易利益分配的格局。如大卫·李嘉图认为国际贸易之所以产生，是因为不同国家之间的劳动生产率存在差异，进而劳动成本存在差异。那么，国家与国家之间为什么会出现劳动成本或者劳动生产率方面的差异呢？而且为什么在劳动成本或劳动生产率相同或相似的国家之间也会发生贸易呢？李嘉图的比较优势理论在回答上述问题时遇到了困难。

　　以赫克歇尔和俄林为代表所提出的资源禀赋论对上述问题做出了回答：他们认为不同国家的比较利益是建立在其要素价格存在差异的基础上的，而各国的要素价格之所以不同，主要是因为各国的资源禀赋存在差异，进而将国际贸易的因素由单纯的劳动生产成本扩展到资本和劳动两种生产要素，指出比较成本差异存在的条件主要包括两个方面，即两国存在不同的生产要素拥有量和分布量以及两国生产不同商品所使用的生产要素的比例不同。按照 H－O 理论，一国应该生产并出口那些在生产上密集使用本国充裕的生产要素的商品，进口那些在生产上密集使用本国稀缺的生产要素的商品。然而，试图从实证角度来验证 H－O 理论的里昂惕夫却得出了与 H－O 理论相反的结论，尽管人们试图

从各种角度来对里昂惕夫之谜作出解释，但最终都没有得出令人完全信服的结论。

20世纪50年代后期以来，国际分工和国际贸易格局出现了两大新的变化，一方面表现为发达国家之间的贸易量大幅度增加，另一方面表现为同类产品之间的贸易量大幅度增加。传统的国际贸易理论对上述现象无法做出令人满意的解释。经济学家们开始对传统的贸易理论进行修正来解释战后所出现的国际贸易新现象。弗农和波斯纳分别提出了产品生命周期理论和技术扩散、技术差距论，林德尔提出了偏好相似论。以保罗·克鲁格曼（Krugman）与赫尔普曼（Helpman）为代表的经济学家在吸收传统贸易理论合理因素的基础上，运用产业组织理论和市场结构理论对产业内分工和贸易问题进行了系统的阐述以解释国际贸易中的新现象。另一方面，传统的国际贸易理论通常以一种理想的市场结构为前提，以"收益递减"和"完全竞争"为基本假定，但现实生活中，"收益递增"与"不完全竞争"是随处可见的现象。于是，以克鲁格曼为代表的经济学家在贸易理论模型中引入不完全竞争、规模报酬递增和差异化产品等思想与概念，创建了一个全新的国际贸易理论分析框架。

然而在现实世界中，首先，发达国家与欠发达国家、贫国与富国之间的差距不但没有缩小，反而比以前的差距更大了，这与新古典国际贸易理论所预言的"发展趋同论"完全相悖。其次，世界银行提供的数据表明在世界总贸易额中，发展中国家的贸易份额不但没有上升，反而呈现不断下降的趋势，这说明比较优势理论在指导发展中国家的贸易发展方面并不成功。南北国家之间的贸易额要远小于北—北国家之间的贸易额，这说明贸易在有些具有明显比较利益、资源禀赋互补的国家之间并没有充分地展开。再者，一些创造出贸易竞争优势的国家并不一定存在赫克歇尔和俄林意义上的资源禀赋优势，如东亚的韩国、日本以及西亚的以色列便是典型的代表。这说明传统贸易理论的比较优势和现实中的发达贸易之间并不具备必然的对应关系，这一结论在国际贸易发展的各个时期都能够找到大量的证据。还有，日本用于产业保护的"狭窄移动带"获得了极大的成功，是新贸易理论的战略性贸易政策在现实中成功运用的典型，然而这一成功却最终基本上被限制在日本国内，从20世纪七八十年代至今，包括中国在内的一些发展中国家也试图向日本进行学习，采用这样的产业保护方式，但大多都不太成功。最后，虽然我们可以从动态比较优势理论中寻找到发展中国后来居上的理论依据，但是我们无法从该理论中寻找到

"后发展国家如何有效地利用外贸理论中的技术因素" 这一问题的答案，而且，除了个别国家特别是新兴工业国家外，包括印度在内的一些发展中国家虽然也尽可能地在管理、教育和技术方面进行大量的投资，但是这些投资对于其产品结构和产业结构的改变和优化并没有产生实质性的影响。

传统的国际贸易理论除了无法很好地解释上述的国际贸易现象之外，也没有很好地解释其理论基础——传统的国际贸易理论认为各国之间的劳动生产率或劳动成本、资源禀赋，以及技术和市场等方面的差异导致了国际贸易的产生，那么导致贸易产生的这些因素的差异又是如何形成的呢？按照 H－O 理论，国家之间的要素禀赋差异是由各国不同的自然过程和历史过程所引致，但是对于那些拥有相同或相似自然历史过程的国家而言，他们之间的要素禀赋方面的差异又该如何解释呢？这恐怕需要引用"制度"因素来对上述现象进行解释。

制度经济学认为制度是一种社会博弈规则，是限制人们相互交往的行为框架[①]。新制度经济学强调契约和交易成本，认为人是存在于一定的制度框架之中的，组织是制度的主要层面，各个组织之间的关系主要是契约关系。组织与组织之间要建立契约关系，就会产生相应的交易费用，而产权的界定就是为了节约因建立契约关系而产生的成本。作为比较优势的重要组成部分，交易成本在一定程度上都由制度而决定，因此可以说，制度对贸易有着至关重要的、甚至是决定性意义的影响。诺思在考察制度对贸易的影响时，从历史演进的角度入手，提出了"国际贸易由制度启动"的命题。诺思认为较为复杂的组织与组织之间的联系和发展启动了欧洲远距离的贸易。早年英国和荷兰之所以比其他国家更好地发挥了比较优势，是因为这些国家形成了有效率的经济组织。可以说，制度和产权理论的引入，很好地补充了现有的西方贸易理论，极大地扩展了国际贸易理论应用的空间，为国际贸易理论的研究和发展提供了新的方法和视角。

二、制度对国际贸易的影响

将制度因素纳入国际贸易理论的分析框架，为国际贸易理论的研究提供了

---

① North，D.，*Institution*，*Institution Change and Economic Performance*，New York. Cambridge University Press，P. 4.

新的研究方法和视域。如果国际贸易用 Q 来表示，劳动、资本、自然资源、技术、市场分别用 L，K，N，T 和 M 来表示，制度用 I 来表示，则可以得出最简化的国际贸易模型：$Q = f [L; K; N; T; M; I]$。此处的 I 可以是正式实施制度（如规则、法律和宪法）也可以是非正式实施制度（如惯例、习俗、信任、集体惩罚、声誉等）。正式制度和非正式制度的不断完善大幅度降低了国际交易中的交易成本和不确定性，为国际贸易提供了一个相对安全的环境，从而可以促进国际贸易的发生。正式制度常以法律、法规为代表，非正式制度常以声誉机制和信任机制为代表。在大多数国际贸易中，基于声誉机制和信任机制的非正式制度以及基于法律、法规的正式制度对国际贸易都起着非常重要的作用。

（一）非正式制度对国际贸易的影响

德国经济学家柯武刚、史漫飞（2000）认为非正式制度对国家贸易的产生和发展至关重要：现实世界中的国际交换是处于一定的秩序之中的，这种秩序是自发的、复杂的……这种国际交换的顺利进行所依靠的往往不是成文性的契约，而是特殊生意圈子内的信任机制，进而在一定程度上对要素和商品的跨国流动都存在额外交易成本的情况下，国际贸易仍然能够实现飞速增长的原因给出了解释。

声誉机制和信任机制是对国际贸易有着重要影响的非正式约束。米尔格罗姆等（Milgrom et al，1990）认为 12 世纪和 13 世纪香槟博览会上的贸易商法庭可以被认为是支持当时非人格化（impersonal）交易关系的一种制度，依靠该制度该地区实现了跨越时间的合约实施。其中，通过对具有激励作用的信息进行控制，法庭激发了一种能够使跨区域的交易在没有跨区行驶司法权法律制度的情况下顺利进行的多边声誉机制。可见，是非正式合约实施制度促进了跨区域的交易①。通过对 12 世纪北非马格里布地区贸易商的考察，格雷夫（Grief，1993）认为作为一种特殊的经济制度——"联盟"支配着北非马格里布地区贸易商之间的代理关系。之所以说联盟是一种制度是因为它决定了贸易商所面临的由信息流、其他贸易商的策略和贸易商法所构成约束，而这些约束

---

① Milgrom，P. R.，Weingast，B. R.，*The Merchant Gild as a Nexus of Contracts*，*Mimeo*，Stanford University，1990，P. 276.

影响着每个贸易商的行动选择。在信息不对称、通信技术落后、无法细化全面的合同以及要约依法实施受限的情况下，联盟的特征和其重要性是十分明显的①。在联盟内部，经常有交易往来的贸易商之间联合起来，通过建立相互之间的代理关系来预防交易欺骗行为，因为一旦出现联盟内的某一成员遭受欺骗，整个联盟的成员会联合起来集体惩处这种欺骗行为。这种"联盟制度"增进了贸易商之间的信任和依赖，节约了贸易商之间的协商和谈判成本，进而大大提高了贸易商之间的交易效率。类似地，墨西哥与加利福尼亚在1830~1846年贸易的发展和繁荣同样得益于非正式合约实施制度。在没有正式的法律制度维持交易的情况下，仅仅依靠贸易商之间的诚实和信任，当地的商人造就了非常复杂的贸易结构，而这种诚实和信任恰恰是联盟和私人秩序制度运作的结果。（人与人之间的）网络通过团体制裁阻止机会主义提供了另一类替代正式合约的非正式制度的实施机制，Rauch 和 Trindade（2002）研究发现华人网络可以增加双边贸易，这表明商业和社会网络对国际贸易有着相当大的量上的影响，因为这些华人网络可以很好地匹配买卖双方的产品特性，同时还可以通过团体制裁来阻止机会主义。相对于异质性产品贸易，同质性产品贸易受网络的影响相对小一些，因为异质性产品的买卖双方供需匹配更重要，而华人网络在提供这方面的信息上发挥了优势②。

除了声誉机制以外，信任机制是另一类对贸易有着重要影响的非正式约束。根据新制度经济学的观点，随着交易双方之间信任度的不断增加，他们之间的交易成本会相应地不断降低，交易量会相应地不断扩大。巴特尔和莫西（Butter & Mosch，2003）认为贸易伙伴之间的信任会降低交易成本，因此其可以促进相互之间的贸易。他们通过使用引力模型对25个国家的样本进行研究发现贸易伙伴之间的信任度越高，贸易量也就越大，"失踪的贸易之谜"可以部分地归因于贸易伙伴之间因文化、习惯的差异或者对产品质量信息的不充分而导致的信任的缺乏。正式和非正式两种信任都可以用来解释双边贸易流量，两种信任是可以相互替代的。非正式信任增加一个标准偏差，正式和非正式信

---

① Greif, A., Contract Enforceability and Economic Institutions in Early Trade: The Maghribi Trades Coalition. *American Economic Review*, Vol. 83, No. 3（Jun 1993）, pp. 525 – 548.

② Rauch, J. E. and Trindade, V., Ethnic Chinese Networks in International Trade, *The Review of Economics and Statistics*, Vol. 84, No. 1（Feb 2002）pp. 116 – 130.

任的联合影响会使双边贸易增加 90% ~150%[①]。

(二) 正式制度对国际贸易的影响

上述研究说明了非正式制度对贸易的促进作用,然而并非在所有的交易场合,非正式制度都能很好地发挥作用。非正式制度作用的发挥需要有两个基本条件,其一是交易主体之间的交易行为应该是长期的,连续的;其二是交易的主体不是无限多,有一定的数量控制范围。如果交易大多是一次性的行为且交易的主体无限多,那么非正式制度便发挥不了其应有的作用。

在国际贸易中,交易的双方很多都是初次交易,他们之间的交易将更依赖于正式制度。根据诺思的观点,正式制度对贸易起着十分重要的促进作用,他认为,远距离的贸易之所以能够出现,主要依赖于计量单位、度量衡的标准化、法院、领事等这些方面的发展[②]。和国内贸易相比,国际贸易成本不仅仅包括外生的交易成本(运输成本),还包括因制度差异而带来的内生性签约成本,那么正式制度又是如何影响国际贸易的呢?

笔者借用列夫琴科(2004)的理论框架来说明这一点:

1. 李嘉图的制度视角。

从标准的 H - O 模型开始,考虑一个经济体拥有 K 和 L 两种生产要素和3种产品,其中两种商品仅使用一种生产要素生产,称为 K 产品和 L 产品,还有一种产品 M 同时使用两种生产要素进行生产。

假定经济主体在消费这三种物品时,拥有相同的科布道格拉斯效用函数,即

$$U(C_K, C_L, C_M) = C_K^{\alpha} C_L^{\beta} C_M^{\gamma} \tag{3.1}$$

此处 α、β 和 γ 均为正,且 $\alpha + \beta + \gamma = 1$,给定产品的价格为 P_K、P_L 和 P_M,令计价单位作为与科布道格拉斯效用函数的理想价格指数,即

$$P \equiv \left(\frac{P_K}{\alpha}\right)^{\alpha}\left(\frac{P_L}{\beta}\right)^{\beta}\left(\frac{P_M}{\gamma}\right)^{\gamma} = 1 \tag{3.2}$$

消费者效用最大化,可以得到下列一阶条件:

---

① Butter, F., Mosch, R., Trade, Trust and Transaction Costs, *Tinbergen Institute Working Paper*, No. 2003 - 082/3.

② 道格拉斯·诺思:《制度、制度变迁与经济绩效》,上海三联书店 1994 年版,第 162 页。

$$P_K = \alpha \frac{C_K^\alpha C_L^\beta C_M^\gamma}{C_K} \tag{3.3}$$

$$P_L = \beta \frac{C_K^\alpha C_L^\beta C_M^\gamma}{C_L} \tag{3.4}$$

$$P_M = \gamma \frac{C_K^\alpha C_L^\beta C_M^\gamma}{C_M} \tag{3.5}$$

K 产品和 L 产品的生产技术是 K 和 L 的线性函数。假设一单位的资本生产 a 单位的 K 产品，一单位的劳动生产 b 单位的 L 产品。这两个行业利润最大化意味着

$$P_K a = r \tag{3.6}$$

$$P_L b = w \tag{3.7}$$

此处 r 和 w 分别为资本和劳动的报酬。

M 产品使用里昂惕夫生产函数进行生产，一单位的劳动 L 和 x 单位的资本 K 生产 y 单位的 M 产品。本研究认为制度之所以重要是因为制度为不同的利己经济主体的交易提供了便利。M 产品是唯一需要两种生产要素进行生产的产品，因此很自然地可以认为 M 产品是制度依赖品。根据李嘉图的理论视角，不完善的制度可以被认为是 M 产品部门生产率的损失。假设事实上一旦一个生产单位被形成，开始生产，τ 比例的产出将会因为制度的不完善而损失掉。参数 τ 可以被用来表示制度质量，制度质量越高，τ 值越低。M 产品行业的利润最大化意味着

$$P_M(1-\tau)y = w + xr \tag{3.8}$$

即产品价格等于产品的单位成本。封闭经济体的市场均衡要求市场出清，此处用 E 表示 M 部门中所雇用的劳动力份额，E 的值体现了经济体中资源的分配情况。在 E、K 和 L 值都给定的情况下

M 产品的生产量为 $X_M = (1-\tau)yEL$；

L 产品的产量为 $X_L = b(1-E)L$；

K 产品的产量为 $X_K = \alpha(K - xEL) = a\left(\frac{K}{L} - xE\right)L$。

产品市场出清要求

$$C_M = (1-\tau)yEL \tag{3.9}$$

$$C_L = b(1-E)L \tag{3.10}$$

$$C_K = a\left(\frac{K}{L} - xE\right)L \qquad (3.11)$$

可以对这个模型进行修正，使其适用于制度差异的情形。假设有两个国家，北方国家 N 和南方国家 S，两国间的运输成本是可以忽略的，用 K^N，L^N，K^S 和 L^S 表示这两个国家的要素禀赋。用 $\bar{K} = K^N + K^S$ 和 $\bar{L} = L^N + L^S$ 表示世界要素禀赋总量。

为了考察制度不同的两个国家之间的贸易问题，可以假设 τ^N 和 τ^S 分别为北方国家和南方国家的 M 产品因制度不完善所损失的部分。假设南方国家的制度质量低于北方国家，即 $\tau^N < \tau^S$。（如果两国的制度相同，不存在制度差异即 $\tau^N = \tau^S$，该模型满足标准的 H - O 要素比例理论的所有假设。）

如何决定生产和贸易的模式呢。本书将生产要素完全流动情况下的生产模式即一体化均衡作为分析的起点，这一模式可通过求解拥有全部世界生产要素的封闭经济体的均衡而得到。从一体化均衡生产模式可以构建生产要素在不同国家之间进行分配的一系列组合——称作要素价格均等化集（FPE 集）。当国家的要素禀赋属于 FPE 集时，可以说明通过贸易一体化均衡世界资源分配和价格的形成（见图 3 - 1）。

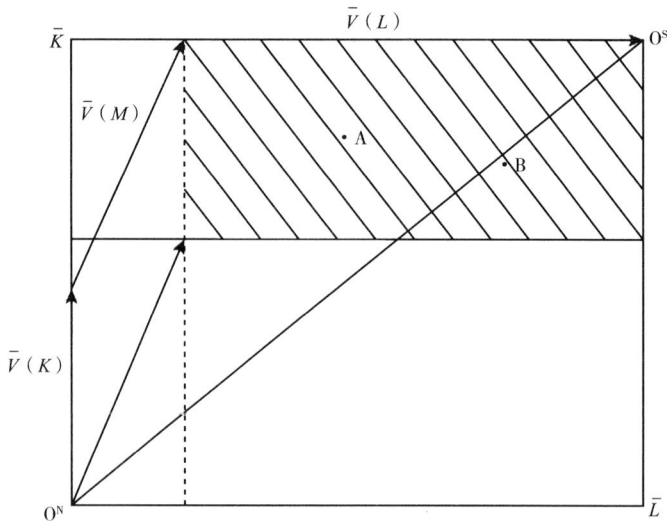

图 3 - 1　世界经济与要素价格均等化集

资料来源：Levchenko, A. A., Institutional Quality and International Trade, Review of Economic Studies, 2007, Vol. 74, No. 3, pp. 791 - 819。

盒子的边界代表着世界要素禀赋，图中的任意一点可以代表世界要素禀赋在国家之间的分配状况。北方国家的要素禀赋量用 O^N 来表示，南方国家的要素禀赋量用 O^S 来表示。笔者认为北方国家是资本相对密集型的，这种情况下，世界要素禀赋由对角线上方的任一点来表示，例如 A 点。向量 $\bar{V}(i) = [\bar{L}(i), \bar{K}(i)]$ 表示 i 行业一体化均衡时的要素分配状况。

阴影区域代表着要素价格均等化集。构建这个集的关键是：FPE 集是通过货物贸易而形成的一体化均衡生产模式下的国家要素禀赋。因为北方在生产 M 产品上有着绝对的技术优势，在一体化均衡中，只有北方的制度束将被用于该部门，所以，如果 M 产品的完全一体化均衡生产可以由北方国家完成，那么国家要素禀赋仅仅属于 FPE 集，例如 A 点便是这样的例子。

价格和生产、贸易模式可以很容易地从 FPE 集内的要素禀赋集获得。我们知道，商品和要素的价格在一体化均衡中是相同的，M 产品的完全的一体化均衡生产在北方国家完成，让 $V^j(i) = [L^j(i), K^j(i)]$ 代表 j 国 i 行业在贸易情况下要素的均衡使用量。生产模式如图 3-2 所示，要素禀赋在 A 点。在自给自足的经济体中，M 产品由两国生产，在贸易的情形下，南方国家停止生产 M 产品，它的全部要素禀赋用来生产 K 产品和 L 产品，在北方国家，M 部门的劳动力数量增加以适应整个世界的需求。

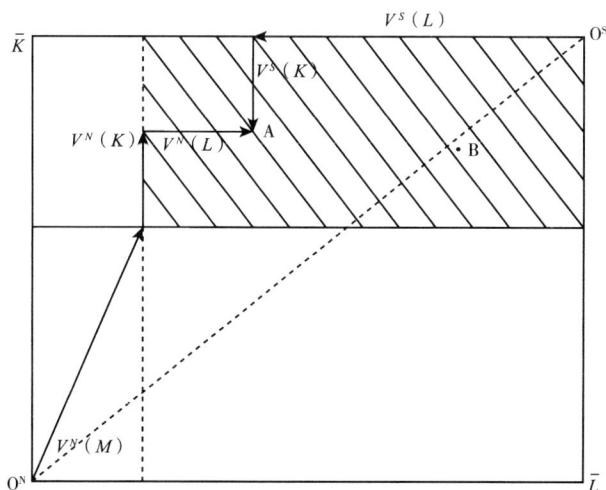

图 3-2 生产模式

资料来源：Levchenko, A. A., Institutional Quality and International Trade, Review of Economic Studies, 2007, Vol. 74, No. 3, pp. 791-819。

用 $\{P_K^N, P_L^N, P_M^N, r^N, w^N, E^N\}$ 和 $\{P_K^S, P_L^S, P_M^S, r^S, w^S, E^S\}$ 分别表示北方国家和南方国家自给自足情况下的均衡，用 $\{P_K^T, P_L^T, P_M^T, r^T, w^T, E^T\}$ 来描述贸易均衡。贸易值可以从求解一体化均衡而得到。E^T 是 M 部门所雇用的世界劳动力的比例，从以上的讨论中可以知道 M 部门完全在北方国家。效用函数中的假设表明福利是和实际收入呈比例的，由前面可知 $P \equiv (\frac{P_K}{\alpha})^\alpha (\frac{P_L}{\beta})^\beta (\frac{P_M}{\gamma})^\gamma = 1$；因此，在自给自足的情况下，$i$ 国的 L 和 K 的福利情况可以简单地表示为 $w^i L^i$ 和 $r^i K^i$，总福利为 $w^i L^i + r^i K^i$；因此从贸易中的获利就可以表示为在贸易和自给自足情况下的要素报酬的差异。

可以使用最简单的例子来考察贸易收益的分配问题。为了仅仅关注制度的影响，假设北方国家和南方国家有着相同的 K/L 比率，实行对外开放以后，要素禀赋位于 FPE 集（例如要素禀赋被给定为对角线上的一点，如图 3-1 中的 B 点）。因为 $K^N/L^N = K^S/L^S = \bar{K}/\bar{L}$，我们知道，$E^N = E^T$，类似地，因为在贸易情况下，只有北方国家的技术被用于 M 部门的生产，贸易下的产品和要素价格与北方国家自给自足情况下的价格相同：$w^T = w^N$，$r^T = r^N$。北方国家的福利没有改变，这表明贸易所增加的利益都被南方国家所获得。南方国家两种生产要素的福利都因贸易而增加了：$w^T > w^S$，$r^T > r^S$。更一般地，当北方国家和南方国家的要素比例不同时，北方国家也会从贸易中获益。如果北方国家资本充裕，北方的资本将会获益而劳动则会遭到损失。然而，和北方国家相比，南方国家将总会获得更多的利益。这是因为北方国家的获益纯粹是由要素比例差异所驱动，而南方国家的要素比例驱动的获益被有效的技术改进扩大了，因为 M 产品的生产使用了较高的技术。

贸易开放的结果是：南方国家丧失了它所有的 M 部门，但是要素报酬增加了，因为它通过贸易利用了北方国家的较高的制度质量。总而言之，如果南方国家的制度质量较低，它仅仅能从与北方国家的贸易中获利。因此，笔者得出的主要结论是贸易帮助南方国家摆脱了困境，即制度较差的国家不再因其不良的制度质量而受到影响，但当我们将制度看做是契约环境的质量时，结果又会完全不同。这是笔者下面所要关注的内容。

2. 格鲁斯曼—哈特—穆尔模型的制度视角。

在一个制度不完全会带来经济扭曲的世界里，李嘉图的观点不能解释制度比较优势所驱动的贸易的结果。制度安排决定着经济主体如何克服交易障碍。下面将构建一个模型，在模型中这些交易障碍的结果不是降低了生产率，而是增加了经济中的扭曲。

（1）将制度差异纳入模型。

为了构建一个能够体现契约实施和产权制度重要性的模型，可以假设两个完全不同的集团合资进行生产，投资的比例便是他们的生产关系。这种投资的不可逆转性导致了每个集团都不太愿意进入。解决这一问题的一个方法就是签署长期的合同，这是制度——合约实施变得重要的地方。

制度质量决定了交易阻碍的严重性，为了分析制度对贸易结果的影响，可以仍然使用前面所使用的 3 种产品和 2 种生产要素的模型。在制度依赖品 M 产品的生产中，假定资本投资中的 ϕ 为专用性投资，因为不完善的制度会导致 M 产品生产率的损失，生产后，资本只能收回 $1-\phi$ 的比例。因此，合约实施和产权保护的质量就可以由参数 ϕ 的大小来刻画。它的取值在各个国家是不同的。原则上，ϕ 为生产的技术特征和制度环境的结果，本研究仅仅关注后者，可以假设不同的国家拥有相同的生产技术。因此，ϕ 反映了一国的制度质量，高质量的制度因此对应着较低的 ϕ 值。换言之，当制度和产权被很好地实施时，每一个机构将都能够补偿其事前投资。极端的情况是当 $\phi=0$ 时，制度是完美的，进入标准的无交易摩擦的情形。

那么不完善制度的结果是什么？前面说过，一单位的 L 和 x 单位的 K 用来生产 y 单位的 M。生产单位形成以后，K 仅仅能够收回 $1-\phi$ 部分的投资。为了使 K 形成生产单位，其专用性投资部分必须得到一定份额的补偿——可以用收入减去要素的事后机会成本：$s=P_M y-w-r(1-\phi)x$ 来表示，假设事后投资双方实现了一个纳什均衡，每一方都得到一半剩余。因此 K 只有在满足个人理性约束 $r(1-\phi)x+1/2s\geq rx$ 的情况下才会进入 M 产品的生产。重新整理得到

$$P_M y\geq w+r(1+\phi)x \tag{3.12}$$

制度不完善会导致两个结果：第一，劳动 L 的报酬在不同的部门之间产生差异，由方程（3.12）可以计算出 M 部门的单位劳动报酬为 $w+\frac{1}{2}[P_M y-w-(1-\phi)rx]=w+\phi rx$，很明显，$L$ 在 M 部门获租，大小为 ϕrx。第二，合约不完善说明产出是低效的，M 产品的投资不足，w 和 r 要比产出高效的情况下低。不完

善的制度意味着很难促使资本进入到 M 部门。和无摩擦的情形相比，只有降低 w 和 r 的值，同时提高 P_M 的值才能满足资本的个人理性条件。这可以通过减小 M 部门的规模——同时将要素转向 K 和 L 部门，降低 w 和 r，提高 P_M 来实现。ϕ 的效应是不变的：较高的 ϕ 值带来较低的 E 值、w 值和 r 值。对于给定的 ϕ 值，M 部门规模的增加将会提高 w 和 r，进而会增加所有部门中使用的这些生产要素的福利。

在贸易的情形下，假定北方国家拥有更好的制度质量，由于制度差异扮演着类似于李嘉图比较优势的作用，对于给定的要素价格 w 和 r，北方国家因其拥有更好的制度，因此可以以一个更低的价格生产 M 产品，因为它很容易满足北方国家的方程（3.12）中的资本的个人理性条件。进而南方停止生产 M 产品，北方国家 M 部门的规模由 $E^N L^N$ 增加到了 $E^T \bar{L}$ ——生产的一体化均衡值。

（2）福利分析。

假定两国有着相同的 K/L 比率，当用生产率的损失来衡量制度时，贸易所产生的所有利益都被南方国家所获得，北方国家的福利不发生改变。E 是资本劳动比率的函数。由于在贸易均衡时，只有北方国家的 M 部门在贸易，有 $K^N/L^N = \bar{K}/\bar{L}$，贸易均衡承袭了北方国家自给自足时的价格和相对资源的分配（$E^N = E^T$）。

北方国家的基础工资等于贸易前的水平：$w^N = w^T(r^N = r^T)$：贸易后资本的总报酬不变。但是劳动的总报酬是劳动从 L 产品生产和 M 产品生产中所获得的报酬之和：$W_N^T = w^T L^N + \phi^N x r^T E^N \bar{L}$，和自给自足时的值 $W_N^A = w^T L^N + \phi^N x r^T E^N L^N$ 相比较，很明显，$\bar{L} > L^N$，北方国家从贸易中获利纯粹是因为劳动流向了高工资的 M 部门。和前面的例子相比，即使潜在的要素报酬不变（即使贸易不会产生任何传统比较优势所带来的获利）北方国家也可以从贸易中得利。而南方国家的情况就非常不同，在贸易之前，劳动的总报酬为：$W_S^A = w^S L^S + \phi^S x r^S E^S L^S$，资本的报酬为 $r^S K^S$。在自给自足的情况下，一部分劳动力被高工资的 M 部门所雇用。在贸易后，M 部门消失，南方承袭了北方的基础要素价格。贸易后的劳动总收入为 $W_S^T = w^T L^S$ 资本总收入为 $r^T K^S$。由此可见，资本获利，因为 $r^T > r^S$，而劳动却经历着两个方向相反的效应：一方面，基础工资上升，$w^T > w^S$，这是标准的比较优势效应，另一方面，所有的高工资工作都消失了，这是因制度质量较差所导致的 M 部门的丧失，所以，劳动从贸易中的得益为：$W_S^T - W_S^A = \left[(w^T - w^S) + \phi^S x r^S E^S \right] L^S$，该值有可能为负，一国通过贸易开放有可能整体上是受损失的，即劳动所得到的净损失大于资本所得到的利益。

在要素价格收敛方面，根据李嘉图的观点，要素报酬因为在 FPE 集内而完美地收敛，但在现在的这个例子中，并非如此。资本报酬被均等化了，贸易通过两种方式对劳动的相对报酬产生影响：一方面，南方国家的基础工资 w 被拉升至北方国家的水平——这是倾向于收敛的力量。然而，另一方面，北方国家的 M 部门雇用了更高比例的劳动，而在南方国家，M 部门所雇用的劳动数量为 0。比较自给自足和贸易情形下的平均工资，可以肯定地说北方的平均工资上升了，而南方的工资有可能上升，也有可能是下降的。相同的力量吞噬掉了南方国家从贸易中的得利，同时也带来了因贸易而产生的要素价格的差异。

不完善的制度在这个模型中有两个关键的结果：一是在国际货物市场上，类似于李嘉图的生产率差异，制度差异影响一国的生产模式，因此，制度依赖品仅仅在制度质量较高的国家生产。二是在劳动市场上，均衡时劳动 L 被分成两部分，制度依赖品部门的工人挣得租金，因此哪个部门进行贸易对一国来说不再无关紧要。高质量的制度使得北方国家获得了南方国家消失的更合意的部门。这是李嘉图观点中没有得到说明的影响。

这个结果可能有点令人不解。毕竟，世界作为一个整体在贸易开放后得到了制度质量的提升。制度改善仅仅发生在南方国家，北方国家的制度与自给自足时相同，那么南方国家不应该是贸易开放的主要受益人吗？为了解决这个悖论，需要和一个假设的封闭经济体的贸易结果相比较。前面说过不完善的制度意味着 E、w 和 r 的值都会比制度完善时要低。在自给自足的情况下，制度的改善对福利有两个影响：第一，它会增加生产要素的机会成本，w 和 r。第二，它将促使更高比例的 L 流向高工资的 M 部门。

当制度是因贸易而改善时，就像南方国家的例子，第一个影响仍然如此，但是第二个影响却相反，事实上，世界范围内效率的增加是靠南方国家 M 部门的转移实现的。影响的大小是由参数值所决定的。下面考虑两个极端的例子：假设这两个国家十分相似，北方国家比南方国家的质量仅高出非常小的一点点，用 ε 来表示：$\phi^N = \phi^S + \varepsilon$。贸易开放的结果是世界范围内的制度改善是可以被忽略的，因此，对南方国家而言，这一影响几乎等于零。第二个影响依旧很强，因为即使制度质量的很小的差异也意味着高工资部门的完全转移。在这种情况下，南方国家肯定是损失的。另一方面，假设北方国家实现了制度的完善：$\phi^N = 0$，在贸易的情形下，市场分割不再存在，所有国家和部门的要素价格实现了最佳的水平。在这种情况下，第一个影响占主导地位，实行开放，与北方国家进行贸易对南方国家而言意味着其总的福利会达到最佳的水平，会完全摆脱不良质量制度的成本。这个分析再一次体现了国家之间的要素禀赋差异。在传统的框架中，北方国家的资本从贸易中获利，劳动从贸易中遭受损失。制度差异的影响添加了更多的内容。因此，劳动力因要素比例驱动的损失被高工资的 M 部门规模的扩大而抵消。在南方国家，相对充裕的劳动力的获利因 M 部门的转移而侵蚀。

最后，有必要看看制度质量是如何影响贸易下的福利的。在这个例子中，因为南方国家丧失了它的 M 部门，所以它的制度质量不再重要。北方国家的制度可以增加两国的总体福利，由于高的制度质量意味着 ϕ^N 值较低，可以观测到，北方更好的制度会增加南方国家两种生产要素的报酬：$dw^T/d\phi^N < 0$ 和 $dr^T/d\phi^N < 0$。在北方国家，资本的报酬增加，但是对劳动报酬的影响 w_N^T 是不明确的：基础工资 w^T 增加，E^T 也会增加，因为 ϕ 值的较低，所以每一单位劳动的租金会较低。对于劳动力而言，更高的 ϕ 值可以得到更多的利益，因为它可以增加劳动者收入的租金构成。

所有的这些主要的结果如果从李嘉图的观点来看都是相反的。当制度差异为贸易的来源时，北方国家获利是肯定的，而南方国家有可能失利。劳动的报酬会因贸易而发生背离。在前面的例子中可以看到南方国家获利是因为它通过贸易摆脱了困境。在这个例子中，情形是相反的：北方国家高工资 M 部门的扩张受到北方市场规模的限制，在进行贸易之后，M 部门因获得了更大的市场可以进行扩张。

第二节　制度影响国际贸易的内在机制

一、制度影响国际贸易的直接机制

制度本身是一个比较宽泛的概念，迄今为止还没有形成一个统一的定义，虽然诺思所提出的制度的定义被人们所广泛地接受，但是学者们在具体的研究中，往往会根据自己的研究侧重点，对制度给出自己的定义，将制度界定为某一特殊的类型，如列夫琴科（2007）将制度主要定义为产权制度、契约强制执行等；萨勃拉曼尼亚（Subramanian，2003）则认为产权、合同和法律才是最重要的制度；Matsuyama（2005）考斯蒂·诺特（Costinot，2005）和 Ranjan（2007）等学者主要用一国的契约强制执行的状况来反映该国的制度环境优劣。类似地，阿西莫格鲁和约翰逊（Acemoglu & Johnson，2005）也曾用契约制度作为制度的主要代表。还有一些学者将劳工法则和商业准入条例作为主要的制度，来探讨制度对贸易的影响。

和国内贸易相比，经济环境中的不确定性和市场中的机会主义的存在使得国际贸易的成本更高，组成结构也更为复杂。制度本身的作用之一就是降低交易成本，为交易主体提供稳定的经济行为预期。国际贸易的产生和发展既依赖于贸易潜在利益的存在，又依赖于贸易利益的经济实现，也即是依赖于比较优势产品的存在和合约实施的保障。与此相对应的两个关键性的制度安排便是一直为学者们所关注的产权制度和合约实施保障制度。因此，本部分也将主要从这两个制度安排来分析制度影响国际贸易的直接机制，并在此基础上简要分析具体的制度安排对国际贸易的影响。

（一）有效的产权制度有助于比较优势的形成

分工和专业化产生的效率是贸易产生的必要条件而非充分条件，因为贸易的产生还需要贸易双方对彼此所交换商品的产权予以承认。正是存在对产权的承认，交换所带来的利益才能使贸易得以产生，并不断发展和维持下去。

国际贸易中交易双方进行交易的动机是获取潜在的交换利益，只有交易的双方都认为可以从交易中得益的情况下，交易才会产生。根据比较优势理论，拥有各自的比较优势是交易双方进行交易并且从中得益的基础；然而另一方面，交易市场的存在和良好运行需要靠有效的产权制度和良好的合约实施制度提供保障。

产权制度是社会的基础制度，是其他经济制度的基础和核心。只有对私人产权提供有效的保护，免除其被无偿征用或没收的风险，经济主体才会进行人力资本和物质资本方面的投资，不断地从事学习和创新活动，不断地采用更有效率更为先进的技术，进行生产性的营利活动。随着专业化分工的不断深化和劳动生产率的不断提高，商品的种类会不断增加，商品的质量也会不断得到提升，最终逐渐形成因产权保护而形成的贸易比较优势。反之，如果一国不能对其经济主体的私人产权提供有效的保护，经济主体就会缺乏投资的动力，缺乏学习和创新的动力，进而非生产性的营利活动就会逐渐代替生产性的营利活动而在该国的发展中占据主导地位，阻碍其国际贸易的发展和经济增长。

（二）合约实施制度为贸易利益的实现提供保障

和国内贸易相比，国际贸易不仅面临着巨额的运输成本，还面临着远距离的常常与国家主权纠葛在一起的合约实施问题，这使得国际贸易面临着更大的机会主义的风险，而合约实施制度通过为交易主体提供相对稳定的交易预期，进而可以减少国际贸易中的不确定性和机会主义，进而可以降低国际贸易中的交易成本，促进国际贸易的发展。

因此，可以说不管是正式合约实施制度还是非正式合约实施制度的完善对国际贸易的产生、发展和贸易利益的实现都有着十分重要的作用。其中，对贸易的发展和贸易利益的实现起关键作用的是以信誉机制和信任机制为代表的非正式合约实施制度，而以法律制度为代表的正式合约制度对非正式合约实施仅起着补充作用。一般而言，只有在信誉机制和信任机制受到破坏或无法发挥应有作用的情况下，正式制度才会发挥作用。

一国合约制度的实施情况是国际贸易能否发生的决定因素之一。与国内贸易不同，国际贸易中由于买卖双方的地理距离较远，成交的数量、数额较高，而且通常情况下交货的时间也较长。因此，只有交易双方在对合约的实施具有良好预期、认为合约能够较好地保障他们利益的情况下，双方才会签订合约，交易才可能进行，贸易利益也才能够实现。也即是，交易双方都有充分的信心预期交易对方能够履行承诺是国际贸易出现的一个必要条件。而交易双方对未来交易预期的信心主要来源于双方之间的良好的信誉、相互的信任以及相应的法律、法规。

（三）具体的制度安排对国际贸易的影响

由于国际贸易是跨越国境的交易，因此在贸易中往往会涉及不同国家、不同区域之间的法律、法规的适用和协调问题，进而会增加国际贸易中的交易成本。所以，具体的制度安排会对国际贸易产生一定的影响。首先，对国际贸易影响最大的世界性的具体制度安排应该是关税及贸易总协定（GATT）特别是世界贸易组织（WTO）的成立。WTO的成立为国际贸易提供的了世界性的发展平台，极大地推动了国际贸易的发展。一方面，WTO的成立为各个成员方之间通过谈判降低关税和非关税壁垒提供了一个共享式平台，这一平台对减少交易费用、增进成员间的国际贸易量起着极大的推动作用。另一方面，WTO的成立还为解决成员间的贸易纠纷搭建了一个平台，使贸易纠纷能够通过该平台更多地以和平的方式解决，减少了国际贸易摩擦，增进了成员间的友谊和合作。而且WTO还通过制定一系列的规范，使国际贸易可以高效有序地进行。其次，国际货币基金组织（IMF）和世界银行等组织的出现和发展在推动国际贸易发展方面也起着十分重要的作用。就IMF而言，稳定国际汇兑，消除妨碍全球贸易的外汇管制，为在贸易支付方面发生危机的国家给予支持，促进在货币问题上的国际合作是其根本宗旨。而世界银行也可以通过它在欠发达国家的基础设施和项目的建设为国际贸易提供坚实的物质基础。再次，国际货币体系的建立提供了统一的计量标准，为国际贸易的结算提供了便利，进而大大节省了交易费用，促进了国际贸易的发展。最后，经济一体化组织的建立对国际贸易的发展有着双重性影响：一方面，对于组织内部的成员而言，经济一体化组织的建立和发展扩展了国际贸易；另一方面，也有可能会减少成员和非成员间的贸易往来。

二、制度影响国际贸易的间接机制

（一）制度通过人力资本影响贸易发展

人力资本是指一个国家或地区中每个人所具有的能够物化于商品和服务，提高商品和服务产出效应的知识、能力和健康等构成因素的整合。对可以凝结在人体内的知识、能力和健康进行投资形成人力资本，人力资本的价值体现于人力资本物化于商品和服务所增加的商品和服务的价值。也正因为如此，人力资本有着和物质资本完全不同的特性：人力资本的拥有者和人力资本的投资者（如父母、企业、国家）是可以相互分离的。在国际贸易中，人力资本的代表是优秀的企业家和贸易商，而这些优秀企业家和贸易商存量的多少是由人力资本投资的多少所决定的，而决定人力资本投资量和投资积极性的关键因素是一国相关的制度安排，只有当一国的制度安排有利于调动投资者的积极性时，才会造就优秀商人与企业家阶层的涌现。

通过研究国际贸易史可以发现，历史上从事远距离贸易的贸易商和企业家主要产生于欧洲国家，原因何在？这需要从两者的制度安排上来探寻原因。历史上，欧洲企业家把国内市场扩大到几乎整个世界，虽然其扩张含有掠夺和殖民的因素，但这种以财富最大化为目的的海外贸易的成功可以归结于欧洲早年的为私有产权提供有效保护的制度安排。对私有产权的有效保护，激励了企业家们的创新，促进了贸易商的交易活动和其财富的积累。而有着较高文明程度的印度和中国却恰恰相反，如印度的非制度因素和"印度病"都延缓了人力资本的积累。在印度，企业家的成功靠的不是技术创新和组织创新，而是如何获得大量的许可证。因此，企业家们所关注的不是如何进行技术创新而是如何有效地竞争政府的许可证。反观中国，重农轻商的思想绵延悠久，从商鞅变法时的奖励耕种到汉文帝时的对商业的沉重赋税，从盐铁等暴利行业的官营到明清时期的海禁，这种蔑视经商的制度和非制度因素的蔓延都制约了中国的贸易商和企业家的崛起。因此，可以说一国的制度安排是决定其人力资本存量的关键变量，如果一个国家的制度安排或制度环境缺乏对人力资本投资的激励机制，那么该国就会缺乏大量的优秀企业家和贸易商。人力资本的匮乏会直接制约其贸易的发展。对于许多发展中国家而言，其贸易发展和经济增长之所以没有取得成功，更多的是因为缺乏能够激励人力资本积累的制度安排或制度环境，而不是缺乏人力资本本身。

（二）制度通过交易费用影响贸易发展

制度的基本功能是形成人与人之间交往的基本框架，降低人们行为的不确定性，形成人们对自己行为和他人行为的稳定预期。有效的制度安排能够通过减少人们相互交往中的不确定性，抑制人们的机会主义行为，提供有效的信息进而降低经济活动中的交易费用，降低人们行为选择的风险和成本（如图3—3所示）。制度的差异会影响交易成本的高低，进而影响到贸易量的大小。

传统的国际贸易理论通常都假定国际贸易中的运输成本和交易费用为零。第二次世界大战以后，随着国际贸易新现象和新问题的不断涌现，经济学家们逐渐开始考虑跨国交易中的运输成本问题，但和传统的贸易理论一样，仍然假定国际贸易的交易费用为零。

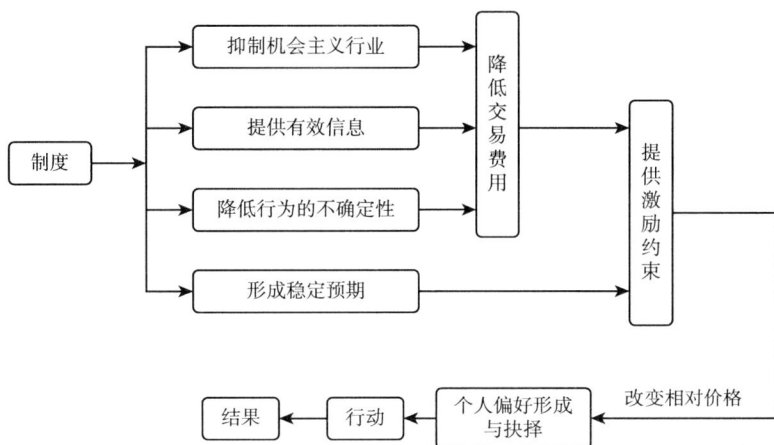

图 3 - 3　制度功能

　　和国内贸易相比，国际贸易的交易费用所包含的内容更为广泛，不仅包括因地理位置分隔所引起的交通、通信等传统意义上的交易成本，又包括因文化、历史和政治、经济及法律制度的差异所引起的交易成本，还包括因各国国际贸易政策的不同所导致的交易成本①。因此，国际贸易中的交易费用更为复杂，成本也更高。一国的制度安排取决于社会集体的选择，良好的制度环境能够减少资源配置的扭曲，提高资源配置的效率，减少寻租、黑市交易、腐败之类的非生产性的消耗，促进一国的生产性活动，减少与其他国家进行贸易的交易成本。反之，在一个制度不健全的国家，人们对自己和他人的经济活动缺少稳定的预期，进而缺少参与交易行为的动力，不良的制度增加了国与国之间交易的难度，导致国际交易缺少必要的安全性和确定性。正如诺思所言，当一个社会存在不确定时，市场的有效性决定了市场中交易效率的高低，而决定市场有效性的是市场所处的制度环境，因此，制度环境的改善可以为贸易的迅速发展提供保障②。

（三）　制度通过技术创新影响贸易发展

　　在国际经济学中，通常假定发达国家的"技术外溢"是发展中国家的技

①　熊贤良：《国际贸易的交易成本》，载《南开经济研究》1993 年第 3 期。
②　North，C. D.，*Structure and Change in Economic History*，New York：Cambridge Press，1981，P. 89.

术来源，发展中国家通过对引进的技术进行"消化"和"吸收"来缩小与技术先进国家的差距，这一理论可以解释部分发达国家与发展中国家的技术差距问题，但却无法对像日本这样的在技术上后来居上者的国家作出一个合理的解释。

以诺思为代表的新制度经济学家认为技术创新最终可以归结为是产权制度对技术创新激励的结果，进而将技术创新和制度创新联系起来。他们的研究指出，经济增长的根本原因不是技术，而是制度，技术理论只能部分地解释西方的经济增长。只有当制度环境能够为技术创新和知识的增长提供充分的回报机制时，技术进步和经济增长才会得以实现。技术进步只不过是对制度环境所提供的对技术创新回报机制的一种积极回应。

制度之所以对技术创新至关重要，是因为人们在从事经济活动时，必须要遵守和适应被界定的私有产权、经济当事人之间的契约以及成文的法律法规等制度或制度安排。这些制度安排约束和限制了经济主体的经济行为，进而影响到了经济主体的技术创新活动。

制度主要从以下几个方面对技术创新产生影响：

第一，制度能够为技术创新提供激励。技术创新者对技术进行创新的动力取决于其从创新中得到的产权收益的大小，如果技术创新者从技术创新和技术进步中获得产权收益越大，也即是一国的制度安排对技术创新的激励程度越高，那么经济主体的技术创新动力就会越强，技术创新活动也就会越活跃；反之，如果经济主体无法从技术创新中获得技术创新的产权收益，或者获得的产权收益较小，那么经济主体的创新动力就会不足，技术创新就会处于低潮，技术进步的速度就会放慢甚至停滞。

第二，制度能够为技术创新提供保护。如果一个社会能够有效地保护经济主体的技术创新成果，使技术创新者能够很好地享有其技术创新的经济和政治收益，那么该社会的技术创新活动就会非常活跃；反之，技术创新活动就会放缓。中国和美国在技术创新活动上的差异便是很好的例证。

第三，制度可以降低技术创新中的不确定性。技术上的不确定性和市场上的不确定性是技术在创新过程中所面临的不可避免的风险，而制度的基本功能之一便是使各种经济行为具有可预期性。因此，制度可以在一定程度上降低技术创新过程中的不确定性。诺思和托马斯在《西方世界的兴起》（1976）一书中指出，18世纪以后，和东方国家相比，西欧各国之所以能在经济、人均收入方面后来者居上，是因为经过了 1000 多年的长期演变，这些国家产生了更有效率的经济组织和保障个人财产安全的法律体系。

第四，制度可以为技术创新提供良好的发展环境。技术创新取决于人力资本，而人力资本潜力的发挥取决于其所处的文化传统和经济组织结构。128 公路地区和硅谷作为美国两大高新技术产业基地，其活动市场相同，研发的技术相似，但却得到完全不同的发展结果。前者愈演愈衰，后者却愈演愈荣。究其原因不是两者所拥有的物质资本数量和质量的差异，而是所拥有的文化背景和制度环境有所不同。硅谷所特有的"竞""合"组合以及其他要素所同这种组合所构成的制度环境恰恰是 128 公路地区所缺乏的。

（四）制度通过规模经济影响贸易发展

规模经济的实现依赖于企业规模的扩大和分工及专业化的发展，而企业规模的扩大与其说依赖于技术的进步程度和市场的大小，不如说依赖于企业本身所处的制度背景。具体而言，企业制度安排主要通过企业对资源的利用程度而影响企业规模的扩大。在可用资源总量有限的情况下，只有设计出合理激励机制的制度安排，高效地利用有限的可用资源，企业规模的扩大才有可能实现；否则，如果制度安排不能保证其具有足够的激励强度，那么这类制度安排将会制约企业规模的扩大。

制度环境主要从以下几个方面影响规模经济的形成：

首先，一国的对外贸易政策会对本国的厂商规模产生影响。这一点可以在布兰特和克鲁格曼等人的模型中得到证明：在国际贸易中，一国可以通过进口保护政策和出口促进政策，来促进本国企业的产品出口，扩大本国厂商的国内外市场份额，进而达到扩大本国厂商生产规模并最终实现规模经济的目的。

其次，一国采取什么样的政策来对待"马歇尔冲突"问题也会对本国的厂商规模产生影响。"马歇尔冲突"是关于规模经济和垄断弊病之间的冲突问题，一国如何采取有效竞争的方式来克服或协调市场竞争活力和规模经济之间的矛盾，体现在具体的政策上便是采取什么样的中小企业政策和反垄断的法律制度。

最后，企业制度本身也会对厂商规模产生影响。企业制度对厂商规模的影响是间接的，是通过影响企业家而实现的。根据科斯的观点，企业家的能力是直接影响企业规模的关键变量，只有当企业家的能力得到充分发挥时，企业规模的扩大和发展才会得以实现，而企业家能力的发挥需要有良好的企业制度环境作为保障。中国学者张维迎和周其仁等也认为企业规模经济的实现主要源自于企业制度的创新。

另外，企业与企业之间的制度和企业的内部制度一样会影响到厂商的生产规模。20世纪80年代，日本企业之间的建立在横向和纵向供货商和分销商基础之上的独特的组织系统造就了日本企业的高竞争力。作为一种特殊的制度安排，这种供产销关系的"内部系统"享有了对外贸易信息在规模上的优势，既具有交易内部化的特征，又具有分散管理所具有的市场交易的高效率。这种"内部系统"在促进日本产品顺利进入并占据美国市场的同时，也为美国产品进入日本市场设置了巨大的障碍。

第三节　贸易发展对制度质量的影响

新制度经济学认为，制度创新发生在经济主体对参与约束的预期收益和预期成本相比较发现预期收益大于预期成本后，用新制度代替旧制度的活动，制度创新是经济主体通过成本效益分析后所作出的理性的权衡结果，在现实社会中，制度绩效范围的拓展需要依靠制度的不断创新来实现。制度与贸易是一种互动关系[①]，贸易对合约实施、产权保护等制度质量范畴有着重要的影响。

制度本身具有内在的经久性（persistent）（Acemoglu，Johnson & Robinson，2005a）。制度之所以存在这种经久性，是因为掌握政治权利的机构往往会设计一种将资源再分配给他们自己的经济制度，反过来，这种有利于掌握政治权利机构的资源再分配又会强化他们的政治权利。这种资源再分配和政治权利之间的双向依赖关系很难被打破。因此制度变迁的发生会以两种方式进行：要么在资源分配方面发生了大的实质性变化；要么在权利分配方面发生了大的实质性变化。而贸易开放正是一个寻求发生这样变化的来源，因为它通常会对经济结构产生实质性的、令人吃惊的影响[②]。更大的开放可以通过诸如减少租金、为改革带来更多的支持者、诱导那些需要高制度质量的部门专业化等渠道而改善

---

① 倪晓菁、唐海燕：《论制度创新与中国对外贸易发展》，载《石家庄经济学院学报》2005年第5期。

② Acemoglu, D., Johnson, S., Robinson, J. A., *Institutions as a Fundamental Cause of Long - Run Grout*, Handbook of Economic Growth. Vol. 1, partA, 2005, pp. 385 – 472.

制度质量（Johnson，Ostry & Subramanian，2007）。贸易自由化中获得的最大的增长好处可能并不是来源于那些常规的渠道，而是来源于贸易自由化所促进的制度的改革[①]（Rodrik，2000）。

笔者借助于 Levchenko（2011）的模型框架来说明贸易开放是如何影响制度质量的。考虑一个拥有两种生产要素（资本 K 和企业家才能 H）和三种产品（其中两种商品仅使用一种生产要素生产，称为 K 产品和 H 产品，混合产品 M 是用这两种生产要素生产的产品）的经济体。K 产品和 H 产品的生产技术是 K 和 H 的线性函数，假设一单位的资本生产 α 单位的 K 产品，一单位的 H 生产 b 单位的 H 产品，那么这两个行业的利润最大化的公式为 $PK^\alpha = r$ 以及 $PH^b = w$，其中 r 和 w 分别为资本和企业家才能的报酬。M 产品使用里昂惕夫生产函数进行生产，一单位的 H 和 x 单位的 K 生产 y 单位的 M 产品。本文认为制度之所以重要是因为制度为不同的经济主体的交易提供了便利。M 产品是唯一的需要两种生产要素生产的产品，因此很自然地认为 M 产品是依赖于制度的。可以假定有两个不同的集团进行投资联合生产，生产关系可以用他们投资的比例来表示。投资的不可逆性特征使得这些集团不太愿意进行投资。因此减少低效投资的方式是签署长期合约，而合约实施的质量、产权的保护等这些制度因素就显得尤为重要。

H 可以被看做是内在的资本，而 K 可以被看做是外在的资本。假定 M 产品的生产中，资本投资中的 ϕ 为专用性投资，生产后 K 只能收回 $1 - \phi$ 的比例。参数 ϕ 可以刻画合约实施和产权保护的质量，它的取值在各个国家是不同的。高质量的制度对应着较低的 ϕ 值。当 $\phi = 0$ 时，制度是完善的。

那么不完善制度的结果是什么？前面说过，一单位的 H 和 x 单位的 K 用来生产 y 单位的 M。生产单位形成以后，K 仅仅能够收回 $1 - \phi$ 部分的投资。为了使 K 形成生产单位，其专用性投资部分必须得到一定份额的补偿——可以用收入减去要素的事后机会成本：$s = P_M y - w - r(1 - \phi)x$ 来表示，假设事后投资双方实现了一个纳什均衡，每一方都得到一半剩余。因此 K 只有在满足个人理性约束 $r(1 - \phi)x + \dfrac{1}{2}s \geq rx$ 的情况下才会进入 M 产品的生产。重新整理得

① Rodrik, D. , *Trade Policy Reform as Institutional Reform*, Mimeo, Harvard University Kennedy School of Government.

到：$P_M y \geq w + r(1 + \phi)x$。

现假设 A 国和 B 国为贸易伙伴国，A 国的制度质量高于 B 国，即 $0 \leq \phi^A \leq \phi^B$。在两国进行国际贸易之前，两国在 M 产品的生产和消费方面自给自足，由于 M 产品是制度密集型产品，而 $0 \leq \phi^A \leq \phi^B$，因此可以推断 M 产品的价格 $P_M^A \leq P_M^B$。当两国进行贸易时，由于制度差异也是比较优势的一个来源，根据比较优势理论，A 国将出口 M 产品，B 国将进口 M 产品，P_M^B 将会下降，根据 $pMy \geq w + r(1 + \phi)x$，$B$ 国的利益集团要想继续获得制度密集型产品的租金，就要不断地降低 ϕ^B 的值，也即是不断地改善本国的制度质量。而对于 A 国而言，对 B 国 ϕ^B 值降低的反应是使国内的 ϕ^A 水平低于贸易伙伴国。这样，A 国就可以保持 M 部门的生产，并且获得租金。只要 A 国比其贸易伙伴国的制度质量高即 $0 \leq \phi^A \leq \phi^B$，那么它就没有动力再去改善制度质量，因此其租金的获得此时不再取决于 ϕ 的大小。w 和 r 都会增加，但是 A 国同时还获得了将 M 部门维持在本国的来自于他国的一部分租金收入。在国际贸易中极端的情况是只有拥有较高制度质量的国家 A 国会生产以租金为特征的制度密集型产品，也即是 M 部门仅仅是在 A 国生产。同时，拥有较差制度质量的国家 B 国在进行贸易时这些租金就会消失。

在自给自足的情况下，H 集团游说增加 ϕ 值的唯一原因是他可以从 M 部门中获租，但是在贸易的情况下，两国在设置经济制度时并不是合作的，当国与国之间享有相同的技术时，对 M 部门租金的竞争导致了国与国之间制度质量的"向上竞争"，两个国家都争相改善制度质量到最大可能的水平，这是因为游说低制度质量的理由——租金会消失，直到制度改善到比贸易伙伴国的制度质量更高一些时为止。当两个国家都同时且不合作地设置其制度质量时，均衡的结果是获得制度质量达到最大可能达到的水平。这个结果有一个显著的特征就是它不依赖于国家的特征。一国在自给自足时其均衡制度可能非常糟糕，然而，在贸易的情况下，这些特征都无关紧要。"向上竞争"的结果完全归因于改变了游说集团关于最优制度的偏好。也即是贸易开放并没有改变游说集团的政治权利，然而，它却改善了制度。

在封闭的情况下，低制度质量的结果是租金的出现，而这些租金通常被国内的某些团体所获得。游说的结果是带来不完善的制度，因为有可能得到租金的机构有动力去游说以便获得这些租金。在贸易的情况下，低制度质量国家的租金会消失，为了重新获得这些租金，这些国家必须改善其制度质量，以便要使本国的制度质量高于贸易伙伴国。在均衡的情况下，两国的制度都达到了最可能高的水平。这说明不良的制度在开放的世界中所付出的成本会更大，然而，制度改善不发生的情况也是存在的。制度改善背后的驱动力是租金的消失，而租金的消失正是低制度质量国家贸易开放的结果，这一结果发生的可能原因之一是技术方面的差异。如果贸易的一方在制度密集型产品的生产方面有着足够强的比较优势，那么不管是本国还是贸易伙伴国的制度变迁都将不会对生产的专业化模式产生影响。因此，如果两国的技术差异很大，制度的"向上竞争"可能不会发生，制度的改善在两国也就可能都不会发生，事实上，在这种情况下，贸易开放可能会增加而不是减少租金，出口制度密集型产品的国家贸易开放的结果有可能是制度的恶化①。

---

① Levchenko, A. A., International Trade and Institutional Change, *Nber Working Paper Series*, Working Paper 17675.

第四章

贸易政策制度质量的评价标准与方法

第一节　贸易政策制度质量的界定

一、贸易政策有效性的界定

（一）制度的有效性

在对贸易政策的有效性界定之前，有必要弄清楚什么是制度的有效性。有效性是一个很难做出规范和科学判断的难以捉摸的概念，因此不同的学者对制度有效性的理解也存在很大差异。（Young，1999）认为制度的有效性，是用以衡量一项制度安排在多大程度上塑造和影响人们行为的一种尺度，对制度有效性的理解应该是多维度的，应该包括以下几个方面：解决问题方面的有效性；目标实现程度方面的有效性；行为方面的有效性；过程方面的有效性；构成性有效性；可评估有效性[①]。但 Young 对制度有效性的划分存在重复，特别是解决问题方面的有效性和构成性有效性有重复之嫌。（Mitchell，2008）从制度变迁的角度将制度有效性归纳为三种：第一种是作为达到目标的有效性，第二种作为解决问题的有效性，第三种是作为集体最优的有效性。"达到目标的有效性"是在其余情况不变时，考察一项制度安排所带来的目标获得的变化程度。"解决问题的有效性"是根据一项制度安排在解决问题上的有效性来评

[①]　Young，O. R. ，*The Effectiveness of International Environmental Regimes*：*Causal Connection and Behavioral Mechanisms*，Cambridge，Mass：MIT Press，1999，P. 354.

价该项制度安排的有效性。这种评估方法在涉及的范围和难度方面都超过了第一种评估方法，而且该方法与制度的价值标准紧密相连，比第一种评估方法在制度的效率、平等和制度的弹性发展方面给予了更多的关注。"集体最优的有效性"是通过界定"理想的"或"完美的"问题解决方法来评估进步，该方法与"目标获取的有效性"方法是紧密相关的。柯武刚、史漫飞认为有效制度的本质特征是普适性。具体而言，制度的普适性应包括以下三个方面的准则：一是制度应具有一般性，制度应该在对待个人和情景方面实施相同的无差别的待遇，除非有其他确切的理由。二是制度应具有两种意义上的确定性，即制度须是可认识的，制度须就未来的环境提供可靠的指南。这就意味着，对于正常的公民而言，制度的信号是很容易被看懂的，违反制度的后果也是易知的，而且是很容易将自己的行为与是否违反制度对上号的。三是制度应具有开放性，制度具有开放性意味着在环境发生变化时，行为者也会相应地进行创新活动以适应新环境①。

（二）贸易政策的有效性

鉴于以上对制度有效性的理解，贸易政策的有效性可以解释为一项贸易政策的制定和执行在多大程度上影响了人们的贸易行为，解决了什么样的贸易问题，在资源配置、经济增长和增加稳定、实现合理公平的收入分配方面起到了什么样的作用。

政府是贸易政策的制定者和供给者，其在制定具体的贸易政策时，主要考虑的是国家经济利益的最大化，如经济增长、福利改进、效率提高、收入分配相对公平等等。任何贸易政策的诞生都是各个不同政府部门之间在政治领域相互博弈的结果，由政府、政治家、私人等参与人策略互动决定的。作为贸易政策的供给者，政府在协调各种利益集团冲突、实现各方妥协的过程中，起到了非常关键的作用。政府制定贸易政策的动机主要包括以下几个方面：①获得比较利益：一国的某一部门所生产的产品受到同类进口物品的威胁时，政府对该部门予以保护还是不闻不问，取决于该部门所生产的产品是否拥有比较利益。一国通常会把资源由拥有较小比较利益的部门转向拥有较大比较利益的部门，从而从对外贸易中获得好处。②保护产业的成长：扶植和保护对经济增长有重

---

① 柯武刚、史漫飞：《制度经济学：社会秩序与公共政策》，商务印书馆 2000 年版，第 147 页。

要作用的幼稚产业或新兴产业，对失去优势地位但能解决大量就业问题的夕阳产业加以保护，阻止衰退，缓和摩擦。③生产要素的优化配置：贸易政策要有利于生产要素利用效率的提高，实现资源的合理配置。④规模经济：扶持一些有发展潜力的并能充分发挥本国资源优势的产业，使其获得规模经济利益。⑤公共利益：贸易政策应该以解决公共问题为目标，为公共利益而服务，并实现社会福利的最大化，为改善国际收支或增加就业，把促进出口、限制进口的贸易政策合法化。

根据米切尔（Mitchell，2008）对制度有效性的归纳，贸易政策的有效性体现了某项贸易政策的制定和执行实现政府目标的程度，解决社会问题的程度以及跟整个社会带来福利改善的程度。因此，笔者认为有效的贸易政策应该具备以下几个条件：第一，有效贸易政策的制定和执行能够实现政府的既定目标，所需的资源配置符合政府预期，且交易成本最低。第二，有效的贸易政策应该是具有效益和公平的贸易政策，即某项贸易政策的制定和执行应该能够实现比较利益，促进贸易发展，带来经济增长，实现合理公平的收入分配。第三，有效的贸易政策应该能与生产力水平、文化和意识形态相适应。第四，有效的贸易政策应该与其他政策具有兼容性，能与其他政策产生协同效应。

二、贸易政策稳定性的界定

（一）制度的稳定性

制度的稳定性是指制度维持一种相对不变的均衡状态，是人们对既定制度安排和制度结构的一种满足状态或满意状态，因此无意也无力改变现行制度①。制度的稳定性主要强调总体制度框架的稳定，而制度框架中的边际调整和局部变化可以忽略不计。

制度的稳定性指的是制度的经久性（durability），制度不稳定与正常的制度变迁不同，因为即使是最稳健的制度也是在不断演化的。一个或者更多的制度变迁的例子并不能作为制度不稳定的指标。应该把制度不稳定理解为在给定的共同的环境条件下，某一项具体的制度安排比其他设计类似的制度安排变动

---

① 卢现祥：《新制度经济学》，武汉大学出版社 2004 年版，第 157 页。

的更频繁①。

从制度变迁的角度来看，制度效率与制度稳定性是一个有机的整体。制度具有稳定性并不意味着制度抵制环境的变化，恰恰相反，一项制度安排之所以能够产生，是因为该项制度能够适应环境的变化。稳定性是制度的主要特性，是制度存在的理由，因为制度多变意味着约束多变、信息多变、激励多变，意味着人们将无所适从。而具有稳定性的制度能使人们形成对未来的稳定预期，可以减少交易中的不确定性，促进经济行为主体之间交易的达成（郭苏文、黄汉民，2011）。人类的社会生活无法在缺乏稳定性秩序的社会中进行，制度存在的理由便是制度的稳定性功能。有效性是稳定性的重要来源，是其生存的必要条件，制度稳定性是以制度效率为基础的，只是出于对更高制度效率的追求，制度创新的过程才得以产生。作为微观主体的行为规则和规范，制度并非超时空的，而是现实的和具体的，也是不能自行改变的。行为主体一方面需要制度的稳定性，但另一方面又有可能被制度的稳定性所困扰。原因在于随着外在条件和环境的变化，原有的制度安排会逐渐失去原有的功能。这样，原来高效率的制度就会变成了现在低效率的制度，这就要求人们去采取行动，来打破或者改变旧的制度，建立新的制度，也即是制度变迁的过程。制度的稳定性是相对的，以静止的方式存在于社会之中的制度是不存在的。

（二）贸易政策的稳定性

政策的稳定性是指"政策在其有效期限内处于一种相对稳定的状态。②"应该从两个方面来理解政策的稳定性，第一，政策的有效期限应该在政策条款中有明确的规定，政府采取各种措施，利用各种资源来维护政策在其有效期内的权威性，保障政策在其有效期内得以顺利执行。第二，政策的重大调整或废弃是不被允许的，有特殊原因的情况除外，即使是因为某些特殊原因导致政府不得不调整或废除现行的政策，也应该补偿相关群体的利益损失；同时要维持新旧政策的继承性和连续性。类似地，贸易政策的稳定性并不是指贸易政策的一成不变，而是在一定的规则约束下的相对稳定，是指尽管面临着内外部的压力，现行的贸易政策能够始终保持明确的政策目标，不断地协调政策系统内部

---

① Levitsky, S., Murillo, M., Variation in Institutional Strength, Annual Review of Political Science, 2009Jun, Vol. 12, pp. 115 – 133.

② 丁煌：《政策制定的科学性与政策执行的有效性》，载《南京社会科学》2002 年第 1 期。

的各种关系，始终维持并优化合理的政策结构，不断地适应内外部环境的变化和调整，完成整体贸易政策的正常运转。只有贸易政策具有良好的稳定性，微观个体才会根据自己的理性预期，自觉地在它的限制和约束范围内选择自己的经济和贸易行为。

具有稳定性的贸易政策应该具备几个方面的特征：第一，贸易政策的目标要明确、稳定；第二，贸易政策工具的选择与运用应遵循贸易政策的总体目标；第三，贸易政策具有一致性、连续性和可信性；第四，贸易政策能够为经济运行创造一个稳定的贸易环境，能够使微观经济主体——企业和个人形成稳定的贸易预期。

贸易政策的稳定性在一定程度上体现了贸易政策被相关经济行为主体认同和接受的程度。所以从一定意义上来讲，贸易政策的稳定性是贸易政策得以有效执行的前提条件之一。

贸易政策实际上是其政策的需求者——贸易企业、贸易商等相关贸易行为主体与政策的供给者——政府之间的一种合约。这种合约关系意味着政府对相关贸易行为主体就处理某项贸易事务或解决某项贸易问题作出了相应的承诺，同时，也意味着相关贸易行为主体也相信政府作出了如此承诺。在这种合约关系下，贸易政策的需求者不仅承担一定的义务，同时也享有一定的权利，也即是相关贸易行为主体在接受政府所提供的贸易政策的约束的同时，会根据政策的许可范围和约束范围对自己的贸易行为进行理性预期和理性计算，并不断地调整自己的行为方式以寻求贸易利益的最大化。除此之外，相关贸易行为主体还相信如果政府在贸易政策的有效期内不能遵守自己承诺的话，政府将会对他们进行补偿。

第二节　影响贸易政策制度质量的主要因素

在现实中，即使是同一贸易政策，其有效性和稳定性也往往会因为政策所处的背景不同而不尽相同。同样，即使在相同的背景下，贸易政策的有效性与稳定性也会因政策本身的不同而不尽相同。影响贸易政策有效性与稳定性的因素有很多，既有政策本身的因素，也有如经济环境、生产力发展等政策以外的因素。

一、内在因素

（一）政策的合理性

政策的合理性标准就是要求政策的内容要符合其内在规律，也即是要符合事实、符合逻辑、符合规范以及符合目的。

政策合理性的外在表现包括形式上的合理性和程序上的合理性。形式合理性，是不包含价值判断的合理性，是纯形式的，客观的，也即是政策规则不随时间、地点、对象的变化而变化。程序合理性是指不考虑其逻辑和形式，也不考虑其内容如何，只要它能保证在一段的时间内对于任何所涉及的主体都能前后一致地适用，这本身就具有了一定的合理性。

政策合理性的本质内容，是政策的合目的性与合规律性。政策的合目的性是就是借助于政策的信息传递和反馈功能，通过把政策的实施结果与政策的预期目标相比较，发现差距，进而通过政策调节手段缩小该差距。从该意义上来看，可以通过对政策实施结果的检验来评价政策的优劣。政策的合规律性就是指政策的制定、执行以及发挥作用须合乎自然规律和社会历史规律。也即是政策应该与社会发展、经济发展相适应。

（二）政策的公平性

政策的公平性是指任何政策主体在同一政策面前都是平等的，任何人都不能有特权也不能被歧视。绝对公平的政策是不存在的。因为每一个经济主体都是"理性"的经济人，都希望能在较小投入的基础上获得较大的利益。而不同的个体利益之间充斥着冲突性，因此任何一项政策都不可能赢得其规范范围内所有行为主体的完全一致地赞同，都会面临一部分潜在反抗力量存在的这一事实。

政策的公平性所强调的并非是结果上的公平，而是程序意义上公平和机会获得意义上的公平。一项政策获得的赞同程度越高，其公平性就相对越强，政策的有效性与其公平性成正相关关系，公平性越强，其获得赞同的程度就越高，政策的维持费用也就越低，进而该项政策也就越有效，越稳定；反之，其公平性越弱，获得的认同度越低，政策的维持费用就越高，从而不利于制度有效性的发挥和稳定性维持。

（三） 政策的灵活性

政策的灵活性不是指政策的任意性或多变性，而是建立在政策稳定性基础上的自我调适性，是指在面临瞬息千变万化的环境时能够灵活地加以处理的弹性能力。政策的灵活性是建立在稳定性基础上的，政策形式上的灵活可以为政策实质上的稳定提供保障。政策有效性的发挥也依赖于政策的灵活性，一般而言，二者之间呈正相关关系，政策的灵活性越强，表明政策对外界环境变化的自我调适能力也就越强，政策的有效性就越能得到发挥，反之相反。

（四） 政策的简明性

政策的简明性指的是制度形式上的简明，形式简明的政策容易被人们所理解和接受，进而可以得到更好的遵守和执行。一般而言，越是形式上简明的政策，其有效性越容易得到发挥，稳定性也容易得到维持，反之相反。

（五） 政策的现实性

政策的现实性主要指的是政策的实际可运作性和可实现性。所有的政策都具有一定的历史局限性，都要受所处社会形态和经济环境的制约。因此一项政策应该和其历史发展阶段相适应，具有实际的可操作性。任何政策的设计、实施和维护都需要一定的成本，如果这些成本过于高昂，势必会降低政策收益，那么政策的有效性和稳定性就得不到很好的发挥和维持，甚至连政策本身也是失去了存在的意义。

（六） 政策的兼容性

政策的兼容性不仅仅包括同一政策内部的各政策要素（如政策目标和政策工具）之间的兼容，更重要的是一项政策与其他相关政策之间的兼容。任何一项具体的政策都是在其特定的领域中发挥主要作用，但同时也会对其他领域产生一定的影响，因此不同的政策之间是相互联系、相互制约、相互作用的，一项政策的正常实施需要有其他政策的支持。政策之间的兼容性是指政策与政策之间不但不相互排斥，而且能够相互配合，相互支撑，共同构成一个相对稳定的和谐的政策体系。一般而言，一项政策与其他相关政策的兼容性与该项政策的有效性成正相关关系，兼容性越强，越容易得到其他政策的支持和配合，进而其有效性和相对稳定性也就越高，反之相反。

（七）政策的执行方式

政策的执行方式是另一种影响政策的有效性和稳定性的因素。虽然一种政策存在着多种执行方式，但一般而言，与该政策的本质要求最相符的执行方式只有一种。那么，如果该项政策没有采用这种与其本质最相符的执行方式，则其有效性与稳定性就不能得到最大的发挥。

二、外在因素

（一）生产力水平

制度变迁和生产力发展是一个相互影响的动态过程。任何贸易政策的制定和执行都会受到同时期的生产力水平的影响。经济政策的制定从某种意义上讲是一种生产关系的调整，只有适应生产力水平的生产关系的调整才会对生产力的发展起着积极的推动作用，只有适应生产力水平的贸易政策，其有效性和稳定性才会得到更好的发挥和维持。

（二）国内的经济环境

贸易政策的有效性与稳定性是相对的而非绝对的、是具体的而非抽象的、是暂时的而非永恒的。贸易政策稳定性的维持和有效性的发挥需要与一定的经济环境相适应，即需要适应一国的经济发展水平、基本的经济制度、国家的经济政策、该国与他国的经济往来和经济联系等。特定的贸易政策与经济环境构成特定的贸易经济生态。在这种贸易经济生态中，贸易政策只有与经济环境相适应才能发挥其有效性、维持其稳定性。

（三）国内的社会环境

社会环境主要是指政治、法律、文化、科技和教育等方面的环境。贸易政策有效性的发挥和稳定性的维持也会受到国内社会环境的影响。首先，贸易政策要受到所处的政治环境的影响。贸易政策稳定性的发挥需要有稳定的政局提供保障，如果一国的政局不稳，政府领导人频频更换，那么该国的贸易政策的有效性与稳定性就都会受到影响。其次，一国的贸易活动必然会受到法律的约束。贸易政策应该与国家的主要经济法律、法规相吻合、相适应。最后，一国的贸易活动还会受到所处的文化、教育环境的影响。一国的文化和教育因素一方面会通过影响政策制定者和执行者的能力对贸易政策产生影响，另一方面也会通过影响政策对象对政策的接受、领悟和认同能力而对政策产生影响。

第三节　贸易政策的制度质量评价标准

对贸易政策的制度质量进行评价实际上是根据一定的标准对贸易政策的制度质量进行衡量、检查、评价和估计的分析活动，是一种价值判断，而要进行这种价值判断就需要有一定的评价标准。作为显示政策表现状况的指标或信号，评价标准能对政策的质量加以衡量。"政策评价必须考虑到政策制定受到的各种约束，如历史惯例、信息不对称、委托人冲突的目标等。除非能够找到一个更好的政策，否则就不能随意指责现有的政策是低效率的。很多看起来没有效率的结果事实上可以被理解为受各种交易成本约束的后果，或被理解为为解决这些交易成本而进行的可以接受的尝试①。"

一、贸易政策有效性的评价标准

（一）对贸易政策的结果进行评价

1. 对贸易政策的直接结果进行评价。

一项贸易政策的直接结果是指，相对于该项贸易政策所期望的目标而言，其制定和实施所达到的效果如何，是与特定的贸易政策手段和贸易政策目标直接对应的绩效。要评价一项贸易政策的直接结果首先应该明确该项贸易政策的目标和对象，明确该项政策主体所要解决的贸易问题。如果一项贸易政策对其目标产生了积极的影响，则认为该项贸易政策具有正的效应，反之相反。具体

---

① 迪克西特：《经济政策的制定：交易成本政治学的视角》（中译本），中国人民大学出版社2004年版，第107页。

到一项贸易政策的有效程度，则要看该项贸易政策的目标实现程度：针对数量化指标的贸易政策目标，可以将实现的实际值和预期目标值相对比；针对定性的贸易政策目标，可以主要从贸易政策的实施对经济、社会、科技、环境等方面的影响来考察。例如以鼓励出口创汇为目标的出口退税政策，既可以将实现的具体增加的出口创汇和预期的目标出口创汇值相对比来评价该项政策的有效性，同时也可以结合出口退税给中国经济增长、创造就业机会、消耗的能源等方面带来的影响来考察其有效性。

2. 对实施贸易政策的附带结果进行评价。

贸易政策的附带结果是指作为一项处于经济运行框架之中的贸易政策，不仅会对其特定目标产生作用以外，还会波及与贸易相关的领域甚至整个社会，也即是某一特定的贸易政策对经贸系统其他方面所产生的影响。例如：对某一地区设置出口保税区，可能会保持并增强该地区外贸方面的人才优势。通过对一项贸易政策附带结果进行评价，有助于更好地理解和测定该项政策的整体有效性。

3. 对实施贸易政策的潜在结果进行评价。

有些贸易政策能够在较短的时间内产生效应，如关税政策、出口退税政策等能很快地改善当前的状况，但有些贸易政策（如产业损害调查方面的规则）其效应的产生却需要相对较长的时间。但这两类政策都具有潜在的影响，虽然这种潜在的结果不像直接结果和附带结果那么容易测定，但其潜在的影响可能是巨大的，因此也不能被忽视。

（二）对贸易政策的成本进行评价

贸易政策的成本有狭义和广义之分。狭义的贸易政策成本指的是政策的决策费用和执行费用。

1. 决策成本。

贸易政策的制定是国内最高决策者之间、决策者与相关贸易行为主体之间、各国政府部门之间等相互博弈的过程。因此，贸易政策的决策成本不仅包括政府为制定政策所付出的人力、物力、财力，所耗费的时间和技术资源，同时还包括政府为调停、平衡各方需要所付出的大量的时间和精力。正是由于一项贸易政策的制定要考虑各种集团的利益，给政府的经济管理提供并增加了"寻租"的机会，政府作出正确决策的难度也在不断增加。

2. 执行成本。

狭义的贸易政策的执行成本是指在贸易政策执行过程中所消耗的各项资源，也即是政府和社会代价的付出。包括政策执行的直接投入，以及政策执行部门在实施中因宣传、解释、监控，乃至成立专门机构、配备专门人员所消耗的资源①。

广义的贸易政策成本指的是贸易政策的制定和实施给宏观经济运行带来的风险和损失。主要包括以下三种主要损失：①因贸易政策的失误而造成的资源利用率和配置效率低下所带来的损失。②人为制定的贸易政策对市场的调节代替了市场"看不见的手"的调节而可能造成的资源配置方面的效率损失：国内产业要求本国政府使用贸易政策对商品的进出口进行干预和调节，以维护自身的竞争优势。人为地对市场的干预和调节有可能扭曲国内的供给，提升国内市场价格，增加消费者的支出，减少消费者的剩余，从而最终影响社会整体福利水平。③贸易政策的制定和实施有可能造成的贸易体制改革成本的增加：新的贸易政策的制定和实施会带来新旧政策的衔接成本和摩擦损失。

（三） 对贸易政策的效益进行评价

贸易政策效益衡量的是一项贸易政策要达到某种水平的产出所需的资源投入量或一定量的政策投入所达到的价值。将贸易政策的收益与贸易政策的成本进行比较，可以反映出政策效率的高低。在界定贸易政策的收益和成本时，应该既要注意到可数量化的收益和成本，也要注意到数量化有困难的收益和成本；既要注意到直接的收益和成本，也要注意到间接的收益和成本；既要注意到显在的收益和成本，也要注意到隐形的收益和成本，既要注意到短期的收益和成本，也要注意到长期的收益和成本。由于贸易政策的成本和收益在计算上存在有一定的难度，因此在实际中很难准确地计算出贸易政策的效益指标。有时可以用贸易政策目标实际值与目标值之比来粗略地反映贸易政策的效应。

---

① 袁国敏：《经济政策评价》，中国经济出版社 2002 年版，第 120 页。

二、贸易政策稳定性的评价标准

（一）对贸易政策的波动性进行评价

贸易政策的波动性指的是贸易政策在面临外界变化时的一种弹性调节，是贸易政策的自我调适，大的贸易政策方向不发生变化，而仅仅是政策内部要素的调整。政策波动会增加交易成本、阻碍资源的合理分配和经济增长。投资者不喜欢政策波动因为这将带来收入上的不稳定，然而，当新政策改革实施时，一定程度的波动性是不可避免的。贸易政策的波动性大小可以通过测量政策的标准偏差来衡量（Aizenman & Marion，1995）。

（二）对政府对贸易政策的承诺进行评价

政策承诺主要指宣布一项政策后政府对该项政策的维持能力。政府通过不同程度的承诺来支持贸易改革，而这些承诺则表明他们愿意且有能力进行这项改革[1]。一国政府对贸易政策的承诺程度体现了该国贸易政策的稳定程度，也表明了其贸易改革的可信度。影响政府承诺的因素有很多，如国内危机、外来的冲击、可能会迫使政府当局改变新执行政策的利益集团的力量、政府收入对旧政策的依赖性等。贸易改革往往会引发支持改革的人群和反对改革的人群之间的斗争。如果反对者胜利，改革将会被颠覆[2]（Fernandez & Rodrik，1998）。在短期内贸易政策被逆转，则表明政府承诺较弱。根据贸易政策被逆转的程度，可以将贸易改革的国家分为贸易自由化维持型、贸易自由化部分维持型和瓦解的自由化型。在维持型国家，贸易政策没有被逆转，在部分维持型国家，贸易政策虽有部分逆转但总的贸易体制仍保持自由化，而在那些自由化瓦解的国家，贸易政策的逆转使贸易政策又回到了改革前的状态（Paoageorgio，Michaely & Choksi，1991）。使用这种方法对政府的承诺进行评价具有一定的主观性，很大程度上是基于国内专家的判断（Borja，2005）。通过观察讨论值

---

[1]　Borja，K.，Trade Policy Instability Index：*The Effect of Trade Policy Instability on Economic Growth*. ProQuest Dissertations and Theses，2005.

[2]　Fernandez，R.，and Rodrik，D. Resistance to Reform：Status quo bias in the presence of individual - specific uncertainty，*The Political Economy of Reform*，MIT Press，1998，P.345.

的一阶差分来评价政府的政策承诺，观测值的一阶差分如果落在了一个标准偏差带之外，随后的观测值穿过零偏差线，则表明贸易政策的方向发生了变化。

贸易政策波动性较大的国家，政府对贸易政策的承诺不一定就弱，如韩国从1962年开始的自由贸易化改革，尽管当时贸易政策呈现出很大的波动性但贸易政策的逆转较少，体现了韩国政府对贸易政策的较强承诺。和韩国相比，秘鲁则呈现出了较多的政策的逆转（Dent，2000）。

（三）对贸易政策的一致性进行评价

政策的一致性指的是不同政策之间的一致性。贸易政策的一致性既包括贸易政策和其他的宏观经济政策如货币政策和财政政策之间的一致性，也包括贸易政策内部的一致性。复杂的外部压力和政策安排可能会带来某些政策束与新的贸易战略或政府目标相抵触。例如，如果公共预算承诺缺乏可信性，那么旨在减少通货膨胀的货币政策将变得不可行；如果当权者通过降低关税税率以减少扭曲，但他们却保留着官方汇率和真实汇率的偏离，企业机构将意识到政策的不一致性，进而会带来不稳定性，导致降低关税的努力付之东流。简言之，经济机构能够意识到政策之间的不一致性，这就迫使政府在放弃旧的经济政策以适应新的贸易战略和新贸易政策最终发生逆转两者之间做出选择，无论是哪一种情况，都应该观测到政策的变化，预期到政策的不稳定。

对贸易政策一致性的评价可以通过理性预期模型、宏观经济动态有效模型或市场进入模型进行评价（Von Hagen & Lutz，1996），也可以通过案例分析或通过会见关键的政府官员以考察他们对政策不一致性方面的观点来评价。

第五章

基于制度质量视角的贸易政策国别比较分析

第一节 发达国家的贸易政策

一、发达国家的自由贸易政策

自由贸易政策是相对的，是在历史上的某些阶段，一些国家对国际贸易所持有的一种开明的态度。在现实世界中，完全的自由贸易只是一种理想，几乎是难以实现的。

（一）早期的自由贸易政策

英国是最早实行自由贸易政策的发达国家。1846 年《谷物法》的废除标志着英国率先实行了自由贸易政策。英国认为本国在工业制成品的生产方面具有比较优势，在农产品和工业原材料方面具有劣势，因此自由贸易有利于本国工业品的出口和棉花及谷物的进口。早期的自由贸易政策给英国带来了明显的经济利益。有学者研究表明：在英国，与对外贸易有关部门的增长率高于英国的经济增长率，更高于与贸易无关部门的经济增长率，进而他们得出了"对外贸易是英国经济增长的发动机"的结论。

美国在经历了早期的贸易保护之后，随着其制造业的不断发展和竞争力的不断增强，美国的保护主义势头在 1934 年得到了扭转。罗斯福政府认识到"以邻为壑"的保护性贸易政策对美国长远的自身利益的发展并无好处，关税问题是全球性问题，而非仅仅是美国的国内问题。作为一个全球范围内的经济大国，美国的工农业产品的发展不仅需要国外市场支持，而且需要一个相对稳定的对经济发展有利的国际环境。《互惠贸易协定法》就是在这样的环境下于1934年在美国诞生的，这是美国贸易政策历史上的一个里程碑意义的转折点，标志着美国进入了通过协议进行关税减让的时代，美国的关税尤其是对制成品的关税从此逐渐降低。到20世纪30年代末期，已有31个国家与美国签订了双边互惠贸易协定，这些协定遏制了关税水平的上扬，增加了世界贸易给各国带来的利益。作为罗斯福新政的主要内容，互惠贸易协定也极大地促进了美国对外贸易发展的发展和经济的复苏。

（二）战后的贸易自由化

第二次世界大战后，美国超过了英国在世界经济中占据了绝对优势地位。为了为本国产品寻求海外销售市场，增加本国的就业机会，美国在战后积极倡导并推行世界贸易自由化。一方面美国积极倡导国际贸易组织的建立，1948年GATT就是在这样的背景下诞生的，GATT虽然不是严格法律意义上的国际贸易组织，但其为成员规范了一套处理它们之间贸易关系的原则和规章，为国际贸易的运转提供了制度保障，总协定制定了一套调节成员方争议的程序和方法，为解决成员在相互的贸易关系中所产生的矛盾和纠纷提供了解决的场所和规则。GATT的"最惠国待遇""国民待遇""透明度"等原则对二战后世界自由贸易的发展起到了强有力的推动作用。另一方面，美国于1962年通过了《贸易扩大法案》，该法案将扩大贸易而不是提高关税或实行数量限制等作为减少国际收支逆差的基本手段。

在美国的带动下，其他发达国家为了营造一个有利于本国经济恢复和发展的战后环境，也纷纷推行自由贸易政策，逐步削减各国的贸易障碍，通过双边和多边谈判相互消减对进口商品的关税水平，实行贸易自由化政策，为国与国之间的相互贸易提供了便利。经过各国的共同努力，发达国家的平均进口关税水平由二战后初期的40%左右，降到目前的3%左右。

二战后发达国家的贸易自由化政策一方面为发达国家之间的贸易提供了便利，另一方面，发达国家对发展中国家也开始实行某种程度的贸易便利，如普惠制待遇，发达国家给惠国对发展中国家的出口商品实行的减税和免税，增强了发展中国家出口产品的竞争力，增加了发展中国家的外汇收入，促进了发展中国家工业化的发展。但同时也应该注意到，发达国家之所以这么慷慨地对发展中国家提供贸易便利，是因为发展中国家在主要工业品的生产上很难与发达国家进行竞争。

二、发达国家的贸易保护政策

发达国家的贸易保护政策包括发达国家早期的贸易保护、发达国家的新贸易保护和战略性贸易政策三种情况。

（一）发达国家早期的贸易保护

发达国家的贸易保护政策最早可以追溯到这些国家还处在经济发展过程时期。美国在建国初期，总体上还处于农业社会阶段，工业多为家庭手工业，和工业革命后的英国相比，美国无论在生产技术上还是在产品质量上都远远落后，在这种情况下，美国的制造品有很大一部分依赖于来自英国的进口，美国对英国的贸易逆差随着英国货的大量涌入而不断加剧，这一方面给美国经济带来了萧条和一定程度上的停滞，另一方面也不断引发社会上的冲突和政治上的危机。在此背景下，美国第一任财政部长亚历山大·汉密尔顿就提出了《制造业报告》，坚决主张实行保护贸易政策，主要通过高关税壁垒进行贸易保护，并于1789年通过了美国的第一个关税法案。此后，为了不断提高关税率，美国于1816年又颁布了具有历史性意义的关税法案——《关税法》，通过以征收进口关税的方式来保护本国落后的制造业的发展，该法案规定，对于进口的制造业品如生铁、棉布、毛纺织品等征收25%的进口关税，美国保护性的对外贸易政策基调也由此正式确立。随后，美国又于1824年、1828年和1832年颁布了类似的加强对本国工业保护的关税法案。1861年和1807年又分别制定和通过了《莫里尔关税法》和《禁运法》，对本国钢铁行业实行关税保护的同时，对本国船只到外国港口从事贸易实行禁令。这些法案使得美国在整个19世纪一直保持较高的平均关税水平，这极大地促进了本国产品对外来产品的替代，促进了国内工业的发展，提高了美国制造业产品的竞争力。1930年，美国的平均关税水平仍高达53.2%，直到1934年美国制定了《互惠贸易法》，其贸易保护政策才暂告一段落。

在欧洲，受英国廉价工业品的冲击，法国、德国等国家也相继采取了贸易保护政策。发达国家传统的贸易保护大多数情况下是一种临时性的政策措施。

如当西方国家发生经济衰退时，各国为了保护本国市场免受外部冲击，会纷纷采取贸易保护政策，然而这种"以邻为壑"的政策往往会导致贸易战的爆发。

（二）新贸易保护政策

第二次世界大战后，一方面国际贸易逐步向自由化发展，发达国家的总贸易趋势是推行自由贸易，但政府对贸易的干预和保护因素在逐渐加强；另一方面，受凯恩斯"有效需求理论"的影响，各发达国家从自身利益出发，采取了新的贸易保护主义作法。有效需求理论认为：一国国民收入水平的稳定和提高，有赖于出口需求的增加和进口需求的减少。因此，各发达国家为了实现"国民生产总值的稳定增长和充分就业"目标，在原有的传统贸易保护政策下，开始实行新的"管理贸易政策"。以美国为例，随着战后日本、欧洲各国经济的恢复和发展，美国的经济实力开始相对下降，战后初期在国际市场中所处的绝对优势地位不复存在，许多农产品在国际上受到了欧洲农产品的排挤，日本的半导体也迅速抢占了国际市场，在这种背景下，美国新贸易保护主义实力逐渐抬头，要求政府采取手段对贸易进行干预。然而，面临二战后国际贸易自由化发展的背景和历史的教训，以美国为代表的发达国家并没有走贸易保护的老路，而是改变了以往干预贸易的手段和政策，开始了由"关税壁垒"向"非关税贸易壁垒"的过渡，非关税壁垒逐渐取代了关税壁垒，成为了各国干预外贸、限制商品进口的主要政策措施。

（三）发达国家的战略性贸易政策

战略性贸易政策是 20 世纪 80 年代由以布兰德、斯潘塞、和克鲁格曼为代表的经济学家所发展起来的一种新的贸易政策理论。所谓战略性贸易政策，是指在"不完全竞争"市场中，政府积极运用补贴或出品鼓励等措施对那些被认为存在着规模经济、外部经济或大量"租"（某种要素所得到的高于该要素用于其他用途所获得的收益）的产业予以扶持，扩大本国厂商在国际市场上所占的市场份额，把超额利润从外国厂商转移给本国厂商，以增加本国经济福利，加强在有外国竞争对手的国际市场上的战略地位。该理论在吸收以往贸易理论合理因素的基础上，以产业组织理论和市场结构理论为分析框架，用不完全竞争、规模经济和产品差异化等新的思想来构造新的国际贸易模型，认为政府对贸易的适度干预是必要的，是有利于促进本国企业和产业发展的。

　　实行战略性贸易政策的典型国家是日本和美国。日本是最早实行战略性贸易政策的国家，其战略性贸易政策的发展可以分为两个阶段，第一阶段为20世纪50～70年代中期的初级阶段的战略性贸易政策；第二个阶段为20世纪70年中期至今的高级阶段的战略性贸易政策。

　　早在20世纪50年代，日本就开始了战略性贸易政策的应用和实践。日本的经济在第二次世界大战中受到了重创，为了尽快恢复本国的经济，日本在战后到20世纪70年代初期，日本把"贸易立国"作为基本国策，将经济复兴和赶超欧美国家作为目标，充分发挥在人力资源方面的优势，对在经济发展中所需要的原材料、能源产品和技术产品的进口给予优惠，大力发展本国的加工贸易，出口工业制成品。60年代初期，日本为了提升本国的重工业在国际市场上竞争力，在不断引进国外先进技术的同时，大力实施保护性贸易政策，另外借助于贸易政策和产业政策的支持和调整，日本不断优化本国的产业结构，大大提升了本国重工业的国际竞争力，促进了出口贸易和经济的飞速发展。

　　但20世纪70年代中期，随着全球性经济滞胀和石油危机的出现，日本的"贸易立国"方针受到了挑战，以美国为代表的西方发达国家也逐渐开始实行战略性贸易政策，并要求日本改善市场准入条件和贸易发展战略，同时在一些产业上与日本展开了针锋相对的竞争，为了适应国内外市场环境的需要，日本自70年代中期开始实行了以"贸易和投资自由化"为特征高级阶段的战略性贸易政策。目的是在缓和贸易摩擦的同时，提高国内相关产业的国际竞争力。与此同时，日本提出了"技术立国"的方针，一方面强调对国外先进技术的引进、消化和吸收，另一方面强调自身的技术研究和技术创新的力度。80年代末90年代初，日本又把"增强高科技领域的竞争力"作为新目标。战略性贸易政策鼓励了日本的汽车工业、半导体工业以及通信电器业的发展，使这些行业的技术水平处于国际领先地位，不但减少了进口，还占领了欧美等国的一些传统出口市场。同时，在贸易关系方面，日本政府积极促进多边贸易的形成，并提出了"环太平洋经济圈构想"，旨在推进以"美日共霸"为基础的与其他国家之间贸易和经济的和谐发展，减少日本对外贸易的摩擦。

　　和日本相比，美国的战略性贸易政策相对较晚，始于20世纪80年代中期，并在90年代克林顿执政时期得以全面推行。1993年1月克林顿上任，成为美国历史上第42任总统，在其上任之初，克林顿就推出了以"以内促外、以外助内"为核心内容的"克林顿主义"，以期实现内外的有效互动和协调发展。克林顿政府的贸易政策理念在遵循公平贸易原则的同时，大力提倡并鼓励政府参与贸易管理，让国家能够进行有效战略调控的产业政策服务于美国的对外贸易，并将出口作为解决美国经济发展缓慢的主要途径。美国在这一时期的战略性贸易政策主要包括"公平贸易政策"和"国家贸易战略"两个方面的内容。公平贸易政策主要延续了美国所提倡的"对等"和"公平"的原则，强调贸易政策的法律化、规范化，为贸易政策的行动和贸易政策措施提供相应的法律依据。美国一方面以所谓"公平贸易"的名义迫使他国开放国内市场，另一方面又以"反补贴"、"反倾销"为理由，限制他国商品进入美国国内市场。一旦认定他国实施"非公平贸易"时，就竭力进行单方面制裁。在 WTO 多边贸易谈判中，美国极力提倡将其具有竞争优势的高科技产业和服务产业纳入谈判议程，为其进入他国国内市场寻求渠道。

作为克林顿政府贸易政策的核心内容，"国家出口战略"主要体现在以下几个方面：第一，减少对高科技产品的出口的管制：冷战结束后，克林顿政府提出在不危机美国国家安全的情况下，大幅度降低计算机、电信、化学品等高科技产品的出口管制，简化出口许可证的审批程序，在世界范围内推广美国的技术标准成为国际标准。第二，政府协助企业出口：为了协助企业出口，美国政府成立了贸易融资机构，完善其出口金融服务体系，设立专项援助基金，为企业提供出口咨询服务和金融服务。第三，以产业政策支持贸易政策：美国政府选取环保、信息等这些具有竞争能力且有发展潜力的产业作为重点扶持的对象，鼓励企业开展项目上的合作。在环保产业方面，为了制定环境技术出口战略，美国于 1993 年成立了旨在促进环保技术的出口工作小组。在信息产业方面，1993 年美国政府提出了"国家信息基础设施"规划，规划中提出在 20 年内完成全国范围内信息基础设施的建设，把研究和建设信息高速公路作为美国科技战略的核心内容，实现政府机构、学校、企业等在美国国内的入网链接，从而实现信息资源在全国范围内的共享。第四，开发新兴市场：美国政府认为未来贸易的发展除了要保留日本和欧盟等传统贸易市场外，还应该开发那些具有巨大经济增长潜力和市场潜力的新兴市场，美国商务部于 1994 年将中国、巴西、墨西哥、印度、韩国等十多个国家确定为其即将实施开发战略的新兴市场，并将环境保护产业、能源产业、信息产业和汽车工业等高科技产业作为其实施新兴市场开发战略的具体活动领域。第五，推动双边、多边、区域贸易协定，拓展贸易空间：在美国的积极倡导和推动下，美国、加拿大、墨西哥三国于 1993 年签订了《北美自由贸易协定》，美国政府希望以此来对欧共体施压，迫使其在农产品补贴协议方面对美国做出让步；同时，美国将贸易的重心逐渐转移至亚太地区，通过双边谈判机制对亚太地区的各国不断进行施压，大力倡导消除贸易壁垒和投资壁垒，从而实现美国打开亚太地区市场的目的；利用美国在 WTO 的影响力，发起多轮多边贸易谈判，创建偏向于自身利益的贸易环境。

虽然这些贸易政策受到他国的指责，但美国的战略性贸易政策取得了明显的效果，其出口在这些政策的指导下有了大幅的增加。

（四）发达国家贸易保护政策新趋势

在以贸易自由化迅速发展为背景的后危机时代，发达国家的贸易保护不仅没有销声匿迹，反而有愈演愈烈的趋势，和早期的贸易保护政策不同，后危机时代的发达国家的贸易保护政策展现出了新的发展趋势。

1. 贸易保护的目的有所改变。

传统的贸易保护，其目的多是保护国内的幼稚产业，然而随着金融危机的不断发展和蔓延，各国的经济增长速度受到严重影响，失业率剧增，因此后危机时代发达国家贸易保护的目的主要是尽快地摆脱经济危机，增加就业，维持国际收支平衡。

2. 贸易保护所采取手段受 WTO 规则的限制更少。

发达国家在后危机时代采用了进口限制、货币贬值、补贴等多种手段来保护本国产业。虽然 WTO 规则强调贸易保护主义的弊端，约束贸易保护主义的蔓延，但发达国家在后危机时代所采用的这些贸易保护手段使 WTO 约束贸易保护主义的作用受到了很大的限制。

发达国家在经济危机时期为了增加就业、维持国际收支平衡出台了很多诸如降息、减税、扩大出口、减少进口之类的政策。对于这些政策可能带来的不公平竞争，WTO 常常是呼吁各国进行抵制，对实施国进行警告，然而如果相应的成员方没有提出诉求，对实施国将起不到惩罚作用。另外，如果所实施的反倾销、反补贴和特殊保障措施没有违背 WTO 相关原则，WTO 就显得无能为力。

3. "碳关税"为代表的贸易壁垒凸显。

生态环境、汇率和知识产权问题已经成为了后危机时代的贸易保护政策工具，新的贸易摩擦点逐渐转向了国际环境和温室气体减排问题。发达国家"以环境保护为名，行贸易保护之实"。碳关税是指主权国家针对碳排放密集型产品如水泥、钢铁和一些化工产品等的进口课征 CO_2 排放特别关税。法国前总统希拉克最早提出该概念时，其目的是希望欧盟国家针对来自没有遵守《京都协定书》的国家的进口商品课征进口税，否则，欧盟国家所生产的商品尤其是高耗能产品，将在碳排放交易机制运行后面临着严重的不公平竞争。随后美国、日本都提出对高排放国家征收"碳关税"。"碳关税"措施一旦被WTO 所通过，发达国家将是最大的受益者。

第二节　发展中国家的贸易政策

20 世纪的五六十年代，许多经济水平比较落后的国家和民族在政治上取得了独立。这些国家逐渐意识到只有在经济上取得独立才能真正实现政治上的独立，而国际贸易是一国发展经济的重要推动力之一。发展中国家参与国际贸易，不但可以获得比较优势和规模经济方面的利益，还可以从贸易和由贸易引起的投资中获得提高本国生产技术水平的利益。因此，对发展中国家来说，选择适当的贸易政策对经济发展的成功有着至关重要的作用。

发展中国家借鉴他国的成功经验，结合自身的具体情况，制定对外贸易政策，并随着经济水平的发展对贸易政策不断地进行调整。发展中国家的贸易发展战略主要可以分为以下两种：进口替代战略和出口导向战略。

一、进口替代战略

进口替代战略又被称为进口替代工业化战略，是指一国为了促进本国工业的发展，采取各种措施限制工业品的进口，为本国工业发展创造有力的环境，逐渐以本国产品替代进口品，最终实现工业化。进口替代战略的核心工具是"贸易保护"，体现在具体的贸易政策上便是关税壁垒和非关税壁垒的混合使用，同时配以汇率高估和外汇管制政策。

进口替代是由来自发展中国家的经济学家普雷维什和辛格在 20 世纪五六十年代提出的。阿根廷经济学家普雷维什认为传统的比较优势理论对发展中国家不具有适用性，基于比较优势的贸易利益更多地体现了静态利益，而非规模经济等动态利益，所以比较优势理论对发展中国家的贸易和经济发展的作用有限，甚至还有可能带来诸如"悲惨增长"的不利后果。随后，普雷维什又进一步提出了"中心外围论"，认为经济发达国家处于"中心"地位，而发展中国家处于"外围"地位，"外围国家"在经济上附属于"中心国家"，为"中心国家"的经济增长服务。"中心国家"通过不等价交换，在某种意义上剥削了"外围国家"，使"外围国家"本身难以发展。因此，普雷维什指出，当前的国际分工体系是不合理的，发展中国家应该尽早地摆脱这种分工体系，独立自主地去发展本国经济。

采取进口替代战略的第二个原因是某些发展中国家存在着二元经济结构。即在一个发展中国家内，现代化的工业和技术落后的传统农业同时并存的经济结构（传统经济与现代经济并存）。存在二元经济结构的发展中国家的企业为了独占本国国内市场，排除来自发达国家的激烈竞争，需要政府的保护。同时，整体经济发展水平的落后也需要本国的工业部门来带动整个国民经济的快速发展。

进口替代工业化主要包括两个阶段：在第一阶段，发展中国家用国内生产的非耐用消费品代替进口的同类产品；在第二阶段发展中国家用国内生产的耐用消费品、重工业产品和化工产品代替进口品。对发展中国家而言，由于纺织品、服装、鞋类等非耐用消费品可以进行小规模生产，所需要的资金远远小于重工业发展所需要的资金，而且其技术含量不高，对劳动力的素质要求也低，因此很容易进入到第一个阶段。但第二阶段的进入需要发展中国家具有一定的工业基础，因为耐用消费品、重工业产品和化工产品的生产不仅需要大量的资金，而且需要有先进的技术和较高的工人素质。

进口替代战略的成效问题在学术界颇有争议。阿根廷、巴西、墨西哥、印度以及韩国都曾采取过进口替代战略。进口替代战略给这些国家的发展起了非常积极的作用，如巴西通过实行这一战略发展了汽车装配和制造业、钢铁工业和飞机制造业，印度也通过该战略使本国重工业获得了较大的发展。然而，另一方面，进口替代战略的实施不但给发展中国家带来一系列的问题，也带来了进一步发展的困难。首先，进口替代战略对国内产业实施了高保护，由于缺少外来的竞争，国内企业的竞争意识不足，生产成本居高不下，当受到外部冲击时，本能的反应是向政府寻求保护，进而形成了一个恶性循环。其次，进口替代战略的实施加重了发展中国家的外汇短缺问题，使得这些国家在20世纪70年代都出现了不同程度的债务危机问题。最后，进口替代战略以本国产品替代进口品，具有自给自足的倾向，违背了比较利益原则，通过政府的干预，将资源硬性地转向本国不具有比较优势的部门或产业，不利于借助他国的资源和技术优势来发展本国的经济。

二、出口导向战略

出口导向战略又称出口替代战略，是指一国采取各种举措来促进本国工业部门的出口，首先以轻工业产品等非传统的出口产品来代替初级产品的出口，然后再逐渐以重工业产品和化工业产品替代轻工业产品，使出口产品多样化，带动整个工业和经济的发展。比较优势理论认为，即使一国不具有生产某种产品的绝对优势，但总有某种比较优势。就发展中国家而言，通常具有廉价劳动力的比较优势，因此，发展中国家可以生产并出口密集使用劳动力生产要素的劳动密集型产品，以便为经济发展提供资金支持，然后再逐渐对初级产品进行深加工，增加其附加值，进行出口。

选择出口导向战略的国家或地区一般都具有以下三个特点：一是这些国家或地区的内部市场相对比较狭小；二是这些国家或地区具有廉价劳动力的优势；三是这些国家或地区的国内自然资源比较稀缺，需要依靠进口才能生产制成品。总之，如果不实行对外开放，将自己封闭起来，这些国家因其国内市场狭小和资源短缺，很难使本国工业达到规模经济水平。因而对这些国家而言，只有对外开放才能发展本国经济，实现本国的工业化。出口导向战略需要外部市场，原材料和产品的大进大出需要有相对稳定和便利的市场环境作保障。具体到贸易政策而言，一方面主要表现为这些国家或地区的进口关税比较低，非关税壁垒的使用也较少；另一方面主要表现为这些国家或地区广泛使用出口补贴、货币贬值等促进出口的措施，鼓励本国出口的发展。

出口导向战略对发展中国家经济发展的积极作用是多方面的。首先，劳动密集型产品的出口有助于发挥发展中国家的劳动力资源优势，提高资源配置的经济效果。其次，出口导向会产生产业与产业之间的关联效应，进而有助于带动发展中国家整个国民经济的发展。再次，劳动密集型产业的发展可以避免在工业化初期投入大量的资金，进而有助于发展中国家在资金不充足的情况下，逐步实现工业化。最后，劳动密集型产业的发展还可以为发展中国家创造比较多的就业机会，从而提高发展中国家的人均收入水平，进而提高国民的消费水平；反过来，居民消费水平的提高又促进了耐用消费品的发展，从而，有助于发展中国家工业部门经济规模的适度扩大和发展。

从总体情况来看，出口导向战略给发展中国家带来了经济上的成功。如韩国、新加坡、中国香港和中国台湾都是成功实施出口导向战略的国家和地区。现在许多其他发展中国家也开始仿效出口导向战略。

然而，出口导向战略也并非十全十美。出口导向战略的成功与否严重依赖于外部环境：首先，如果经济发达国家对进口产品的需求波动频繁，发展中国家的出口就会受到冲击，进而会给这些国家经济的持续发展带来不利影响；其次，如果发达国家实施贸易保护措施，那么实施出口导向战略的发展中国家的"借助国外市场发展本国经济"的渠道就可能被切断；最后，在市场规模一定的情况下，如果发展中国家出口的产品相同，那么激烈竞争就不可避免，进而两败俱伤的局面就有可能出现。

三、发展中国家的贸易自由化

发展中国家贸易自由化序幕的拉开是在 20 世纪 80 年代。受一些国家实行出口导向战略成功经验的鼓励和世界银行等国际经济组织的大力推荐，世界上大多数国家开始逐渐放弃了进口替代战略，实行更加开放的贸易政策。墨西哥在 1938～1988 年长期执行进口替代战略，这一战略的长期实施给墨西哥带来了诸如本国产品质量较低、对机器设备进口的依赖性增加、进口替代品占用了大量的政府投资，导致经济发展出现瓶颈等一系列的问题，为了解决这些问题，墨西哥政府于 1988 年开始实行出口导向战略，实现贸易自由化。巴西虽然早在 20 世纪 70 年代就开始推行出口导向战略，但在 70 年代中后期，由于出现了国际收支和外债问题，巴西对出口导向战略进行了挑战，综合使用进口替代和出口促进政策，随着巴西整体经济环境的稳定和发展，巴西于 90 年代又逐渐走上了贸易自由化道路。

世界银行认为，一个发展中国家需要做好三个方面的工作才有可能从贸易保护走向贸易自由化：第一，要取消商品进口的数量限制，以关税作为贸易保护的唯一手段；第二，改革关税制度，包括降低进口关税的总水平和缩小不同商品之间的关税税率的差异幅度；第三，通过货币贬值来促进出口的增加。随着发展中国家国内市场的逐步开放。大量的商品流入将不可避免。大量的进口一方面会冲击发展中国家的国内企业，进而导致失业人数剧增；另一方面也会导致进口国需要支付进口的资金剧增。所以，如果没有相应出口的增加，进口国会因入不敷出而限制进口，其结果是断送了贸易自由化的连续性。因此，贸易自由化的顺利、持久地实施必须建立在扩大出口的基础上，配合以鼓励出口、限制进口的政策措施，以减缓自由化带来的冲击，而本国货币对外贬值是最简便的政策措施之一。

第三节　贸易政策国别比较实证分析

减少不确定性和提供有效的激励这两个作用是高制度质量的贸易政策所具备的两个基本作用。高的确定性意味着低的交易成本，在这样的环境下，预期人们会更愿意从事经济活动。因为人们认为如果机会主义或欺骗行为发生，那么机会主义者或欺骗者会就受到惩罚，因此发生背信弃义行为的概率就会大大降低。所以，高有效性的制度通过向政治和经济行为人的诚实行为提供激励，可以确保经济活动的结果更有预见性，进而对生产性行为而不是非生产性行为提供激励，所以高有效性的贸易政策是贸易促进型的。然而要提高贸易政策的有效性，一国必须经历一系列的贸易政策改革和由此产生的一段时期的政策不稳定。政策变革本身和因而产生的政策不稳定性在理论上对贸易发展和经济增长的影响是不确定的。对长期经济增长有利的政策变革，在短期内可能会因为政策的不稳定性产生阻碍经济增长的转型成本。另一方面，政策变革反映的也可能是对不断变化环境的最佳调整，在这种情况下，政策的稳定性便与政策僵化和低增长相联系。

把制度纳入贸易发展的理论框架，是国际经济领域的一个最新进展。从制度质量视角来研究贸易制度和贸易发展问题是国际贸易领域一个新的研究方向。近年来，国外学者在该领域进行了大量的研究并取得了十分丰硕的成果。概括起来，主要包括以下两类：

第一类文献重点关注制度有效性对国际贸易流量、贸易模式和贸易利益的影响。认为制度质量（实质上指的是制度的有效性）的改进对扩大贸易和促进经济增长起着积极的促进作用（Dollar，Kraay，2003；Gani，Prasad，2006；Yu，MJ，2010；Berggren，2012）。制度环境会改变一国的比较优势，进而对该国的贸易模式产生影响（Johannes，Daniel，2004；Descroches，Francis，2006；Acemoglu，2007；Feenstra，2012）；一国的制度质量还会影响到该国不同要素的收入和国际贸易利益的分配，高制度质量（制度有效性）的国家从贸易中的获益更多（Levchenko，2007；Bhattacharyya，2009）。

第二类文献则主要从制度或政策的稳定性角度来关注制度质量对贸易发展和经济增长的影响。对政策不稳定性的考察主要包括以下三个方面：一是各种贸易政策的波动性，政策的波动性增加了交易成本、阻碍了资源的合理配置和经济增长（Calvo，1988；Dixit，1989）；二是政府的政策承诺，它取决于国家处理国内外事务的能力、利益集团的压力等（Rodrik，1998）；三是政策的一致性，主要强调贸易政策和其他相关政策之间的兼容性。在上述研究的基础上，波吉亚（Borja，2005）构建了贸易政策不稳定性指数，实证研究了贸易政策不稳定对经济增长的不利影响。Klomp（2009）实证研究也发现民主能够降低经济的波动性，政治的不稳定会增加经济的波动。汉德利（Handley & Limao，2011）使用贸易政策不确定性的异质性企业模型对葡萄牙加入欧盟问题进行了研究，结果发现对欧盟的加入减少了政策的不确定性，促使了企业进入欧盟市场。汉德利（Handley，2011）研究发现贸易政策的不确定性将会延迟出口企业对新市场的进入并降低了出口企业对于关税降低的反应。还有一部分学者对制度变迁和制度不稳定与经济增长之间的关系进行了考察，得出了不同的结论：有学者认为，因为制度变迁和制度不稳定性会增加交易的不确定性，所以即使朝着积极方向的制度变迁，也会在短期带来转型成本进而降低经济增长（Addison & Bailamoune-Lutza，2006；Bjørnskov & Kurrild-Klitgaard，2008；Méon，2008）。如果制度变迁带来了制度质量（制度有效性）的降低，人们便会对制度变迁和经济增长之间产生负向关系的预期。即使制度的不稳定性是由制度的改进而引起的，也会带来短期成本，因为制度创新声誉的建立需要一定的时间，而在这段时间内，其成本曲线呈 J 型（Berggren，2012）。帕特里克（Pitlik，2002）研究也发现易变的自由化政策阻碍经济增长，即使这一政策在长期中是以市场为导向的。

追随国外研究的脚步，近年来我国也有部分学者开始从制度质量视角来研究贸易制度和贸易发展问题。熊锋（2009）指出贸易制度稳定性的重要性在于，它既是经济长期增长的需要，更是贸易制度变迁进入"梯形"上升演进通道的必要条件。黄汉民（2010）指出贸易制度质量的改进应侧重制度有效性和稳定性两个方面。谢孟军（2013）实证研究发现制度质量对我国出口贸易的地理结构有着重要的影响。阚大学、吕连菊（2013）等实证研究发现制度差异与我国对外贸易流量呈正相关关系。郭界秀（2013）认为对于低制度质量的发展中国家来说，提高本国的制度质量，完善本国的制度框架是获得贸易开放福利增进的重要保障。

本节将在借鉴前人经验的基础上，从制度质量视角对发达国家和发展中国家的贸易政策进行比较。

一、贸易政策有效性的国别比较

（一）变量说明和数据来源

1. 贸易政策的有效性（INSTI）。

如第二章所述，由于本书所将使用的制度质量指标主要是涉及经济领域的正式制度质量指标，因此有可能为本书所采用的指标主要有：经济自由度指数、弗雷泽研究机构指数、国际国家风险指数以及企业营商环境指数。综合以上各个指标的优缺点（详见第二章），本书认为经济自由度指数项下的贸易自由度子指标更适合作为本书的贸易政策质量的代理指标。

经济自由度指数中的贸易自由度指数是对贸易政策的衡量，其中包括加权平均关税、非关税壁垒和海关腐败三个子指标，贸易自由度指数是对这三个子指标的综合评价，其分值范围为［0～100］，分值越高，表明一国的贸易越自由，反之相反。

诺思（1981）认为，在一个不确定的世界里，市场的有效性决定了交易效率的高低，而市场的有效性依赖于制度环境，从而贸易的迅速发展离不开制度环境的改善[①]。和国内贸易相比，国际贸易的交易费用更高，因为有诸如关税、运输费用和手续费等成本的存在。高质量的贸易制度可以减少对外贸易商所面临交易的不确定性进而降低了交易的成本，增加人们从专业化分工和对外贸易中获取的利益，因此是贸易促进型的。通过对世界各国贸易政策有效性INSTI和对外贸易量LnTRADE作散点图（见图5-1）可以发现，两者之间呈

---

① North，C. D.，*Structure and Change in Economic History*，New York，1981，P. 89.

正相关关系，较高的 INSTI 值对应着较高的 LnTRADE 值，进而，本书预期贸易政策有效性 INSTI 在模型中（发达国家样本组和发展中国家样本组）的系数为正。

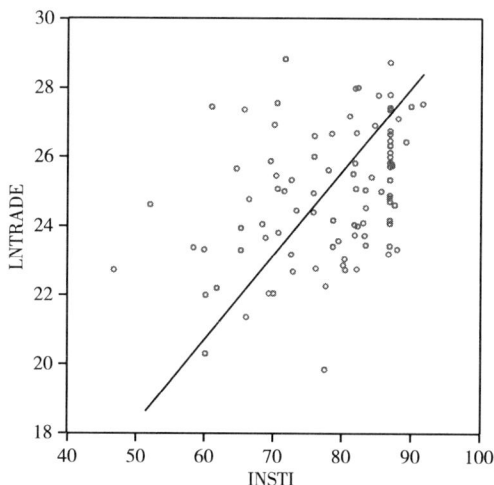

图 5 - 1　贸易政策有效性与贸易发展（对数值）散点图

2. 控制变量。

（1）一国的经济发展水平（GDP）。

弗兰克尔、罗默（Frankel & Romer，1999）认为如果一国的经济增长强劲，那么其对外贸易也会迅速扩张。因此本书使用一国的 GDP 水平作为其中的一个控制变量。在实际应用中，对 GDP 数值取对数，即使用 LnGDP 作为控制变量，预期其系数符号为正。

（2）该国是否被陆地所包围（LAND）。

四周被陆地所包围的国家，其对外贸易的运输成本相对较高，进而会给一国的对外贸易造成不利的影响。这一控制变量为虚拟变量，即如果该国被陆地所包围则取值为 1，反之取值为 0。

（3）该国的官方语言是否为英语（ENGLISH）。

除了上述控制变量外，笔者还认为语言也会影响到一国的对外贸易，由于英语正在被越来越多的国家所学习和接受，因此如果一国的母语或者官方语言为英语，则会减少国际贸易中沟通的障碍，减少沟通的成本，进而会促进贸易的发展。这一控制变量为虚拟变量，即如果该国的官方语言为英语，则取值为

1，反之取值为 0。

3. 样本。

本书综合了世界经济自由度指数以及对外贸易数据的可得性，剔除了缺少两年及两年以上数据的样本，确定样本总数量为 110 个国家或地区，其中包含了 28 个发达国家或地区①，82 个发展中国家或地区，样本国家和地区的贸易总量占世界贸易总量的 80% 以上。由于世界经济自由度指数数据最早可以追溯到 1995 年，而本书中需要计算每 3 年期的数据（为了和贸易政策稳定性的数据计算保持一致），因此本研究使用 1997～1999 年、2000～2002 年、2003～2005 年、2006～2008 年、2009～2011 年每 3 年期的平均数据。

4. 数据来源。

各国的对外贸易额数据来源于联合国贸易统计数据库，每 3 年期的平均数据由笔者计算获得；各国的 GDP 源数据来源于世界银行网站（www. worldbank. org），每 3 年期的平均数据由笔者计算获得；其他控制变量数据来源于 CEPII 网站；各制度指标源数据均来自《华尔街日报》和美国传统基金会共同公布的经济自由指数，每 3 年期的贸易政策有效性数据和稳定性数据由笔者计算获得。由于本书要检验贸易政策有效性和稳定性对对外贸易的影响，为了减少异方差，对对外贸易数据 TRADE 和经济发展水平数据 GDP 取自然对数，这样解释变量为 LnTRADE，经济水平变量为 LnGDP（主要变量的统计描述见表 5－1、表 5－2 和表 5－3）。

表 5－1　　　　　　　　　　总样本主要变量的统计描述

变　　量	LnTRADE	INSTI	STAB	LNGDP
均值	5.991	69.573	0.057	9.287
中位数	5.91	72.800	0.028	6.994
最大值	10.609	93.300	0.556	26.905
最小值	1.088	14.900	0.000	2.416
标准差	1.967	14.268	0.085	6.784

①　它们是：澳大利亚、奥地利、加拿大、芬兰、丹麦、法国、德国、希腊、中国香港、冰岛、爱尔兰、新西兰、以色列、意大利、日本、韩国、荷兰、挪威、葡萄牙、新加坡、西班牙、瑞士、瑞典、英国、美国、比利时、卢森堡、塞浦路斯。

表 5－2　　　　　　　　　　发达国家样本主要变量的统计描述

变　　量	LnTRADE	INSTI	STAB	LnGDP	LAND	ENGLISH
均值	7.820	80.865	0.017	11.932	0.108	0.281
中位数	8.097	80.500	0.012	9.040	0.000	0.000
最大值	10.609	93.300	0.148	26.905	1.000	1.000
最小值	3.153	56.200	0.000	2.610	0.000	0.000
标准差	1.585	5.5436	0.023	7.016	0.311	0.451

表 5－3　　　　　　　　　　发展中国家样本主要变量的统计描述

变　　量	LnTRADE	LnGDP	INSTI	STAB	LAND	ENGLISH
均值	5.374	8.384	65.7453	0.071	0.171	0.220
中位数	5.254	6.045	68.433	0.039	0.000	0.000
最大值	10.392	26.872	87.667	0.556	1.000	1.000
最小值	1.089	2.416	14.900	0.000	0.000	0.000
标准差	1.680	1.817	14.295	0.093	0.377	0.414

5. 贸易政策有效性的图形描述。

在进行模型设定之前，可以首先以图形的形式对以美国、日本和韩国为代表的发达国家和以中国、印度和巴西为代表的发展中国家的贸易政策有效性进行初步比较。由图 5－2 可以看出，以美国、日本和韩国为代表的发达国家的贸易政策有效性水平要明显高于以中国、印度和巴西为代表的发展中国家的贸易政策有效性水平。在三个发达国家中，美国和日本的贸易政策有效性水平要高于韩国的贸易政策有效性水平。而在三个发展中国家中，印度的贸易政策有效性水平最低，中国在 2008 年之前，低于巴西的水平，但是在 2009～2011 年间，其贸易政策有效性水平几乎和巴西相当。

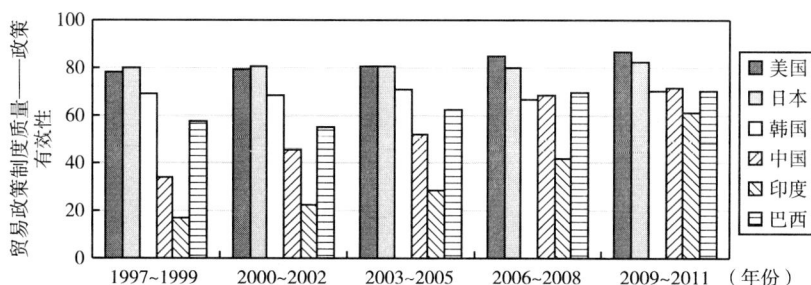

图 5－2　不同国家贸易政策有效性对比

（二）模型设定与估计结果分析

1. 模型设定。

在模型的设定上，本书借鉴潘向东（2004）的方法，运用假设因素检验模型探讨对外贸易与制度因素的关系，用方程表示为：$T = F(HV, CV)$，其中 T 表示一国的对外贸易额，HV 是待检验变量矩阵，CV 是一系列控制变量矩阵，F 表示 T 与 HV 和 CV 之间的函数关系。从而回归模型可以写为

$$LnTRADE_{it} = \alpha_1 INST_{it} + \delta_1 X_{it} + \xi_i + \mu_{it} \qquad (5.1)$$

其中 $INST$ 为贸易政策有效性变量，包括三个中类指标。α_1，β_1 为估计系数；假定 $\xi_i \sim i.i.d\ (0, \sigma_\xi^2)$，$\mu_{it} \sim i.i.d\ (0, \sigma_\mu^2)$，$E(\xi_i \mu_{it}) = 0$，$i$ 和 t 分别表示地区和时间下标。$i = 1、2、\cdots、28$ 或者 $i = 1、2、\cdots、82$；$t = 1、2、\cdots、5$。

2. 模型结果分析。

对模型（5-1）进行估计，结果见表 5-4。由表 5-4 可以看出，INST 的系数在总样本组、发达国家样本和发展中国家样本中均在 1% 的水平上显著为正，这说明一国贸易政策的有效性对其对外贸易的发展有着显著的促进作用，一国贸易政策的有效性越高，对外贸易商所面临交易的不确定性进而交易成本就越低，因此该国的对外贸易就越活跃。一国贸易政策的有效性越低，掠夺行为就越严重，合同的执行也就越不完全，进而对该国的对外贸易有害，因为它增加了对外贸易的成本和风险[1]。

表 5-4　　　　　贸易政策有效性对贸易发展的影响及其国别比较

LnTRADE	（1）总样本	（2）发达国家样本	（3）发展中国家样本
C	1.979 ***	0.374 ***	4.074 ***
INST	0.059 ***	0.101 ***	0.021 ***
LnGDP	0.013 ***	0.051 ***	0.0232 *
LAND	-1.132	-1.404 ***	-0.555 ***
ENGLISH	0.137	0.098	-0.969 ***
样本数	550	140	410
$\overline{R}^2$	0.70	0.68	0.71

注：*** 、** 、* 分别表示在 1%、5%、10% 的水平上显著。

---

[1]　Anderson, J. E., and Wineoop, E. V., Borders, Trade and welfare, *NBER Working Paper* 2001, No. 8515.

比较发达国家样本和发展中国家样本可以发现，INST 在发达国家样本中的系数为 0.101，明显大于 INST 在发展中国家样本中的系数 0.021，这说明贸易政策在发达国家中对贸易发展发挥了更大的促进作用，这一结论与当前发达国家在国际贸易中占据霸权地位的事实是相符的。

另外，无论是在总样本组、发达国家样本还是在发展中国家样本中，一国经济水平 LnGDP 在模型中的系数均为正，且都至少在 10% 的水平上显著，这与本文的预期相符，而且再一次验证了弗兰克尔、罗默（1999）的"如果一国的经济增长强劲，那么其对外贸易也会迅速扩张"的观点。虚拟变量一国是否被陆地包围 LAND 变量在三组样本中系数均为负，且也都在 1% 的水平上显著，这说明在海运仍为国际货物运输主要方式的当今世界中，如果一国四周被陆地所包围，那么其对外贸易的运输成本就会相对较高，进而会给该国的对外贸易造成不利的影响。

令笔者惊讶的是，人们通常认为语言也会影响到一国的对外贸易，因此如果一国的母语或者官方语言为英语，则会减少国际贸易中沟通的障碍，减少沟通的成本，进而会促进贸易的发展。但是笔者发现一国的官方语言为英语 ENGLISH 这一变量在三组样本中的结果都与人们的预期有异。在总样本和发达国家样本中，其系数虽与本研究的预期相符，但是并不显著，另外，在发展中国家样本中，笔者发现该变量虽然在 1% 的水平上显著，但是其系数却与我们的预期相反，为负。这说明一国的官方语言是否为英语对该国的贸易发展并无实质性影响。经过思考，笔者认为这可能和"英语被越来越多的国家所学习和接受"有关。虽然有很多国家的官方语言并非是英语，但其第二语言为英语，而且大多数国家都已经意识到英语的重要性，因此在国内的课程体系设置中，都设有英语课程，结果，受到中高等教育的国民都会操着不同流利程度的英语进行对话，进而大大降低了对外贸易中的语言障碍。

二、贸易政策稳定性的国别比较

（一）变量说明和数据来源

笔者采取贸易政策有效性国别比较的分析方法对贸易政策的稳定性进行国别比较分析，因此，控制变量、样本和数据来源方面都不做改变，仅对贸易政策的稳定性加以说明。

1. 贸易政策的稳定性 STAB。

贸易政策的稳定性较难测量，一个完整的政策稳定分析框架应该包括政策的波动性、政府的承诺以及政策的一致性三个方面[1]，但是因为缺少对政策承诺和政策一致性的统一界定标准和衡量指标，本文将针对政策的波动性进行分析。在衡量政策波动性方面有两种方法：一种是使用贸易政策指标的实际值与预期值偏离的绝对值来衡量[2]（Sudsawasd，2005），这种方法比较适合于时间序列分析；另一种是选取不同界面（一般是 3 年或 5 年）计算原始数据的变异系数（Berggren，2012），这种方法适合于面板数据分析。本书借鉴伯格伦（Berggren，2012）的方法，使用贸易政策有效性的变异系数或称标准差率来作为贸易政策稳定性的代理指标。变异系数描述的是偏移量与均值之间的关系，变异系数越大，说明偏移的越厉害，因此贸易政策有效性的变异系数越大，则说明政策的稳定性越差，值越小，表明政策的稳定性越好（郭苏文、黄汉民，2010）。

由于贸易政策的不稳定性不利于人们形成对未来交易的预期，进而会增加交易中的不确定性，因此即使是对长期贸易发展有利的贸易政策变革，在短期内也可能会因为政策的不稳定性产生阻碍贸易发展的转型成本，另外，通过对世界各国的贸易政策稳定性变量 STAB 和对外贸易量 LnTRADE 作散点图（见图 5 - 3）也可以发现两者之间成负相关关系，因此本书预期贸易政策稳定性 STAB 在模型中（发达国家样本组和发展中国家样本组）的系数为负。

2. 贸易政策稳定性的图形描述。

分别使用发达国家和发展中国家的贸易政策稳定性数据作柱状图（见图 5 - 4）可以发现，以美国、日本和韩国为代表的发达国家的贸易政策稳定性水平明显优于以中国、印度和巴西为代表的发展中国家的贸易政策稳定性水平。在三个发达国家中，韩国的贸易政策稳定性水平略低。而在三个发展中国家中，印度的贸易政策稳定性水平最低，中国在 2008 年之前，低于巴西的贸易政策稳定性水平，但是在 2009 ~ 2011 年间，其贸易政策稳定性水平明显优于巴西。

---

[1]　Borja, K., Trade Policy Instability Index: The Effect of Trade Policy Instability on Economic Growth, *ProQuest Dissertations and Theses*, 2005.

[2]　Sudsawasd, S., Moore, R. E., Investment under Trade Policy Uncertainty: An Empirical Investigation, *Review of International Economics*, (May 2006), Vol. 14, No. 2, pp. 316 - 329.

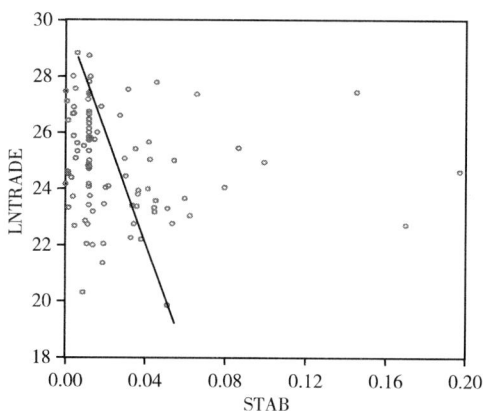

图 5 - 3　贸易政策稳定性与贸易发展（对数值）散点图

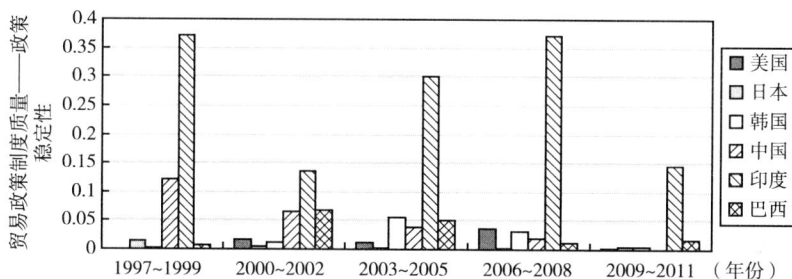

图 5 - 4　不同国家的贸易政策稳定性对比

（二）模型设定与估计结果分析

1. 模型设定。

在模型的设定上，同样借鉴潘向东（2004）的方法，运用假设因素检验模型探讨对外贸易与制度因素的关系，用方程表示为：$T = F(HV, CV)$，其中 T 表示一国的对外贸易额，HV 是待检验变量矩阵，CV 是一系列控制变量矩阵，F 表示 T 与 HV 和 CV 之间的函数关系。从而回归模型可以写为

$$LnTRADE_{it} = \beta_1 STAB_{it} + \delta_1 X_{it} + \xi_i + \mu_{it} \tag{5.2}$$

其中 $STAB$ 为贸易政策稳定性；α_1，β_1 为估计系数；$\xi_i \sim i.i.d\ (0,\ \sigma_\xi^2)$，$\mu_{it} \sim i.i.d\ (0,\ \sigma_\mu^2)$，$E(\xi_i\mu_{it}) = 0$，$i$ 和 t 分别表示地区和时间下标。$i = 1$、2、…、28 或者 $i = 1$、2、…、82；$t = 1$、2、…、5。

对模型（5.2）进行估计，结果见表 5 – 5。

表 5 – 5　　　　　　　贸易政策稳定性对贸易发展的影响及其国别比较

LnTRADE	（1）总样本	（2）发达国家	（3）发展中国家
C	6.322***	8.503***	5.661***
STAB	– 6.563***	– 11.887**	– 2.687***
LnGDP	0.028**	0.036**	0.026**
LAND	– 1.023***	– 1.475***	– 0.476**
ENGLISH	– 0.235	0.376	– 1.055***
样本数	550	140	410
$\overline{R}^2$	0.77	0.76	0.77

注：***、**分别表示在1%、5%的水平上显著。

由表 5 – 5 可以看出，STAB 的系数在总样本组、发达国家样本组和发展中国家样本组中均至少在 5% 的水平上显著为负，这说明 STAB 值越小，贸易政策的稳定性越好，对对外贸易的增长就越有利，即贸易政策的稳定性对一国的对外贸易具有促进作用。稳定性是政策存在的理由，政策多变意味着约束多变、信息多变、激励多变，意味着人们将无所适从。而具有稳定性的贸易政策能帮助贸易行为主体形成对未来的稳定预期，减少贸易和经济活动的不确定性，鼓励贸易行为的进行。

比较发达国家样本组和发展中国家样本组可以发现，贸易政策稳定性变量 STAB 在发达国家样本中的系数为 – 11.887，其绝对值明显大于 STAB 在发展中国家样本中的系数 – 2.687 的绝对值，这说明在不考虑贸易政策有效性的情况下，贸易政策的稳定性因素对发达国家的对外贸易发挥了更大的促进作用，或者说由政策改革和政策调整带来的政策不稳定会给发达国家的贸易发展带来更大的阻碍，而政策不稳定给发展中国家的外贸发展带来的危害作用相对较小，这主要是因为发达国家的贸易发展比发展中国家的贸易发展更具有政策促进型特征，因此在不考虑政策有效性的情况下，政策不稳定性对发达国家经济的影响也就越大。

LnGDP、LAND 和 ENGLISH 变量在模型（5.2）中的结果和其在模型（5.1）中的结果在系数符号和显著性等方面都没有大的变化。

无论是在总样本组、发达国家样本组还是在发展中国家样本组中，一国经济水平 LnGDP 在模型中的系数均为正，且都在 5% 的水平上显著，这与本书的预期相符，而且再一次验证了弗兰克尔、罗默（1999）的"如果一国的经济增长强劲，那么其对外贸易也会迅速扩张"的观点。虚拟变量一国是否被陆地包围 LAND 变量在三组样本中系数均为负，且也都在 1% 的水平上显著，这说明在海运仍为国际货物运输主要方式的当今世界中，如果一国四周被陆地所包围，那么其对外贸易的运输成本就会相对较高，进而会给该国的对外贸易造成不利的影响。

一国的官方语言为英语 ENGLISH 这一变量在三组样本中的结果都与人们的预期有异。在发达国家样本中，其系数虽与本研究的预期相符，但是并不显著；另外，在总样本和发展中国家样本中，笔者发现该变量虽然在 1% 的水平上显著，但是其系数却与我们的预期相反，为负。这说明一国的官方语言是否为英语对该国的贸易发展并无实质性影响。其中原因前文已有解释，此处不再赘述。

三、贸易政策制度质量的国别比较

一国贸易政策制度质量的高低不仅取决于其贸易政策有效性而且也取决于贸易政策的稳定性，由两者共同决定，且政策有效性与政策稳定性是一个有机的整体，两者相互影响，相互作用。综合图 5 - 3 和图 5 - 4，笔者认为以美国、日本和韩国为代表的发达国家的贸易政策制度质量要优于以中国、印度和巴西为代表的发展中国家的贸易政策制度质量。其中，在三个发达国家中，韩国的贸易政策制度质量要略次于美、日两国。而在三个发展中国家中，印度的贸易政策制度质量要明显低于中国和印度两国。

笔者借鉴模型（5.1）和模型（5.2）的设定方法，将贸易政策有效性与稳定性整合于一体，同时纳入模型，建立一个有效性与稳定性统一的制度质量分析框架，以对发达国家和发展中国家的贸易政策进行综合性对比。为此，笔者建立模型以下模型：

$$\text{Ln}TRADE_{it} = \alpha_1 INSTI_{it} + \beta_1 STAB_{it} + \delta_1 X_{it} + \xi_i + \mu_{it} \tag{5.3}$$

其中 INSTI 为贸易政策有效性，包括三个中类指标，STAB 为贸易政策稳定性；α_1、β_1 为估计系数；假定，$\xi_i \sim i.i.d\ (0,\ \sigma_\xi^2)$，$\mu_{it} \sim i.i.d\ (0,\ \sigma_\mu^2)$，

$E(\xi_i\mu_{it})=0$，i 和 t 分别表示地区和时间下标。$i=1$、2、…、28 或 $i=1$、2、…、82；$t=1$、2、…、5。

由表 5 - 6 中可以看出，INST 的系数在总样本、发达国家样本和发展中国家样本中均在 5% 的水平上显著为正，STAB 的系数在总样本、发达国家样本和发展中国家样本中均为负，这说明贸易政策制度质量对贸易发展具有显著的促进作用，高有效性的贸易政策为贸易发展提供发展动力，稳定的政策环境为贸易发展提供发展保障。

表 5 - 6　　　　　　　贸易政策制度质量对贸易发展的影响及其国别比较

LnTRADE	（1）总样本	（2）发达国家样本	（3）发展中国家样本
C	2.523 ***	0.922 ***	4.503 ***
INST	0.053 ***	0.095 ***	0.017 **
STAB	-1.821 *	-5.412	-1.488 *
LnGDP	0.013 *	0.051 **	0.022 *
LAND	-1.116 ***	-1.277 ***	-0.552 ***
ENGLISH	0.137	0.094	-0.951 ***
样本数	550	140	410
$\bar{R}^2$	0.74	0.76	0.78

注：***、**、* 分别表示在 1%、5%、10% 的水平上显著。

比较发达国家样本组和发展中国家样本组的贸易政策有效性变量 INSTI 的系数可以发现，发达国家样本组的 INSTI 系数为 0.095，远远大于发展中国家样本组的 INSTI 系数 0.017，这与模型（5.1）的结论相符，说明在综合考察贸易政策有效性与稳定性的情况下，和发展中国家性比，发达国家贸易政策的有效性更高。

比较两个样本组的贸易政策稳定性变量 STAB 的系数及显著性可以发达国家样本组的 STAB 系数的绝对值要大于发展中国家样本组 STAB 系数的绝对值，这与模型（5.2）的结果类似，但是同时笔者也发现在发达国家样本组中，STAB 的系数虽然为负，但并不显著，原因何在？经过思考，笔者认为：和发展中国家相比，发达国家具有更充分的金融工具以及市场信息，更完善的资本市场和保险市场，且市场行为人能有更多的渠道进入这些市场，进而能够更好地应对贸易政策的不稳定性，即高有效性的贸易政策在一定程度上减少了贸易政策改革和贸易制度变迁所带来损失[①]。

另外，将表5-6中INSTI和STAB的系数与表5-4中INSTI以及表5-5中的STAB系数相比较，可以发现，无论是发达国家样本还是发展中国家样本，表5-6中的INSTI系数和STAB系数的绝对值都有所下降，且STAB系数下降的幅度较大，这说明在影响贸易发展方面，贸易政策制度质量的二维属性——有效性和稳定性是相互影响、相互作用，是一个有机的整体：有效的贸易政策会大大减少政策的不稳定给贸易发展带来的不利影响，反过来，不稳定的政策会制约政策有效性的发挥，只有贸易政策具有良好的稳定性，微观个体才会根据自己的理性预期，自觉地在它的限制和约束范围内选择自己的经济和贸易行为。

本 章 小 结

本章首先对发达国家和发展中国家的贸易政策进行了系统地归纳和总结，然后从实证角度对发达国家和发展国家的贸易政策制度质量进行了比较。

在实证分析部分，文章运用了假设因素检验模型，使用110个国家或地区1997~2011年每3年期的面板数据（其中包含28个发达国家或地区，82个发展中国家或地区，样本国家或地区的贸易总量占世界贸易总量的80%以上）对发达国家和发展中国家的贸易政策有效性和稳定性分别进行了比较，最后将贸易政策有效性与稳定性整合于一体，同时纳入模型，建立一个有效性与稳定性统一的制度质量分析框架，以对发达国家和发展中国家的贸易政策进行综合性对比。

相关的实证研究结论如下：

第一，贸易政策的有效性变量INST的系数在发达国家样本和发展中国家样本中均在1%的水平上显著为正，这说明一国贸易政策的有效性对其对外贸易的发展有着显著的促进作用，一国贸易政策的有效性越高，对外贸易商所面临交易的不确定性进而交易成本就越低，因此该国的对外贸易就越活跃。一国贸易政策的有效性越低，掠夺行为就越严重，合同的执行也就会越不完全，进而对该国的对外贸易有害，因为它增加了对外贸易的成本和风险。

---

① 郭苏文、黄汉民：《制度质量、制度稳定性与经济增长：一项实证研究》，载《当代经济科学》2010年第6期。

第二，贸易政策的有效性变量 INST 在发达国家样本中的系数为 0.101，明显大于 INST 在发展中国家样本中的系数 0.021，这说明贸易政策在发达国家中对贸易发展发挥了更大的促进作用。

第三，贸易政策的稳定性变量 STAB 的系数在发达国家样本和发展中国家样本中均至少在 5% 的水平上显著为负，这说明 STAB 值越小，贸易政策的稳定性越好，对对外贸易的增长就越有利，即贸易政策的稳定性对一国的对外贸易具有促进作用。稳定性是政策存在的理由，政策多变意味着约束多变、信息多变、激励多变，意味着人们将无所适从。而具有稳定性的贸易政策能帮助贸易行为主体形成对未来的稳定预期，减少贸易和经济活动的不确定性，鼓励贸易行为的进行。

第四，比较发达国家样本和发展中国家样本可以发现，贸易政策的稳定性变量 STAB 在发达国家样本中的系数为 -11.887，其绝对值明显大于 STAB 在发展中国家样本中的系数 -2.687 的绝对值，这说明在不考虑贸易政策有效性的情况下，贸易政策的稳定性因素对发达国家的对外贸易发挥了更大的促进作用，或者说由政策改革和政策调整带来的政策不稳定会给发达国家的贸易发展带来更大的阻碍，而政策不稳定给发展中国家的外贸发展带来的危害作用相对较小，这主要是因为发达国家的贸易发展比发展中国家的贸易发展更具有政策促进型特征，因此在不考虑政策有效性的情况下，政策不稳定性对发达国家经济的影响也就越大。

第五，将贸易政策的有效性与稳定性整合于一体，同时纳入模型，结果发现贸易政策的有效性变量 INST 的系数在发达国家样本和发展中国家样本中均在 5% 的水平上显著为正，贸易政策的稳定性变量 STAB 的系数在发达国家样本和发展中国家样本中均为负，这说明贸易政策制度质量对贸易发展具有显著的促进作用，高有效性的贸易政策为贸易发展提供发展动力，稳定的政策环境为贸易发展提供发展保障。但是笔者同时也发现在发达国家样本中，STAB 的系数虽然为负，但并不显著，原因何在？经过思考，笔者认为：和发展中国家相比，发达国家具有更充分的金融工具以及市场信息，更完善的资本市场和保险市场，且市场行为人能有更多的渠道进入这些市场，进而能够更好地应对贸易政策的不稳定性，即高有效性的贸易政策在一定程度上减少了贸易政策改革和贸易制度变迁所带来损失。

第六章

中国贸易政策的制度质量分析

中国对外贸易政策是指在一定时期内中国对进出口贸易所实行的政策，其内容包括对外贸易总政策、进出口商品和服务贸易开放政策、国别对外贸易政策等。中国对外贸易政策属于上层建筑，是中国总的经济政策的一个组成部分，是为中国经济基础和对外政策服务的，要分析中国的贸易政策，首先应该了解中国对外贸易政策 60 多年来的变迁历程。

第一节　中国对外贸易政策的演变历程

1949 年至今，中国对外贸易经历了改革前后两段完全相异的发展历程。1978 年，中国货物进出口总额只有 206 亿美元，在世界货物贸易中排名第 32 位，所占比重不足 1%；改革开放后，中国对外贸易发生了翻天覆地的变化，2011 年，中国进出口总额高达 36421 亿美元，其中进口总额为 17435 亿美元，出口总额为 18986 亿美元，在世界货物贸易中排名第 2 位，成为举足轻重的国际贸易大国①。2012 年，中国对外贸易总额高达 3.87 万亿美元，一跃超过美国成为第一国际贸易大国。中国对外贸易所取得的巨大成就与贸易政策的制定和执行是息息相关的。因此了解中国对外贸易政策 60 多年来的演变历程有助于更好地理解中国贸易政策的制度质量。

---

① 数据来源于《中国统计年鉴》。

一、新中国成立至改革开放前的对外贸易政策

1949 年 9 月通过的具有临时宪法性质的《中国人民政治协商会议共同纲领》规定，中国对外贸易政策"实行对外贸易的管制，并采用保护贸易政策"，这一规定明确地指出了中国在新中国成立初期实行的是保护贸易政策。

新中国成立初期，面对资本主义国家对中国的经济封锁和物资禁运，中国经济以"自力更生和自给自足"为指导思想，优先发展重工业，将对外贸易作为调剂余缺的手段，执行国家统制型的封闭式保护贸易政策，政府的行政计划取代了市场进行资源配置，忽视了对外贸易的效率原则，很少进行双边贸易合作，也不参与世界性的贸易组织，靠计划和数量限制来干预进出口，对外贸易的目的就是换回进口必要的机器设备所需的外汇，采取人民币币值高估及外汇管制的汇率政策以满足进口对外汇的需求。

在对外贸易战略方面，中国采取了"进口替代"战略，首先选择了重工业为替代行业，随后开始有计划地引进部分基础工业。同时也采取了进出口管制、征收关税、海关监管等具体的贸易措施。完全的进口替代政策导致了中国国际收支状况的恶化，引进的技术和设备也因消化吸收不良而一度又成为落后。

二、改革开放至加入 WTO 前的对外贸易政策

（一）改革开放初期的对外贸易政策

随着 1978 年中国实行改革开放，中国贸易体制也进入了改革的第一个阶段。1978～1987 年，中国贸易体制改革围绕着"建立有计划的商品经济体制"这一中心不断深化。为了打破原有的高度集中的、国家统制的局面，中国外贸体制进行了一系列的改革：打破了原有的单一的指令性计划管理，由指令性计划向指导性计划和市场调节转变、调整了国家外贸管理机构，基本理顺了政府部门对外贸的管理关系、下放了外贸经营权，开始工贸结合的试点、简化对外贸易计划的内容，并实行出口承包经营责任制，实行了有区域差别、行业差别和出口商品来源差别的外汇留成制度、对出口商品实行出口退税等，进而克

服了原有的外贸进出口独家经营、集中管理等方面存在的体制性障碍，从而培养了新的外贸经营主体，调动了外贸企业和出口生产企业的主动性和积极性，在一定程度上增强了外贸企业和出口商品在国际市场上的竞争能力，刺激了出口商品结构的改善，推动了中国对外贸易的迅速发展，为中国日后成为国际贸易大国奠定了基础。

随着外贸体制改革的进行，1978～1987年中国外贸政策也进行了改革开放后的第一个调整时期。这一时期对外贸易政策调整的主要标志有两个：一是1982年1月中共中央书记处举行会议，讨论了发展对外经济关系在中国四化建设中的战略地位，强调中国的社会主义建设要利用两种资源——国内资源和国外资源，要打开两个市场，要学会两套本领——组织国内外建设的本领，为对外经济工作确定了理论基础和指导思想。二是1986年"七五"计划确定了对内搞活、对外开放的总方针，为对外贸易战略设计了明确的蓝图。1986年7月，改革开放取得一定的成就之后，中国开始了恢复关贸总协定缔约国地位的申请。

这一时期的对外贸易整体调整的具体内容主要包括以下几个方面：一是外汇政策改革：根据1979年所颁布的《关于大力发展对外贸易增加外汇收入若干问题的规定》，外汇在由国家集中统一管理、保证重点和平衡的同时，实行外汇收入额度留成制度。1985年又在此基础上进一步扩大企业外汇的留成比例。另外，1980年，国家外汇管理局和中国银行联合发出《调剂外汇暂行办法》，以调剂各地区各部门留成外汇额度的余缺。二是财政扶持政策：通过建立扶持出口商品生产专项基金、奖售、专项贷款等方式对出口货源基地的建设、出口工业生产企业等进行大力扶持；通过以进出口商品差价补贴等形式进行出口补贴和奖励；设立涵盖对外贸企业修建简易仓库、货棚等外贸企业简易建筑费。三是恢复关税政策：1980年国务院恢复计征关税，并在两年内先后四次调整进口关税，同时为了鼓励对外资的利用，还制定了进口关税的优惠政策。四是出口退税政策：国务院从1983年9月开始对17种机电产品和零部件实行出口退税、进口征税的制度，1985年开始实行对除原油、成品油之外的其他出口产品实行出口退税。

（二）外贸承包责任制政策

1988～1993年是外贸体制改革的第二个阶段。1988年年初，《全民所有制工业企业承包经营责任制暂行条例》的颁布标志着外贸承包责任制开始全面铺开。这一时期改革的重心除了包括全面推行外贸承包经营责任制之外，还包括深化进出口经营体制和外贸行政体制改革等。企业自主经营的权利逐步被放开，随着指导性计划范围的不断扩大，国家指令性计划的范围逐渐缩小。

外贸政策也随着进行了调整，主要包括以下几个方面：一是外汇政策改革：从1991年开始对原有的外汇留成制度进行改革，改变地区有差别的外汇留成制度，实行全国统一的按照商品大类进行管理的留成制度；允许外汇额度在不同省份之间进行调剂余缺，限制地方政府和部门对外汇资金省际流动的行政性干预；人民币对美元汇率继续贬值。二是财政扶持政策：对扶持外贸生产的各项资金，由原来的无偿使用统一转变为有偿使用的商贸周转资金，根据使用期限的长短缴纳不同额度的周转金使用费，使用时间越长，使用费越贵；鼓励轻纺产品发展：从1987年开始，政府设立重点轻纺出口企业的发展基金，专项使用，鼓励发展轻纺深加工出口商品；进一步加强出口鼓励措施：从1987年开始，对于出口创汇的供货企业实行每创汇1美元奖励5分人民币的政策，同时停止执行减亏分成方法，对外贸企业的出口收汇实行1美分的外汇额度和2分人民币的奖励制度；对承包期间亏损的外贸企业给予一定的扶持，如果发生亏损，实行不加息、不惩息和不停贷的制度，并要求外贸企业在规定的时间内实行自行消化。三是继续完善关税和出口退税政策：从1987年开始，政府不断加大出口退税的政策力度，对出口产品实行退还各个环节累计间接税和增值税的方法；对关税水平进行新一轮的调整，使关税总水平由原来的43.2%降至39.9%的水平。

（三）市场化改革时期的外贸政策

1992年党的十四大会议召开，提出了要建立和完善社会主义市场经济体制，使市场在国家的宏观调控下对资源配置起基础性作用。作为中国经济体制改革的一个重要的组成部分，1994～1996年外贸体制进行了市场化改革时期，改革的重点主要包括：①完善宏观的外贸管理体系，如改革汇率制度、统一外贸企业所得税、进一步降低关税水平、改革外贸行政管理手段、加强对外贸易立法等；②建立产权清晰、权责明确、政企分开、管理科学的现代企业制度，使外贸企业逐渐由国家计划的执行者转变为国际贸易和对外经济合作的经营企业；③推进进出口代理制度；④实行保证金台账制度；⑤健全外贸协调机制，加强经济协调能力。

按照上述要求，外贸政策也进行了相应的调整，进入了调整的第三个时期。调整的内容主要有以下几个方面：一是深化外汇体制改革：取消官方汇率和外汇调剂市场汇率双汇率并存的状况，实现汇率并轨，并对人民币进行贬值；改变原有的固定汇率制度，实行以外汇市场供求为基础的、单一的有管理的人民币浮动汇率制度；实行外汇收入的结汇制和银行出售外汇制度，同时取消原有的各种外汇留成；实现人民币经常项目下的自由兑换。二是财税体制改革：全面改革流转税制，实行以增值税为主、消费税和营业税并行的较为规范的流转税制；调整中央和地方政府的税收收入的划分，将适合地方政府征管的税种化为地方税，中央和地方对增值税按 3：1 的比例进行共享。三是出口退税制度改革：1994 年将出口退税的税种调整为增值税和消费税，实现了出口货物零赋税，但由于出口退税增长过快，国家财政负担不断加重，政府于 1995 年和 1996 年又先后两次上调出口退税率[①]。四是大幅度降低进口关税：为了适应加入 GATT 的需要，从 1994 年开始，中国开始大幅度下调进口关税水平，并于同年取消了对出口产品的直接补贴，到 1997 年中国的关税总水平下调至 17%，平均降幅高达 26%。

（四）与国际接轨时期的外贸政策

1997～2001 年"入世"前，为了适应国际经济贸易新形势的需要，中国不断地从全局的角度推进外贸发展战略，使外贸体制改革进入了与国际接轨的发展阶段，同时也是中国加入 WTO 的前期准备阶段。这一时期的外贸体制改革主要包括以下几个方面：①深化宏观管理体制改革：不断下调出口许可证比例，改革配额管理制度，大幅减少出口计划、配额限制商品的品种；下调关税税率；加强外贸律法，进一步规范与国际贸易规则接轨的外贸政策法规。②深化外贸经营体制改革：扩大生产企业外贸经营权的自动登记试点范围；赋予私营生产企业和科研院所的进出口经营权；顺利开展外商经营外贸试点工作，外资开始以合资的形式进入中国外贸领域，进一步丰富了中国外贸经营主体。③"大经贸"战略的实施："大经贸"战略是指在新形势下进一步拓宽对外经贸的深度和广度，实行以进出口贸易为基础，商品、资金、技术、服务相互渗

---

① 数据来源于 http://www.sina.com.cn。

透、协调发展，外经贸、生产、科研、金融等部门共同参与的对外经贸发展战略。该战略的实施进一步打破了国内、国际市场之间的阻隔和不同企业之间、不同地区之间的界限，促进了竞争和专业化的合作、协调，增强了企业的国际化经营能力，为企业实现集约化创造了条件。④积极应对国际贸易摩擦：亚洲金融危机的爆发和蔓延导致了国际贸易保护主义抬头，中国对外贸易频频遭遇反倾销和反补贴诉讼，为了应对这一局面，中国建立了多层次、多渠道的应诉机制，积极去应对贸易摩擦，维护国家安全和企业的合法权益。

这一时期外贸政策所作的调整主要包括以下几个方面：一是保持人民币汇率稳定、不贬值：中国采取严厉措施打击逃汇和套汇行为，加强对经常项目购回的审核和监管，对正常的企业经营活动尤其是出口业务给予适当的便利。二是财政金融方面的扶持：为中小企业的国际市场开拓设置转向资金，专门用于中小企业发展的扶持；设立区域外经贸发展促进基金，为了鼓励西部以及后来的东北老工业基地和中部地区的发展，先后设立了西部外经贸发展促进基金以及东北老工业基地和外经贸发展专项基金。积极发展出口信用保险，支持中国企业对外进行投资，为企业开拓国际市场提供风险保障，为企业在出口融资、信息咨询等方面提供快捷便利的服务；引导和推动商业银行对扩大出口的支持。三是进一步调整出口退税政策：一方面提高出口商品退税率，提高出口企业在国际市场上的竞争力；另一方面对出口退税指标进行宏观调控，逐步向中部和西部地区倾斜，向有良好信誉的大中型企业倾斜，同时对出口退税的程序进行分类管理，对信誉好、国家扶持的企业采取快捷便利的退税方法，对信誉差的企业采取严格的审查制度。四是进一步调整进口关税政策：不断降低进口关税税率水平，1999～2001年逐年降低关税税率，这三年的关税总水平分别为 16.7%，16.4% 和 15.3%（见第七章表 7-1）。

三、后 WTO 时期的对外贸易政策

随着 2001 年 12 月中国成功地加入了 WTO，改革开放也进入全方位宽领域时期。这一时期，中国对外贸易政策一方面需要与世贸规则保持一致，另一方面更要适应中国市场化改革的要求。中国外贸政策开始向有协调管理的一般自由贸易政策转变。

这一时期对外贸易政策的变化主要表现在以下几个方面：第一，大幅度消

减关税:"入世"以后,中国按关税减让表继续降低关税税率,到2007年中国关税算术平均税率已经降至9.8%,此后至今一直维持在这一水平(见表6-1)。

表6-1　　　　　　　　　2002~2011年中国关税下调情况表　　　　　单位:%

调整时间	算术平均税率
2002年1月1日	12.0
2003年1月1日	11.0
2004年1月1日	10.4
2005年1月1日	9.9
2006年1月1日	9.9
2007年1月1日	9.8
2008年1月1日	9.8
2009年1月1日	9.8
2010年1月1日	9.8
2011年1月1日	9.8

资料来源:中华人民共和国海关网站。

第二,取消了大部分进口配额:自2002年1月1日起,中国取消了14种商品的进口许可证管理,实行配额和进口许可证管理的商品种类从2001年的26种减少到12种[1]。汽车及其关键零部件、汽车轮胎等部分商品的许可证取消,实行配额管理。政府先后公布了《特定产品进口管理细则》、《进口配额管理实施细则》、《化肥进口关税配额管理暂行办法》和《农产品进口关税配额管理办法》等行政规定,对配额的总量、分配原则和申请程序等都作了详细的规定。

第三,调整了有关法律制度和政策措施:截至2002年年底,全国人大及其常委会制定、修改有关法律14件,国务院立、改、废行政法规共50件,停止执行有关文件34份,国务院部门规章和其他政策措施立、改、废1000多件[2]。另外,《中华人民共和国对外贸易法》于2004年7月开始实施,替代了《对外贸易法》,彻底改变了外贸经营权高度集中管理的现象,使中国的对外贸易政策更加符合市场经济体制和贸易自由化的要求。

---

[1]　数据源于http://news.xinhuanet.com/fortune/2002-02/22/content_286801.htm。

[2]　数据源于中国法制网(http://www.legaldaily.com.cn/misc/2006-12/13/content_486023.htm)。

第四，扩大进口：运用关税等调节等手段，重点鼓励先进技术和设备以及重要资源型商品进口。加大对促进进口的金融支持，全面疏通各种非关税措施，进一步开放市场，改善贸易环境。

第五，制度运行机制进行调整，增加贸易政策的透明度：根据有关贸易制度统一实施和增强透明的对外承诺，对统一实施、透明度等制度运行机制作了调整。

四、世界金融危机背景下对外贸易政策的调整

2007 年 9 月金融危机开始蔓延，由于外部市场萎缩，对外经济依存度较高的中国的出口急剧下降，与出口有关的进口和投资也迅速下滑。为了克服金融危机的负面影响，中国政府做出了迅速反应，出台了一系列的支持对外贸易发展的政策措施：

一是完善出口信用保险政策。扩大出口信用保险的覆盖率，降低出口信用保险的保险费率。建立健全出口信用保险财政风险补偿机制，对大型成套设备的出口融资保险设立专项资金安排。

二是完善出口税收政策。对于劳动密集型产品、具有优势产品和高科技产品的出口继续提供支持，严格控制高污染、高耗能和资源性产品的出口。

三是着重解决外贸企业融资难的问题。为了扩大担保机构对中小企业贸易融资的担保，中央安排资金来支持担保机构，并鼓励金融机构通过各种各样的方式为出口企业的融资提供支持，并维持人民币汇率的相对稳定。

四是进一步减轻外贸企业负担。对出口环节的各项收费进行清理，对乱收费行为进行严厉查处。对法定检验目录适时、合理地进行调整，延长刚刚列入法检目录或增补监管条件商品的过渡期。

五是完善加工贸易政策。完善加工贸易的征税措施和通关政策措施，为加工贸易的产品内销提供方便。对于符合条件的、以不作价设备出资而设立法人企业的，可根据实际情况对于补缴不作价设备的进口环节增值税和进口关税进行免除。

六是支持各类所有制企业"走出去"以带动出口，对优买和优贷项目以及资金审批程序等予以简化。

第二节　中国贸易政策制度质量定性分析

一、中国贸易政策的有效性分析

贸易政策的选择一直是一个充满争议的问题。作为一国政府，在作出贸易政策的决策时，必然要考虑这种贸易政策的成本与收益。其原则就是成本最小、收益最大。根据这一原则，似乎一国政府可以随意选择贸易政策。但事实上，政府在作出决策时还必须考虑更多的因素，如其他国家的贸易行为及对本国贸易政策的反应能力，本国经济发展的现状，以及其他国家贸易政策的扩散效应及本国的接受能力等。

（一）对贸易政策结果的评价

中国贸易政策的目标是多元、多层次的。贸易政策的根本目标是要充分利用国内外资源、国内外市场为本国经济社会发展服务，同时通过贸易不断提升中国在国际市场分工体系中的地位，改善中国在国际经贸利益分配格局中的地位，实现中国经济社会的可持续发展。具体而言，中国贸易政策的目标应该包括以下几个方面：扩大本国产品的出口市场，促进本国外贸结构和产业结构的改善，这是决定中国参与国际分工地位和利益分配格局的关键因素；积累资本或资金；维护本国对外的经济、政治关系；促进经济的发展，这既包括整体经济的迅速发展也包括区域之间的均衡发展；促进国家经济、政治和社会稳定。

改革开放以来，对外贸易政策在中国的对外贸易和经济增长中发挥了巨大的作用，基本实现了贸易政策的既定目标，具体表现在以下几个方面：

1. 促进了对外贸易的跨越式发展。

改革开放30多年来，中国的贸易政策随着改革开放的深入和经济领域的变革而不断进行调整，到接受 WTO 主导的一般自由贸易政策，特别是加入WTO 以来，中国全面履行"入世"承诺，不断提高贸易和投资的自由化、便利化，大幅降低外资的准入门槛；不断扩大包括农业、制造业和服务业在内的市场准入；不断下调关税税率，关税总水平由 2001 年"入世"时的 15.3% 降至2007 年的 9.8%，此后至今一直维持在这一水平；逐渐取消包括进口配额、许可证等在内的不符合 WTO 规则的非关税措施，促进了对外贸易的跨越式发展。

（1）促进了进出口总额的大幅度攀升。

中国进出口总额从 1978 年的 206.4 亿美元上升到 2012 年的 3.87 万亿美元，增长了 187.5 倍①，根据世界银行的数据，1979 ~ 2012 年间，中国出口贸易年平均增速为 12.45%，进口贸易年平均增速为 12.78%，都明显快于同期 GDP 年平均增长率（9.93%），见表 6 - 2。

表 6 - 2　　　　　中国进出口贸易增长速度（1978 ~ 2012 年）　　　　单位:%

年　　份	GDP（年增长速度）	出口（年增长速度）	进口（年增长速度）
1978	11.7	—	—
1979	7.6	21.13	29.19
1980	7.8	6.79	- 0.90
1981	5.2	15.36	8.09
1982	9.1	- 4.12	- 18.85
1983	10.9	- 3.14	10.00
1984	15.2	11.07	27.14
1985	13.5	1.32	50.04
1986	8.8	- 8.41	- 13.33
1987	11.6	11.99	- 6.85
1988	11.3	4.50	19.80
1989	4.1	- 3.24	- 0.44
1990	3.8	4.96	- 20.31
1991	9.2	10.65	14.65
1992	14.2	12.41	33.55
1993	14	12.87	33.50
1994	13.1	28.77	10.03
1995	10.9	8.89	13.00
1996	10	12.65	14.39
1997	9.3	22.93	11.12
1998	7.8	7.16	9.58

① 该数字没有剔除价格因素。

年 份	GDP（年增长速度）	出口（年增长速度）	进口（年增长速度）
1999	7.6	13.88	16.14
2000	8.4	32.04	24.84
2001	8.3	10.07	12.74
2002	9.1	28.06	15.58
2003	10	27.63	31.22
2004	10.1	27.33	29.91
2005	11.3	23.65	13.43
2006	12.7	23.89	16.04
2007	14.2	19.83	13.93
2008	9.6	8.41	3.79
2009	9.2	-10.32	4.15
2010	10.4	27.71	20.13
2011	9.3	8.77	4.79
2012	7.8	7.92	4.30
平均	9.93	12.45	12.78

资料来源：世界银行网站（www.worldbank.org）。

中国也是世界范围内国际贸易增长中最显眼的"亮点"，在全球贸易总量中的排名不断攀升，尤其是 2001 年加入 WTO 以来，中国在全球贸易中的排名以年升一位的速度上升，2011 年中国贸易总额的全球排名由 2001 年的第六位上升到第二位，其中出口额跃居第一位，进口额累计达到 7.5 万亿美元，居发展中国家首位；2012 年中国贸易总额一跃超过美国，成为第一国际贸易大国。中国每年平均进口 7500 亿美元的商品，为贸易伙伴创造大量的就业岗位和投资机会。另外，中国对外贸易额对全球贸易增量的贡献也非常显著。1978 年中国货物进出口额分别仅占世界货物进出口总额的 0.82% 和 0.76%，2000 年这一比例分别上升至 3.35% 和 3.86%，2009 年，虽然受金融危机的影响，对外贸易额比 2008 年下降 16% 左右，但仍超过日本和德国，成为仅次于美国的第二大贸易国。2012 年，中国货物出口占世界比重跃至 11.13%，超过美国（8.4%），成为了世界货物出口量最大的国家，见表 6 - 3。

表 6 - 3　　　　　　　世界货物贸易概括及其中国所占比重（1978~2012 年）

年　份	世界货物出口总额（亿美元）	世界货物进口总额（亿美元）	中国出口占世界比重（%）	中国进口占世界比重（%）
1978	13070	13580	0.76	0.82
1979	16590	16940	0.82	0.92
1980	20340	20750	0.89	0.96
1981	20100	20660	1.09	1.07
1982	18830	19410	1.19	0.99
1983	18460	18900	1.20	1.13
1984	19560	20140	1.34	1.36
1985	19540	20150	1.40	2.10
1986	21380	22060	1.45	1.94
1987	25160	25820	1.57	1.67
1988	28690	29640	1.66	1.86
1989	30980	32010	1.70	1.85
1990	34490	35500	1.80	1.50
1991	35160	36330	2.05	1.76
1992	37670	38820	2.25	2.08
1993	37830	38760	2.43	2.68
1994	43270	44290	2.80	2.61
1995	51660	52840	2.88	2.50
1996	54040	55460	2.80	2.50
1997	55930	57400	3.27	2.48
1998	55030	56810	3.34	2.47
1999	57140	59220	3.41	2.80
2000	64590	67250	3.86	3.35
2001	61950	64840	4.30	3.76
2002	64950	67430	5.01	4.38
2003	75890	78690	5.77	5.25
2004	92220	95710	6.43	5.86
2005	105080	108700	7.25	6.07
2006	121300	124630	7.99	6.35
2007	140230	143290	8.70	6.67
2008	161600	165710	8.85	6.83

年　份	世界货物出口 总额（亿美元）	世界货物进口 总额（亿美元）	中国出口占世界 比重（%）	中国进口占世界 比重（%）
2009	125540	127780	9.57	7.87
2010	152830	155030	10.32	9.01
2011	183190	184990	10.36	9.42
2012	184010	186010	11.13	9.78

资料来源：www.wto.org。

（2）极大地改善了中国货物贸易结构。

中国货物贸易结构发生了根本性变化，全方位和多元化进出口市场格局形成。《中国的对外贸易》白皮书指出，中国出口商品结构在 20 世纪 80 年代实现了由初级产品为主向工业制成品为主的转变，到 90 年代实现了由轻纺产品为主向机电产品为主的转变，进入 21 世纪以来，以电子和信息技术为代表的高新技术产品出口比重不断扩大。"十一五"期间工业制成品出口比重由"十五"末的 93.6% 提高到 94.8%。机电产品出口比重由 56% 提高到 59.2%。高新技术产品出口比重由 28.6% 提高到 31.2%。农轻纺等传统行业出口质量和效益稳步提升。高耗能、高污染、资源性产品出口比重由"十五"末的 6.6% 降至 5.5%。另外，中国工业制成品的出口比重从 50% 提高到 90% 仅用了大约 15 年的时间，而同一过程世界贸易却用了 100 多年的时间，这表明了中国的货物贸易结构发生了质的变化。

（3）提升了中国服务贸易的国际竞争力。

中国服务贸易的国际竞争力不断增强，2000～2012 年，中国服务贸易出口在世界服务贸易出口中的比重从 2.02% 提高到 4.38%，服务贸易进口比重从 2.45% 提高到 6.75%，见表 6 - 4。2012 年中国服务进出口总额达到 4706.03 亿美元，全球排名提升到第三位。另外，服务贸易结构渐趋优化。部分高附加值服务进出口增速迅猛。与 2011 年相比，2012 年咨询服务增长 17.8%，计算机和信息服务增长 18.2%，广告宣传增长 18.6%，金融服务增长 122.5%，专有权利使用费和特许费增长 40.1%；高附加值服务的进口同样快速增长，比如金融服务增长 158.4%，通信服务增长 38.6%，专有权利使用费和特许费增长 20.7%。运输和旅游服务占比进一步提高。2012 年，运输和旅游服务在进出口总额中的占比达到 58.8%，比上年增加 2.2 个百分点；旅游进出口总额突破了 1500 亿美元，居各类服务之首，同比增长 25.6%；运输服务进口总额达到 1247.7 亿美元，位居第二，同比增长 7.5%①。

表 6－4　　　　　　　中国服务贸易发展概况（2000~2012 年）

年　份	中国服务贸易出口额（百万美元）	占世界比重（%）	中国服务贸易进口额（百万美元）	占世界比重（%）
2000	30145.95	2.02	35857.85	2.45
2001	32901.00	2.21	39032.00	2.63
2002	39381.24	2.47	46079.60	2.95
2003	46400.92	2.51	54852.22	3.06
2004	64534.40	2.87	72189.81	3.36
2005	73909.44	2.94	83343.56	3.50
2006	91427.32	3.22	100326.62	3.77
2007	121653.66	3.56	129259.40	4.07
2008	146443.81	3.81	158003.92	4.35
2009	128526.12	3.69	158016.18	4.80
2010	161210.44	4.22	192173.67	5.32
2011	175669.68	4.13	237002.91	5.86
2012	190440.38	4.38	280163.58	6.75

资料来源：www.wto.org，比重数据由笔者计算而得。

2. 扩大内需、拉动经济增长。

改革开放以后，随着中国进出口贸易的快速扩张，进出口贸易总额和占 GDP 的比重大幅度提升，分别从 1978 年的 206.4 亿美元和 9.74% 提高到 2012 年的 38671.19 亿美元和 49.99%，进出口贸易作为需求因素在经济增长中的作用大幅度增强，成为影响国民经济增长的重要需求因素。

3. 优化了国内资源配置、提高了资源使用效率。

进出口贸易促进了中国资源从农业部门和轻工业部门向和重工业部门的转移。中国是一个劳动力充裕、资本和原料匮乏的国家，在中国出口产品中，劳动密集型的纺织产品及加工贸易品占有重要地位。这使得中国劳动力的比较优

---

① 转自中国新闻网（http://finance.chinanews.com/cj/2013/04 - 18/4743830.shtml）。

势得到了充分发挥，也使中国的生产效率得到充分提高。

4. 加快了国民经济结构的调整与优化。

对外贸易使中国及时获取了国际市场发展变化的信息，这对中国出口商品结构、消费结构和产业结构的调整都产生了积极能动的导向作用，推动了中国国内经济结构的升级和国民经济结构的优化。

5. 提供了大量的就业岗位。

据国务院发展研究中心课题组测算，在不考虑其他因素变化的情况下，外贸每增长 1 个百分点，就业将增长 1.48 个百分点。"十一五"期间，外贸直接带动就业超过 8000 万人，其中 60% 来自于农村转移劳动力。

6. 加深了中国参与国际分工的程度。

对外贸易加深了中国参与国际分工的程度，从产业间分工逐渐发展到产业内分工再发展到产品上分工。改革开放初期，中国主要用初级产品换取工业制成品，与发达国家呈现"垂直型"的产业间分工状态。随着中国制造业的发展和竞争能力的提高，逐步形成了中国出口低档的、低附加值的劳动密集型产品，进口高档的、高附加值的资本、技术密集型产品的产业内贸易的局面。随着加工贸易逐渐成为中国的主要贸易方式，中国已经逐渐实现国际产品上的分工，只不过仍只处于低端的加工装配环节。

（二）对贸易政策成本的评价

贸易政策成本指的是贸易政策的制定和实施给宏观经济运行带来的风险和损失，中国外贸政策成本主要表现在以下几个方面：

1. 对外贸易对中国环境带来了负面影响。

中国对外贸易的迅速发展给中国的生态环境带来了一系列的负面影响。

（1）贸易通过进口带来的生物入侵。

生物入侵问题随着中国对外贸易的发展变得越来越严峻，其所引发的生物灾害和生物安全问题也不断凸显。目前入侵到中国的外来物种高达 400 多种，包括危害较大的有 100 多种。在世界自然保护联盟公布的全球 100 种最具威胁的外来物种中，中国就有 50 余种。据农业部的最新统计，近年来入侵中国的外来生物正呈现出传入数量增多、传入频率加快、蔓延范围扩大、发生危害加剧、经济损失加重等不良趋势。近 10 年来，新入侵中国的外来生物达 20 余种，平均每年递增 1~2 种。中国已经成为遭受外来入侵生物危害最严重的国家之一①。

（2）贸易通过产品生产和出口带来的环境问题。

随着中国对外贸易和招商引资的不断发展，发达国家的外商投资企业通过投资于污染密集型行业不断地将有害废物向中国转移，危险废物的跨境转移给中国生态环境带来了严重危害。此外，过度出口造成了对中国资源的掠夺性开采，造成了工业废水、废气和固体废弃物的巨额排放，中国能源的碳密度远高于其他发达国家和地区，见表6-5。

表6-5　　　　　　　　不同国家和地区单位能耗的排碳量

国　　家	能源的碳密度
美国	15.22
欧盟	14.04
英国	14.93
日本	14.42
中国	20.45
印度	18.66
世界	15.67

资料来源：转自徐慧：《中国进出口贸易的环境成本转移》，载《世界经济研究》2010年第1期。

（3）贸易通过运输对环境资源造成的影响。

对外贸易的迅速发展要求配套运输的不断跟进，而大部分运输工具所需要的动力能源是矿物燃料，这些燃料的开采和加工会加剧空气和水的污染，而这些燃料本身也属于不可再生资源。另外，在运输的过程中运输工具还会产生噪声污染、向大气和水体排放污染物等。最后，铁路和公路的建设也会使土地资源和深层土壤结构受到影响。

（4）贸易带来的消费性污染。

消费性污染主要是进口国的消费者消费进口产品而给环境带来的污染。对外贸易的发展和经济的增长提高了人们的生活水平，使消费者消费的选择更加多元化；但同时也带来了消费性污染——因消费而导致的包装污染、残余污

---

① 转引自《全球100种最具威胁的外来物种中国占一半》，http://www.gov.cn/ztzl/2005-11/21/content_105265.htm。

染、废弃污染也正演绎成当今消费污染的三大污染源。处理这些污染垃圾需要大量的成本，有时又产生新的污染，从而造成了环境污染恶性循环。

2. 巨额的国际贸易顺差加大了人民币升值压力。

巨额的贸易顺差为中国带来了巨额的外汇储备，在有管理的浮动汇率制度下，中国外汇市场的供给大于需求，巨额的贸易顺差导致了人民币需求增加，进而给人民币带来了升值压力。另一方面，人民币升值的预期又会加大外资的不断流入和贸易顺差的进一步扩大，反过来进一步增强了人民币升值的压力。

3. 导致贸易摩擦升级。

面对中国对外贸易的迅速发展以及长期的贸易顺差，贸易伙伴国不断采取各种保护性措施限制中国对其的出口，保护其国内产业的发展，使得中国与贸易伙伴国的贸易摩擦不断升级。自中国加入 WTO 至 2012 年年底，中国遭受国外贸易救济调查案件高达 842 起，涉案金额高达 736 亿美元①，连续成为全球遭遇反倾销调查最多的国家，连续 6 年成为全球遭遇反补贴调查最多的国家。近年来，美欧等国与中国在自主创新政策、知识产权保护等制度方面的摩擦也不断增加。

4. 贸易带来的收入差距增大。

根据世界银行的报告，中国的收入差距在不断扩大，在 20 世纪 80 年代初中国的基尼系数为 0.291，90 年代初期为 0.3248，而到了 21 世纪初就已经突破了国际警戒线水平，达到了 0.426 的水平（见表 6 - 6），中国的收入差距问题虽然是由多方面的原因造成的，但对外贸易的发展加大了教育和技能回报率的差异，因此成为收入差距不断扩大的一个非常重要的原因。改革开放以来，我国东部地区的发展速度远远快于中西部地区的主要原因便是东部地区在对外贸易方面尤其是出口贸易走在了前列，作为经济增长的引擎，东部地区的对外贸易带动了其经济的快速发展。而中西部地区由于受所处的位置、交通以及制度等各方面因素的约束，对外贸易无论是在规模上还是在水平上都远远落后于东部地区，因而导致了东西部地区的收入差距不断扩大。

---

① 数据引自人民网（http://finance.people.com.cn/n/2013/0409/c70846 - 21063077.html）。

表 6 – 6　　　　　　　　　中国的基尼系数（1981～2005 年）

年份	1981	1984	1987	1990	1993	1996	2002	2005
基尼系数	0.2911	0.2769	0.2985	0.3243	0.355	0.357	0.4259	0.4248

注：其他年份的基尼系数，世界银行没有列出。

资料来源：世界银行网站（www.worldbank.org）。

（三）对中国贸易政策有效性的初步评价

对贸易政策有效性的评价应该既考虑贸易政策的成本，又要考虑贸易政策的结果。在新中国成立初期到改革开放期间，鉴于当时的大环境，中国采取了相对封闭的贸易政策，极大地限制了微观经济主体的能动性和创造性的发挥，因此，当时的贸易政策是低效的。改革开放以来，中国政府展开了以产权改革为重心的市场化改革，大大提高了贸易政策的效率，作为中国整体经济政策的一个重要组成部分，中国贸易政策虽然带来了生态环境恶化、人民币升值压力加大、收入差距拉大等多方面的负面影响，但其同时也促进了对外贸易的跨越式发展，极大地推动了中国的经济增长，同时改善了中国的国民经济结构，加深了中国参与国际分工的程度，优化了国内的资源配置、提高了资源的使用效率。综合考虑贸易政策的成本和结果，笔者认为中国现行的贸易政策整体上是有效的。

二、中国贸易政策的稳定性分析

一个完整的政策稳定性评价框架应该包括政府对政策的承诺、政策的波动性以及政策的一致性三个方面（Borja，2005），但是政策的一致性标准具有很强的主观性，且缺乏统一的界定标准和衡量指标，因此本书将主要从政府对政策的承诺和政策的波动性两个方面来考察中国自 1995 年以来的贸易政策的稳定性①。

（一）政府对政策的承诺

政策承诺主要指宣布一项政策后政府对该项政策的维持能力。政府通过不

---

① 本研究以 1995 年为起始年限一方面是受数据可得性的限制；另一方面是因为从 1995 年中国正式进入了"入世"谈判阶段，这给中国贸易政策的调整带来了深远影响。

同程度的承诺来支持贸易改革，而这些承诺则表明他们愿意且有能力进行这项改革。一国政府对贸易政策的承诺程度体现了该国贸易政策的稳定程度，也表明了其贸易改革的可信度。一个可用来测量政府对政策承诺的方法是通过观察自由化政策的逆转模式，政策如果在短期内就被逆转，表明承诺较弱。但这种方法具有一定的主观性，很大程度上是基于国内专家的判断。凯尔沃和瑞恩哈特（Calvo & Reinhart，2002）使用了一种相对客观的方法：如果所观察变量的一阶差分落在了在一个特定的门槛值之外，则认为是政策的逆转。波吉亚（Borja，2005）在此基础上将贸易政策的逆转定义为：当观察值的一阶差分落在了一个标准差带之外且其随后的一个观察值跨越了零刻度线，则表明了政策方向的改变。本书借鉴波吉亚的方法对中国贸易政策的逆转进行考察[①]，见图6－1。

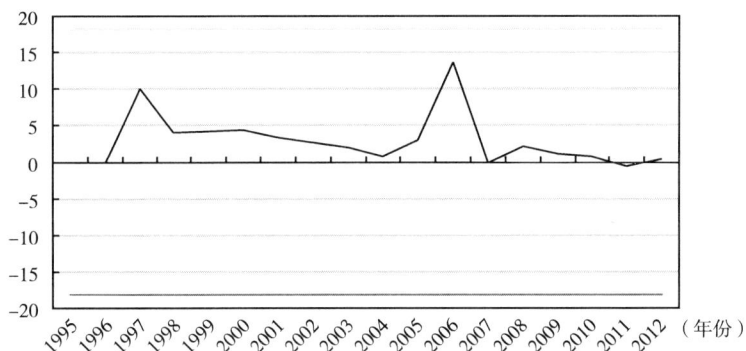

图 6 - 1　中国贸易政策指数的一阶差分（1995～2012 年）

由图 6 - 1 可以看出，自 1995 年以来，中国贸易政策的一阶差分都落在了一个标准差带的范围之内，因此在 1995～2012 这 18 年间，中国没有政策发生逆转，表明了中国政府对贸易政策的承诺较强。

（二）　贸易政策的波动性考察

贸易政策的波动性是指在大的贸易政策方向不发生变化时，政策内部各要素的调整，它是贸易政策面临外界变化时的一种弹性自我调适。政策的波动和政府对政策承诺不同，政府对政策的承诺测度的是政策的方向是否发生改变，

----

① 对中国贸易政策稳定性的指标数据详见本章的第三节。

而波动讨论的是当政策方向不发生变动时，政策自身的调整所产生的波动。

在衡量政策波动性方面有两种方法：一种是使用贸易政策指标的实际值与预期值偏离的绝对值来衡量，这种方法比较适合于时间序列分析。另一种是选取不同界面（一般是 3 年或 5 年）计算原始数据的变异系数（Berggren，2012），这种方法适合于面板数据分析。笔者将分别采用这两种方法来考察和评价中国现行贸易政策的波动性（见图 6 - 2 和图 6 - 3）。

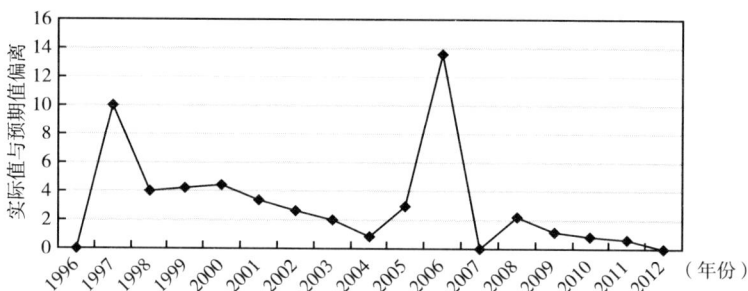

图 6 - 2　中国贸易政策的波动性（1）

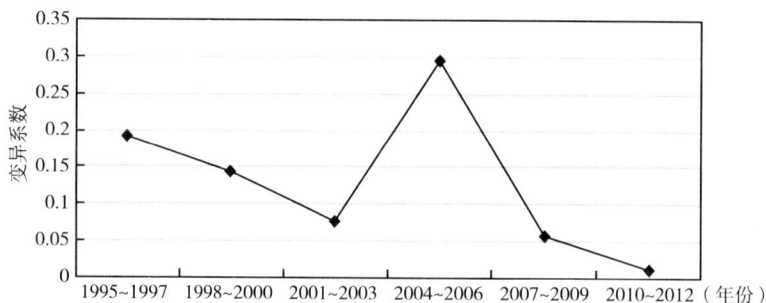

图 6 - 3　中国贸易政策的波动性（2）

图 6 - 2 和图 6 - 3 描绘了 1995 ~ 2012 年 18 年来中国贸易政策的波动性，且两图在体现政策波动性方面的作用基本是一致的。由图 6 - 2 和图 6 - 3 可知中国贸易政策总体上保持了相对稳定，但在 1995 ~ 1997 年以及 2004 ~ 2006 年两个时间段出现了较大波动性。中国的贸易政策为什么在这两个时间段出现较大的波动性呢？经过分析，我们认为：第一个阶段出现较大的波动性一方面是因为新一轮的改革开放推动中国的外贸体制向社会主义市场经济体制和国际贸易规范方向转移，另一方面是因为中国要为加入 WTO 做好各项准备；因此中国的外贸政策在这一时期发生了重大的变化，主要表现为多次大幅度自主降低

关税和减少非关税壁垒，实行更加自由而开放的贸易政策。第二个阶段出现较大的波动性是因为中国为了履行加入 WTO 的承诺。按照"入世"承诺，中国工业品的平均关税要降至 8.9%，农业产品的平均关税将降至 15%，信息技术产品关税最迟于 2005 年被取消；同时，2005 年以前还要取消招标要求、进口许可证要求以及所有的进口配额。

从对中国外贸政策 60 年的变迁历程可以看出中国的外贸政策由新中国成立初期的保护性贸易政策逐渐转变为现在的有协调管理的一般自由贸易政策，这是贸易政策适应外界经济大环境变化的结果，但从上面的图形分析来看，在"协调管理的一般自由贸易政策"的大原则下，中国现行的贸易政策保持了相对稳定。

第三节 中国贸易政策制度质量经验分析

本节将从实证的角度来检验中国贸易政策的制度质量，首先对中国现行贸易政策的有效性和稳定性分别进行检验，然后将有效性与稳定性整合于一体，建立一个有效性与稳定性统一的制度质量分析框架。

一、中国贸易政策的有效性考察

根据第四章贸易政策有效性的评价标准可知对贸易政策有效性的评价可以从其结果、成本和效益等方面进行评价，鉴于数据的可得性，本部分将主要从贸易政策的结果进行分析和评价，从中国现行贸易政策的出口效应方面来探讨其有效性。

改革开放 30 多年来，中国的贸易政策随着改革开放的深入和经济领域的变革而不断地进行调整，从有管制的开放式贸易保护政策逐渐过渡到目前的接受 WTO 主导的自由贸易政策，促进了对外贸易的飞速发展，进出口总额从 1978 年的 206.4 亿美元上升到 2012 年的 3.87 万亿美元，增长了 187 倍（见表 6 - 7）。对外贸易已经成为推动中国经济增长的重要动力之一。

表 6 - 7   1978 ~ 2012 年中国出口额和对外贸易额   单位：亿美元

年　份	中国对外贸易总额	出口总额
1978	206. 4	97. 5
1979	293. 3	136. 6
1980	381. 4	181. 2
1981	440. 3	220. 1
1982	416. 1	223. 2
1983	436. 2	222. 3
1984	535. 5	261. 4
1985	696	273. 5
1986	738. 5	309. 4
1987	826. 5	394. 4
1988	1027. 9	475. 2
1989	1116. 8	525. 4
1990	1154. 4	620. 9
1991	1357. 0	719. 1
1992	1655. 3	849. 4
1993	1957. 0	917. 4
1994	2366. 2	1210. 1
1995	2808. 6	1487. 79
1996	2898. 8	1510. 5
1997	3251. 6	1827. 9
1998	3239. 5	1837. 1
1999	3606. 3	1949. 3
2000	4742. 9	2492. 03
2001	5096. 5	2661. 0
2002	6207. 7	3255. 96
2003	8509. 9	4382. 3
2004	11545. 5	5933. 26
2005	14219. 1	7619. 53
2006	17604. 4	9689. 36
2007	21765. 7	12200. 60
2008	25632. 6	14306. 93
2009	22075. 4	12016. 47
2010	29740	15777. 64
2011	36418. 6	18983. 88
2012	38667. 6	20498. 3

资料来源：《中国统计年鉴》（1978 ~ 2012，历年）。

中国也是世界范围内国际贸易增长中最显眼的"亮点"，在全球贸易总量中的排名不断攀升。目前中国在全球贸易总量中的排名已经由 1978 年的第 32 位上升到 2012 年的第 1 位。

诺思（1990）认为，在一个不确定的世界里，市场的有效性决定了交易效率的高低，而市场的有效性依赖于制度环境，从而贸易的迅速发展离不开制度环境的改善。和国内贸易相比，国际贸易的交易费用更高，因为有诸如关税、运输费用和手续费等成本的存在。高有效性的贸易政策可以减少对外贸易商所面临交易的不确定性进而降低交易的成本，增加人们从专业化分工和对外贸易中获取的利益，因此是贸易促进型的。本部分将采用扩展的引力模型，把贸易政策的有效性纳入到模型之中，分析中国贸易政策的有效性对中国与 97 个国家或地区出口贸易的影响。

（一）变量说明和数据来源

1. 被解释变量——中国对世界 97 个国家或地区的出口额（EXPORT）。

该数据来源于联合国贸易统计库（http：//comtrade. un. org），在实际使用中取其对数值，即使用 LnEXPORT 作为被解释变量。

2. 贸易政策的有效性（INSTI）。

和第五章类似，本章仍然使用经济自由度指数项下的中国贸易自由度子指标来作为中国贸易政策有效性的代理指标。

经济自由度指数是由美国传统基金会和《华尔街日报》联合发布的年度报告。是全球比较权威的评价经济自由度的指标之一。2012 年的年度报告涵盖了世界上 184 个国家或地区，是涵盖范围最广的经济自由度指数。经济自由度指数从企业运营自由度、贸易自由度、财政自由度、政府支出、货币自由度、投资自由度、金融自由度、知识产权、政府廉洁度、劳工自由度 10 个指标来考察一国或地区的经济自由度。贸易自由度指数是对贸易政策的衡量，其中包括加权平均关税、非关税壁垒和海关腐败三个子指标，贸易自由度指数是对这三个子指标的综合评价，其分值范围为 ［0～100］ 分，分值越高，表明一国的贸易越自由，反之相反。

3. 控制变量。

（1）中国的国内生产总值（GDPC）。

弗兰克尔、罗默（1999）认为如果一国的经济增长强劲，那么其对外贸易也会迅速扩张。因此笔者使用中国的 GDP 水平作为其中的一个控制变量。在实际应用中，对中国的 GDP 取对数，即使用 LnGDPC 作为控制变量，预期其系数符号为正。

（2）出口目的国的国内生产总值（GDPI）。

出口目的国的国内生产总值反映了该国或地区的进口需求能力，一般而言，一国的经济规模总量越大，潜在的进口能力也就越大，在实际应用中，对出口目的国的 GDP 取对数，即使用 LnGDPI 作为控制变量，预期其系数符号为正。

（3）中国与出口目的国的人均 GDP 之差（PGDP）。

中国与出口目的国的人均 GDP 之差反映了由人均收入水平决定的双方需求水平的接近程度。根据瑞典经济学家林德尔的"偏好相似理论"，作为国内贸易的延伸，两国之间的贸易量的大小取决于两国需求结构的接近程度，而两国的需求偏好是否相似又取决于两国的收入水平是否接近。两国的人均收入水平越接近，其需求结构就越相似，重叠需求就越多，两国之间进行贸易的基础就越雄厚。该值越小说明两国的代表性需求越容易发生重叠，于是在两国之间发生产业内贸易的可能性就越大。在实际应用中，笔者对 PGDP 取对数，即使用 LnPGDP 作为控制变量，预期其系数符号为负。

（4）中国与出口目的国之间的距离（DIST）。

中国与出口目的国之间的距离（DIST）通常代表运输成本的高低，一般而言，两国距离越远，运输成本越高，进而两国之间的贸易量就越小，预期符号为负。在实际应用中，笔者对 DIST 取对数，即使用 LnDIST 作为控制变量，预期其系数符号为负。

（5）中国与出口目的国是否拥有共同的边界（BORDER）。

BORDER 为虚拟变量，表示中国与出口目的国是否拥有共同的边界，如果是，则值取 1，否则值便取 0。当两国拥有共同的边界时，贸易成本将大幅度下降，双边贸易流量因而会明显增加，预期其系数符号为正。

（6）中国与出口目的国是否拥有共同的官方语言（COMLANG）。

COMLANG 为虚拟变量，表示中国是否与出口目的国拥有共同的官方语言，如果是，则值取 1，否则值便取 0。当中国与出口目的国拥有共同的语言时，会降低双方的交易成本，双边贸易流量会上升，预期其系数符号为正。

以上各控制变量中，中国的国内生产总值（GDPC）、出口目的国的国内生产总值（GDPI）以及中国与出口目的国的人均 GDP 之差（PGDP）的数据来源于世界银行 www. worldbank. org 网站；中国与出口目的国之间的距离、中国与出口目的国是否拥有共同的边界（BORDER）以及中国与出口目的国是否拥有共同的官方语言（COMLANG）的数据来源于 CEPII 网站。

（二）样本

本研究选取了占中国出口总额90%以上的 97 个国家和地区作为中国的出口目的国或地区，由于贸易自由度指数自 1995 年起开始公布，另外为了保持前后分析的一致性，本研究选取 1997 ~ 2011 年这 15 年的样本数据，这样，本研究的实际观测样本容量为 15 × 97 = 1455 个观测值。

（三）模型设定

最基本的国际贸易引力模型的自然对数形式一般表述为如下形式：

$$LnTRADE_{ij} = \beta_0 LnY_i + \beta_1 LnY_j + \beta_2 LnDIST_{ij} + \mu_{ij} \qquad (6.1)$$

根据本书的研究目的，通过逐渐引入新的解释变量，将原始的国际贸易引力模型进行扩展，得到扩展的引力模型，方程如下：

$$LnEXPORT_{cit} = \beta_0 \ln GDP_{ct} + \beta_1 \ln GDP_{it} + \beta_2 \ln DIST_{ci} + \beta_3 \ln PGDP$$
$$+ \beta_4 COMLANG + \beta_5 BORDER + \xi_i + \mu_{it} \qquad (6.2)$$

$$LnEXPORT_{cit} = \beta_0 LnGDP_{ct} + \beta_1 LnGDP_{it} + \beta_2 LnDIST_{ci} + \beta_3 LnPGDP$$
$$+ \beta_4 COMLANG + \beta_5 BORDER + \beta_6 INSTI_c + \xi_i + \mu_{it}$$

$$\qquad (6.3)$$

其中 β_i 为估计系数；假定 $\xi_i \sim i.i.d\ (0,\ \sigma_\xi^2)$，$\mu_{it} \sim i.i.d\ (0,\ \sigma_\mu^2)$，$E(\xi_i \mu_{it}) = 0$，$i$ 和 t 分别表示地区和时间下标。$i = 1、2、\cdots、97；t = 1、2、\cdots、15$。

（四）模型估计结果

对上述模型进行估计，结果见表 6 - 8。

表 6 - 8   中国贸易政策的有效性

LnEXPORT	（1）	（2）	（3）
C	− 6. 354 **	− 8. 951 ***	− 4. 074 ***
LnGDPC	1. 070 ***	1. 083 ***	0. 424 ***
LnGDPI	0. 864 ***	0. 884 ***	0. 885 ***
LnDIST	− 0. 870 ***	− 0. 584 ***	− 0. 585 ***
LnPGDP		− 0. 044 ***	− 0. 045 ***
COMLANG		1. 975 ***	1. 978 ***
BORDER		0. 502 ***	0. 500 ***
INSTI			0. 032 ***
样本数	1455	1455	1455
$\overline{R}^2$	0. 87	0. 89	0. 90

注：*** 、** 、* 分别表示在 1% 、5% 、10% 的水平上显著。

表 6 - 8 中的第一列为基准引力模型的估计结果，第二列为引入了 LnPGDP、COMLANG 和 BORDER 三个解释变量之后的扩展引力模型（6.2）的估计结果，第三列为在扩展引力模型（6.2）的基础上加入变量 INSTI 后的扩展引力模型（6.3）的估计结果。

通过观察这三列，可以发现：

（1）LnGDPC、LnGDPI 在三个模型中的系数均为正，且都在 1% 的水平上显著，LNDIST 在三个模型中的系数均为负，和预期符号相符，且都在 1% 的水平上显著，这表明中国对目的国的出口额在经验上与国际贸易引力模型理论完全相符。

（2）LnPGDP 的系数在第二列和第三列中均为负，和预期符号相符，且都在 1% 的水平上显著，这说明中国对目的国的出口符合林德尔的 "需求偏好相似理论"，同时也说明了产业内贸易在中国对外贸易中占据重要的位置。

（3）COMLANG 和 BORDER 的系数在三列中均为正，和预期符号相符，且都在 1% 的水平上显著，这表明拥有相同的官方语言和拥有共同的边界都能大幅度降低贸易成本，提高交易效率。

（4）最后观察本研究最关注的变量 INSTI，发现其系数为 0.032，在 1% 的水平上显著为正，这说明中国贸易政策的有效性对贸易有显著的正向拉动作用，贸易自由度越高，对外贸易商所面临交易的不确定性进而交易成本就越低，因此对外贸易就越活跃。贸易自由度越低，掠夺行为就越严重，合同的执行也就会越不完全，进而对对外贸易就越有害，因为它增加了对外贸易的成本和风险。

（5）将第二列和第三列进行比较，可以发现在方程中加入 INSTI 变量以后，除了 LnGDPC 之外的其他几个变量的系数几乎没有变化，LnGDPC 的系数变动较大，由原来的 1.083 下降为 0.424，这说明中国经济增长对出口增长的强劲促进作用有一部分需要归功于贸易政策的有效性，也即是贸易政策有效性的发挥一方面表现为对贸易的直接促进作用，另一方面则表现为对贸易的间接促进作用，即通过促进经济增长而促进对外贸易。为了进一步验证这一点，可以将扩展引力模型（6.3）中的 LnGDPC 变量删除，来观察 INSTI 系数的变动情况（见表6－9）。在将 LnGDPC 变量从模型（6.3）中删除后，笔者发现 INSTI 的系数由原来的 0.032 提高到了 0.050，这充分说明了贸易政策对贸易的促进作用有一部分是通过促进经济增长而间接发挥的。

表 6－9　　　　　　　　　　　　中国贸易政策的有效性

LnEXPORT	（1）	（2）	（3）	（4）
C	－ 6.354 **	－ 8.951 ***	－ 4.074 ***	－ 0.884 ***
LnGDPC	1.070 ***	1.083 ***	0.424 ***	
LnGDPI	0.864 ***	0.884 ***	0.885 ***	0.886 ***
LnDIST	－ 0.870 ***	－ 0.584 ***	－ 0.585 ***	－ 0.584 ***
LnPGDP		－ 0.044 ***	－ 0.045 ***	－ 0.043 ***
COMLANG		1.975 ***	1.978 ***	1.975 ***
BORDER		0.502 ***	0.500 ***	0.503 ***
INSTI			0.032 ***	0.050 ***
样本数	1455	1455	1455	1455
$\bar{R}^2$	0.87	0.89	0.90	0.90

注：***、**、*分别表示在1%、5%、10%的水平上显著。

二、中国贸易政策的稳定性考察

贸易政策的稳定性在一定程度上体现了贸易政策执行主体对贸易政策的认同和接受程度，因此贸易政策的稳定性是贸易政策得以有效执行的前提条件之一。有效的贸易政策是贸易促进型的，然而，一般来说，要提高贸易政策的有效性，一国必须经历一系列的政策改革和由此产生的一段时期的政策不稳定。政策改革和因此产生的政策不稳定会对一国的对外贸易产生一定的影响。贸易政策的改革有可能是正向的，即政策改革反映的是对不断变化环境的适应，也有可能是负向的，即使是对对外贸易和长期经济增长都有利的正向政策变革，在短期内也可能会因为政策的不稳定而产生阻碍对外贸易发展的转型成本。

本部分将继续采用扩展的引力模型，把贸易政策的稳定性纳入到模型之中，分析中国贸易政策的稳定性对中国与世界 97 个国家或地区的出口贸易的影响。

（一）变量说明和数据来源

1. 贸易政策的稳定性 STAB。

如前所述，贸易政策的稳定性较难测量，一个完整的政策稳定分析框架应该包括政策的波动性、政府的承诺以及政策的一致性三个方面（Borja，2005），但是由于对政策一致性的判定具有很强的主观性，另外在我们所考察的时间区间，贸易政策并没有发生逆转，因此本文将针对贸易政策的波动性对我国出口贸易的影响进行分析。鉴于本节所使用的数据为面板数据，因此借鉴伯格伦（Berggren，2012）的方法，使用贸易政策制度有效性的变异系数或称标准差率来作为贸易政策稳定性的代理指标。变异系数描述的是偏移量与均值之间的关系。变异系数越大，说明偏移的越厉害，因此贸易政策有效性的变异系数越大，则说明政策的稳定性越差，值越小，表明政策的稳定性越好。由于贸易政策的不稳定性不利于人们形成对未来交易的预期，进而会增加交易中的不确定性，因此即使是对长期贸易发展有利的贸易政策变革，在短期内也可能会因为政策的不稳定性产生阻碍贸易发展的转型成本，因此预期贸易政策稳定性 STAB 的系数为负。

贸易政策有效性的原数据仍然来源于经济自由度指数项下的贸易自由度子指标，但使用 1997～2011 年平均每 3 年的数据来计算中国贸易政策的变异系数。

2. 控制变量。

控制变量的选取及数据来源与贸易政策的有效性部分相同，不同的是与贸易政策的稳定性数据相对应，使用 1997～2011 年平均每 3 年的数据。

（二）样本

本研究选取了占中国出口总额 90% 以上的 97 个国家和地区作为中国的出口目的国或地区，虽然贸易自由度指数自 1995 年起开始公布，但为了计算贸易政策变异系数的需要，使用平均每 3 年的数据，因此选取时间范围为 1997~2011 年，这样可以构成 5 组有效的时间区间。本部分的实际观测样本容量为 5×97 = 485 个观测值。

（三）模型设定

最基本的国际贸易引力模型的自然对数形式一般表述为如下形式：

$$LnTRADE_{ij} = \beta_0 LnY_i + \beta_1 LnY_j + \beta_2 LnDIST_{ij} + \mu_{ij} \qquad (6.4)$$

根据本书的研究目的，通过逐渐引入新的解释变量，将原始的国际贸易引力模型进行扩展，得到扩展的引力模型，方程如下：

$$
\begin{aligned}
LnEXPORT_{cit} = {} & \beta_0 LnGDP_{ct} + \beta_1 LnGDP_{it} + \beta_2 LnDIST_{ci} + \beta_3 LnPGDP \\
& + \beta_4 COMLANG + \beta_5 BORDER + \xi_i + \mu_{it} \qquad (6.5)
\end{aligned}
$$

$$
\begin{aligned}
LnEXPORT_{cit} = {} & \beta_0 LnGDP_{ct} + \beta_1 LnGDP_{it} + \beta_2 LnDIST_{ci} + \beta_3 LnPGDP \\
& + \beta_4 COMLANG + \beta_5 BORDER + \beta_6 STAB_c + \xi_i + \mu_{it} \quad (6.6)
\end{aligned}
$$

其中 β_i 为估计系数；假定 $\xi_i \sim i.i.d\ (0,\ \sigma_\xi^2)$，$\mu_{it} \sim i.i.d\ (0,\ \sigma_\mu^2)$，$E(\xi_i\mu_{it}) = 0$，$i$ 和 t 分别表示地区和时间下标。$i = 1、2、\cdots、97$；$t = 1、2、\cdots、5$。

（四）模型估计结果

对上述模型进行估计，结果见表 6-10。

表 6-10　　　　　　　　　中国贸易政策的稳定性

LNEXPORT	（1）	（2）	（3）
C	2.618 ***	-0.375	2.209 ***
LNGDPC	0.088 ***	0.087 ***	0.044 ***
LNGDPI	0.918 ***	0.897 ***	0.883 ***
LNDIST	-0.800 ***	-0.505 ***	-0.570 ***

续表

LNEXPORT	（1）	（2）	（3）
LNPGDP		− 0.047	− 0.039 *
COMLANG		1.829 ***	1.957 ***
BORDER		0.624 ***	0.511 ***
STAB			− 17.010 ***
样本数	485	485	485
$\overline{R}^2$	0.79	0.81	0.90

注：*** 、** 、* 分别表示在1%、5%、10%的水平上显著。

表6 – 10 中第一列为基准引力模型的估计结果，第二列为引入了 LnPGDP、COMLANG 和 BORDER 三个解释变量之后扩展引力模型（6.5）的估计结果，第三列为在扩展引力模型（6.5）的基础上加入 STAB 后的扩展引力模型（6.6）的估计结果。

通过观察这三列，可以发现：

（1）LnGDPC、LnGDPI 在三个模型中的系数均为正，且都在1%的水平上显著，LNDIST 在三个模型中的系数均为负，和预期符号相符，且都在1%的水平上显著，这表明中国对目的国的出口额在经验上与国际贸易引力模型理论完全相符。

（2）LnPGDP 的系数在第二列和第三列中均为负，和预期符号相符，虽然在第二列中该变量不具有统计意义上的显著性，但在第三列又在10%的水平上显著，这说明中国对目的国的出口基本符合林德尔的"需求偏好相似理论"，同时也说明了产业内贸易在中国对外贸易中占据重要的位置。

（3）COMLANG 和 BORDER 的系数在三列中均为正，和预期符号相符，且都在1%的水平上显著，这表明拥有相同的官方语言和拥有共同的边界都能大幅度降低贸易成本，提高交易效率。

（4）最后观察本书最关注的变量 STAB，发现其系数为 − 17.010，且在1%的水平上显著，这说明 STAB 值越小，政策的稳定性越好，对出口就越有利，即贸易政策的稳定性对贸易发展具有促进作用。贸易政策的稳定性之所以重要，是因为政策多变意味着约束多变、信息多变、激励多变，意味着人们将无所适从。而具有稳定性的贸易政策能使人们形成对未来国际交易的稳定预期，从而达到减少交易不确定性的目的。另外，本书还发现在模型中加入

STAB 变量后，LNGDPC 的系数变动较大，由原来的 0.084 下降为 0.044，这说明中国经济增长对出口增长的强劲促进作用有一部分需要归功于贸易政策的稳定性，也即是贸易政策稳定性作用的发挥一方面表现为对对外贸易的直接促进作用；另一方面则表现为对对外贸易的间接促进作用，即是通过促进经济增长进而促进对外贸易。

三、中国贸易政策的制度质量考察

从政策变革的角度来看，政策的有效性与稳定性是一个有机的整体。稳定性是有效政策的主要特性，是政策存在的理由，因为政策多变意味着约束多变、信息多变、激励多变，意味着人们将无所适从。而具有稳定性的政策能使人们形成对未来的稳定预期，从而达到减少生活不确定性的目的。人类的社会生活无法在缺乏稳定性秩序的社会中进行，政策存在的理由便是政策的稳定性功能。

政策的稳定性是以有效性为基础的，只是出于对更有效政策的追求，政策创新的过程才得以产生。作为微观主体的行为准则和规范，政策是现实的和具体的。经济主体一方面需要政策的稳定性，但另一方面又有可能被政策的稳定性所困扰。原因在于随着外在条件和环境的变化，原有的政策会逐渐失去原有的功能，这样原来有效的政策就会变成了现在低效的政策。这就要求人们去采取行动，来打破或者改变旧的政策，制定和实施新的政策，也即是政策变革的过程。

本部分将继续采用扩展的引力模型，把中国现行贸易政策的有效性与稳定性整合于一体，同时纳入模型，建立一个有效性与稳定性统一的制度质量分析框架，分析贸易政策制度质量的二维属性怎样同时影响中国对外贸易的发展。

（一）变量说明和数据来源

1. 贸易政策的有效性（INSTI）。

贸易政策的有效性维度的数据说明与前面相同，源数据仍然来源于经济自由度指数项下的贸易自由度子指标，不同的是，本部分使用 1997 ~ 2011 年平均每 3 年的数据来计算中国贸易政策的有效性，以便和贸易政策的稳定性相统一。

2. 贸易政策的稳定性（STAB）。

贸易政策的稳定性维度的数据说明与前面相同，源数据仍然来源于经济自由度指数项下的贸易自由度子指标，同样使用 1997～2011 年平均每 3 年的数据来计算中国贸易政策有效性的变异系数，作为中国贸易政策稳定性的代理指标。

3. 控制变量。

控制变量的选取及数据来源与贸易政策的有效性部分相同，不同的是使用 1997～2011 年平均每 3 年的数据。

（二）样本

本研究选取了占中国出口总额 90% 以上的 97 个国家和地区作为中国的出口目的国或地区，虽然贸易自由度指数自 1995 年起开始公布，但为了计算贸易政策变异系数的需要，使用平均每 3 年的数据，因此选取时间范围为 1997～2011 年，这样可以构成 5 组有效的时间区间。本部分的实际观测样本容量为 $5 \times 97 = 485$ 个观测值。

（三）模型设定

最基本的国际贸易引力模型的自然对数形式一般表述为如下形式：

$$LnTRADE_{ij} = \beta_0 LnY_i + \beta_1 LnY_j + \beta_2 LnDIST_{ij} + \mu_{ij} \tag{6.7}$$

根据本书的研究目的，通过逐渐引入新的解释变量，将原始的国际贸易引力模型进行扩展，得到扩展的引力模型，方程如下：

$$LnEXPORT_{cit} = \beta_0 LnGDP_{ct} + \beta_1 LnGDP_{it} + \beta_2 LnDIST_{ci} + \beta_3 LnPGDP$$
$$+ \beta_4 COMLANG + \beta_5 BORDER + \xi_i + \mu_{it} \tag{6.8}$$

$$LnEXPORT_{cit} = \beta_0 LnGDP_{ct} + \beta_1 LnGDP_{it} + \beta_2 LnDIST_{ci} + \beta_3 LnPGDP$$
$$+ \beta_4 COMLANG + \beta_5 BORDER + \beta_6 INSTI_c + \beta_7 STAB + \xi_i + \mu_{it}$$
$$\tag{6.9}$$

其中 β_i 为估计系数；假定 $\xi_i \sim i.i.d\ (0, \sigma_\xi^2)$，$\mu_{it} \sim i.i.d\ (0, \sigma_\mu^2)$，$E(\xi_i \mu_{it}) = 0$，$i$ 和 t 分别表示地区和时间下标。$i = 1$、2、…、97；$t = 1$、2、…、5。

（四）模型估计结果

对上述模型进行估计，结果见表 6 - 11。

表 6 - 11　　　　　　　　　中国贸易政策的有效性与稳定性

LnEXPORT	（1）	（2）	（3）	（4）	（5）
C	2.618 ***	- 0.375	- 0.700	2.209 ***	- 1.312
LnGDPC	0.088 ***	0.084 ***	0.039 **	0.044 ***	0.055 *
LnGDPI	0.918 ***	0.897 ***	0.881 ***	0.883 ***	0.881 ***
LnDIST	- 0.800 ***	- 0.505 ***	- 0.575 ***	- 0.570 ***	- 0.575 ***
LnPGDP		- 0.047 *	- 0.045 *	- 0.039 *	- 0.045 **
COMLANG		1.829 ***	1.966 ***	1.957 ***	1.967 ***
BORDER		0.624 ***	0.502 ***	0.511 ***	0.502 ***
INSTI			0.053 ***		0.064 ***
STAB				- 17.010 ***	- 3.728
样本数	485	485	485	485	485
$\bar{R}^2$	0.79	0.81	0.90	0.90	0.90

注：***、**、*分别表示在 1%、5%、10% 的水平上显著。

表 6 - 11 中的第一列为基准引力模型的估计结果，第二列为引入了 LnPGDP、COMLANG 和 BORDER 三个解释变量之后扩展引力模型（6.8）模型估计结果，第三列为在扩展引力模型（6.8）基础上加入 INSTI 后估计结果，第四列为在扩展引力模型（6.8）基础上加入 STAB 后的估计结果，第五列为在扩展引力模型（6.8）基础上把中国现行贸易政策有效性与稳定性同时纳入模型得到的模型（6.9）的估计结果。

观察表 6 - 11 可以发现：

（1）LnGDPC、LnGDPI 在以上各列中系数均为正，和预期符号相符，且都至少在 5% 的水平上显著，LnDIST 在以上各列中系数均为负，和预期符号相符，且都在 1% 的水平上显著，这表明中国对目的国的出口额在经验上与国际贸易引力模型理论完全相符，即一国的经济增长越迅速，其对外贸易发展也就越快，一国的经济规模越大，其进口能力也就越强。两国之间的地理距离越远，贸易的运输成本也就越高，也就越阻碍两国之间的贸易。

（2）LnPGDP 的系数在三列中均为负，和预期符号相符，且都在 10% 的水平上显著，这说明中国对目的国的出口符合林德尔的"需求偏好相似理论"，同时也说明了产业内贸易在中国对外贸易中占据重要的位置。

（3）COMLANG 和 BORDER 的系数在三列中均为正，和预期符号相符，且都在 1% 的水平上显著，这表明拥有相同的官方语言和拥有共同的边界都能大幅度降低贸易成本，提高交易效率。

（4）观察表中第三列，没有考虑政策的稳定性，仅仅在模型中加入政策的有效性 INSTI，发现 INSTI 的系数为正，值为 0.053 且在 1% 的水平上显著，对比表 6 - 8 中的第三列，INSTI 的系数为 0.032，在 1% 的水平上显著为正，发现两个系数除了值不同外，系数符号和显著性都是无异的。之所以出现系数值不同，是因为表 6 - 8 中的数据是 1997~2011 的年度数据，而表 6 - 11 中所使用的数据为 1997~2011 年平均每三年的数据。这说明不管是使用年度数据还是平均每三年的组数据，贸易政策有效性都显示出对出口有显著的正向拉动作用，一国的贸易自由度越高，对外贸易商所面临交易的不确定性进而交易成本就越低，因此该国的对外贸易就越活跃。一国的贸易自由度越低，掠夺行为就越严重，合同的执行也就会越不完全，进而对该国的对外贸易有害，因为它增加了对外贸易的成本和风险。

（5）观察表中第 5 列，在这一列中笔者把中国现行贸易政策的有效性与稳定性同时纳入模型，建立一个有效性与稳定性统一的制度质量分析框架，来分析贸易政策制度质量的二维属性对中国的出口的影响。通过观察可以发现：①第 5 列中 LnGDPI、LnDIST、BORDER 和 COMLANG 这 4 个变量无论是在系数符号、系数大小还是在显著水平上与前几列相比都没有明显的变化。②变化最大的是 INSTI、STAB 和 LNGDPC 三个变量，其中 INSTI 和 STAB 本文重点关注的变量。笔者发现和第三列相比，INSTI 的系数值明显增大，由 0.053 增加到 0.064，但是 STAB 的系数由原来的 - 17.010 减小到 - 3.728，另外显著性也由 1% 的水平上显著变得不显著，原因何在？经过思考，笔者认为可能的解释是：贸易政策的有效性和稳定性在发挥作用时相互影响，是一个有机的整体。一方面，稳定的贸易政策通过帮助人们形成对未来的稳定预期，降低交易中的不确定性，进而提高贸易政策的有效性；另一方面，有效的贸易政策可以减少政策的不稳定给贸易发展所带来的冲击，进而能够大大降低不稳定贸易政策对贸易的负面作用。③观察 LnGPDC 变量，笔者发现和基础模型中的系数相比，表中第三、第四、第五列 LnGDPC 的系数都有不同程度的下降，这与前面的结论一致。对于第三、第四列中 LnGDPC 的系数下降的原因笔者认为是经济增长对出口增长的强劲促进作用有一部分需要归功于贸易政策的有效性和稳定性，按照这一分析，同时将政策的制度有效性和稳定性纳入到模型中，第五列中 LnGDPC 的系数应该比第三列和第四列更小（因为贸易政策的有效性和稳定性同时通过经济增长而间接地对贸易发展发挥着促进作用），但事实上可以发现第五列的 LnGDPC 的系数大于第三列和第四列的系数，对于这一现象，本研究暂时无法做出合理的解释。

本 章 小 结

本章的主要内容是在构建贸易政策的有效性和稳定性的二维属性分析框架下，对中国贸易政策制度质量所做的具体分析。具体而言，本章包括以下三个方面的内容：第一节为中国对外贸易政策的演变历程，本节主要对新中国成立以来中国对外贸易政策的演变过程进行了梳理，只有对中国对外贸易政策的发展历程充分了解，才能更好地把握中国贸易政策的制度质量。第二节为中国贸易政策制度质量的定性分析，本节根据第四章中贸易政策有效性与稳定性的评价标准和方法，对中国的贸易政策的有效性和稳定性进行了评价。60 多年来，中国的外贸政策由新中国成立初期的保护性贸易政策逐渐转变为现在的有协调管理的一般自由贸易政策，这是中国的贸易政策适应外界经济大环境变化的结果。新中国成立至改革开放前夕，中国的贸易政策处于"低效"的"被锁定的稳定"状态。改革开放以后，尤其是加入 WTO 以来，中国的贸易政策整体是有效的，在"协调管理的一般自由贸易政策"的大原则下，贸易政策保持了相对的稳定。第三节为中国贸易政策制度质量的经验分析，本节运用扩展的引力模型，使用 1997～2011 年这 15 年的中国对 97 个国家和地区出口额数据对中国贸易政策的有效性和稳定性分别进行了检验，然后把中国现行贸易政策的有效性与稳定性整合于一体，同时纳入模型，建立了一个有效性与稳定性统一的制度质量分析框架，分析了贸易政策制度质量的二维属性对中国对外贸易发展的影响。

相关实证分析表明：

第一，中国贸易政策的有效性变量 INSTI，在模型中显著为正，这说明中国贸易政策的有效性对贸易发展有显著的正向拉动作用，贸易自由度越高，对外贸易商所面临交易的不确定性进而交易成本就越低，因此对外贸易就越活跃。贸易自由度越低，掠夺行为就越严重，合同的执行也就会越不完全，进而对对外贸易就越有害，因为它增加了对外贸易的成本和风险。

第二，中国经济增长对出口增长的强劲促进作用有一部分需要归功于贸易政策的有效性，也即是贸易政策有效性的发挥一方面表现为对对外贸易的直接促进作用；另一方面则表现为对对外贸易的间接促进作用，即通过促进经济增长进而促进对外贸易。

第三，中国贸易政策的稳定性变量 STAB，在模型中显著为负，说明贸易政策的稳定性越好，对出口就越有利，即贸易政策的稳定性对贸易发展具有促进作用。

第四，中国经济增长对出口增长的强劲促进作用有一部分需要归功于贸易政策的稳定性，也即是贸易政策稳定性作用的发挥一方面表现为对对外贸易的直接促进作用；另一方面则表现为对对外贸易的间接促进作用，即通过促进经济增长进而促进对外贸易。

第五，贸易政策的有效性和稳定性在发挥作用时相互影响，是一个有机的整体，一方面，稳定的贸易政策通过帮助人们形成对未来的稳定预期，降低交易中的不确定性，进而提高贸易政策的有效性；另一方面，有效的贸易政策可以减少政策的不稳定给贸易发展所带来的冲击，进而能够大大降低不稳定贸易政策对贸易的负面作用。

第七章

中国关税政策的制度质量考察

第一节　中国关税政策简述

一、中国关税政策的内容

中国关税政策有两个重要的组成部分：一是税率、税种的设置，根据中国整体国民经济的发展水平和国家的产业政策及税收政策，对不同种类的商品确定相应适用的税率、税种、税目以及稽征办法和保障实施的相关的政策法规，代表性的政策法规有《中华人民共和国海关审定进出口货物完税价格办法》和《中华人民共和国进出口关税条例》。二是为了鼓励外商投资而制定的减免税政策以及产业政策导向，该部分政策是由国家根据投资领域和投资方式的开放程度以及相应鼓励外商投资而制定的一系列优惠政策。如《国务院关于调整进口设备税收政策的通知》、《国务院关于鼓励外商投资的规定》、《中华人民共和国海关对外商投资企业进出口货物监管和征免税办法》、《中华人民共和国海关关于对外加工装配业务的管理规定》、《中华人民共和国海关对进料加工进出口货物的管理办法》以及国家对高新技术开发区、科技工业园区、经济技术开发区和对保税区优惠政策等①。

---

① 转引自 http：//wiki. mbalib. com/wiki/关税政策。

二、中国关税政策的目标

加入 WTO 后，中国关税政策的目标主要体现在以下几个方面：

（一）保护幼稚产业

虽然中国在经济总量上已经超过了日本成为世界上第二经济大国，但和发达国家相比，中国的工业化水平仍处于落后阶段。西方发达国家的工业化历史证明，对幼稚产业的保护是其实现贸易自由化的一个必经历史阶段。作为 WTO 的成员之一，中国的整体关税水平在 2007 年降至 9.8% 之后一直维持在这一水平，因此在面对关税税率受到约束的情况下，如何优化关税结构就显得尤为重要。在降低竞争力较强的传统产业税率的同时，维持甚至适度提升竞争力相对较弱的产品关税税率无疑可以起到保护幼稚产业的作用，当然，在调整关税税率结构的同时，应当逐渐缩小名义税率和实际税率之间的差距。

（二）维持就业水平

提高就业水平是现阶段中国关税政策的第二个目标。一方面，降低关税税率会导致产品相对价格的变化，进而会改变资源在不同部门的配置，产品相对价格的变化会导致劳动力向更高工资的产品部门转移，在这一调整期间，"结构性失业"将不可避免地出现。另一方面，由于关税税率的降低，外来进口产品会挤占更多的国内市场，从而也会给国内的就业带来一定的压力。因此，维持中国的就业水平就成为了中国关税政策的另一个重要目标。

（三）降低福利损失

国际贸易理论中对征收关税的局部均衡分析表明，在完全竞争市场的假设条件下，一国征收进口关税会增加本国低效率的生产，大大减少本国的消费者剩余，导致生产和消费扭曲和相应的福利损失。因此，中国关税的第三个目标便是减小关税的负效应，减少关税所造成的扭曲和带来的福利损失。通常情况下，一种商品的需求弹性越大，对该种商品征收关税所带来的福利损失就越大，因此可以从改变进口关税税率结构入手，对进口需求弹性较高的产品征收

相对较低的关税税率，反之，对进口弹性相对较低的产品征收相对较高的关税
税率[①]。

三、改革开放以来中国关税政策的调整

改革开放 30 多年来，中国的贸易政策随着改革开放的深入和经济领域的
变革而不断进行调整，从有管制的开放式贸易保护政策逐渐过渡到接受 WTO
主导的自由贸易政策。与之相对应，中国的关税政策也历经了一系列的适应性
改革。1978 年 8 月，国务院决定恢复关税的单独计征，同时适当简化外贸公
司的纳税手续。1980 年 3 月国务院在改革开放的大背景下，根据当时的形势
需要做出了《关于改革海关管理体制的决定》，标志着中国关税政策改革进程
的正式启动，关税制度和海关管理体制都开始发生明显的重大变化。两年后，
关税税率进行了新中国《进出口税则》制定以来最大范围的一次调整，并提
出了新的制定税率的原则，这标志着中国的关税政策开始由内向保护型向开放
保护型逐渐转变，中国开放型保护关税政策的正式确定是在 1984 年，因为在
这一年中国改革开放时期的关税政策由国务院负责修改税则的领导小组正式提
出：即关税政策要贯彻对外开放政策，要鼓励出口，同时对必需品的进口要适
度扩大，关税政策应保障国家的关税收入，促进国民经济的发展。1985 年国
务院又修订了《进出口关税条例》，对关税税则进行全面修改，一方面改变商
品分类目录，采用国际上广泛使用的《海关合作理事会商品分类目录
（CCCN）》；另一方面调整进口税率，改善税率结构。在 1985 年《进出口税
则》颁布后，中国还根据经济体制改革和对外贸易发展的需要，对关税的征
税范围和税率进行小范围的调整。为了适应中国对外贸易和国际关税制度发展
以及完善中国关税制度的需要，中国海关从 1988 年起开始实施《商品名称与
编码协调制度》，1992 年公布并实施了新的《海关进出口税则》。

中国的关税制度在不断改革的同时，关税税率也根据经济改革和经济发展
的需要进行了多次调整：1980 年为了平衡国内外市场的价格，保护国内生产，
先后两次上调了电子计算器、电视机等产品的关税税率。1982 年年初，对 149
个税号的进口关税率进行了调整，这次调整是 1949 年新中国成立以来税率调

---

①　谷成：《关税的效应分析与中国关税政策选择》，2004 年东北财经大学博士论文。

整范围最大的一次，这次税率调整一方面上调了某些耐用消费品的税率和本国能够供应的机器设备的税率，另一方面又下调了国内供应不足的产品的税率。同时6月，在全面修订税则前，对税率又进行了一次调整，一方面对34种商品的出口关税开始征收，另一方面又上调了彩电、汽车等耐用消费品和奢侈品的进口关税税率。1987～1991年间又先后对进口关税税率调整了18次，涉及商品高达248种；尤其是对100多种关系到国计民生的原材料的进口关税税率进行了临时下调。到1992年年底，中国关税的算术平均税率下降至43.2%。1992～2002年这10年间，为了履行加入WTO的庄严承诺，中国又多次大幅削减关税，逐步将进口关税的算术平均税率从43.2%降至"入世"前的15.3%，并再降到2007年的9.8%（见表7－1），此后至今一直维持在这一水平。这些改革措施基本保证了关税政策与开放及经济发展的适应性。

表7－1　　　　　　　　　中国1992～2011年削减关税情况

年　　　度	算术平均关税税率（%）	关税收入（亿元）
1992	43.2	212.75
1993	39.9	256.47
1994	35.6	272.68
1995	35.6	291.83
1996	23.2	301.84
1997	17.3	319.49
1998	17.3	313.04
1999	16.7	562.23
2000	16.4	750.48
2001	15.3	840.52
2002	12	704.27
2003	11	923.13
2004	10.4	1043.77
2005	9.9	1066.17
2006	9.9	1141.78
2007	9.8	1432.57
2008	9.8	1769.95
2009	9.8	1483.81
2010	9.8	2027.83
2011	9.8	2559.12

资料来源：《中国统计年鉴》（1992～2011，历年）。

第二节　中国关税政策的制度质量评价

一、对关税政策有效性的评价

（一）对关税政策结果的评价

中国现行关税政策的主要目标有三个：即保护幼稚产业、维持就业水平和降低福利损失。为了履行"入世"承诺，中国多次降低关税水平（见表 7 – 1），2007 年关税税率降至 9.8%，此后一直维持在这一水平，但是和美国 3.1% 以及欧盟 8.9% 的关税水平相比仍属偏高，对本国的幼稚产业依然起着保护作用。关税减让对就业水平的影响是双重的，从短期来看，关税减让使国内的相关产业受到了冲击，带来了结构性失业，增加了社保负担；但另一方面，关税减让增加了国际贸易流量和来自国外的投资，进而增加了就业岗位，所以关税减让起到了优化就业结构的作用。最后，关税减让会增加消费者的剩余，减少生产者剩余，降低政府的财政收入，但总的来看，社会福利增加了（见图 7 – 1）。

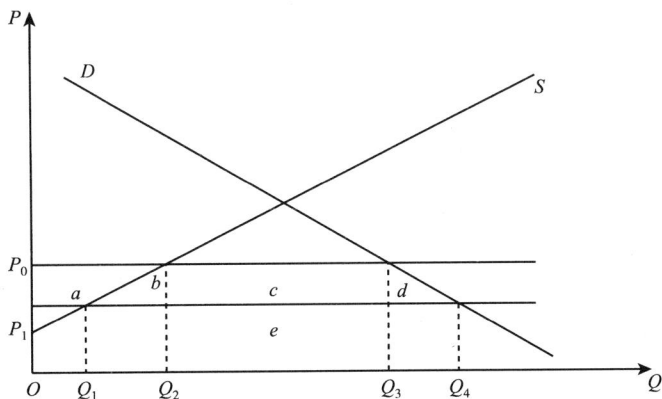

图 7 – 1　关税减让的福利效应

图 7 – 1 中，横轴 Q 代表产量，P 代表价格，在没有进行关税减让之前，中国的国内产品价格为 P_0，生产量为 Q_2，需求量为 Q_3，进口量为 $Q_3 - Q_2$，政府关税收入为 $c + e$。实行关税减让后，假设价格由 P_0 降到 P_1，此时国内产量为 Q_1，需求量为 Q_4，进口数量为 $Q_4 - Q_1$。和关税减让前相比，生产者剩余减

少 a，消费者剩余增加 $a+b+c+d$，政府税收减少 c，社会净福利增加了 $b+d$。由此可见，关税减让是与中国的降低福利损失目标相一致的。通过以上分析可以发现中国现行的关税政策基本上实现了其预期的三个目标。

（二）对关税政策成本的评价

中国在加入 WTO 前后多次降低关税税率，在关税减免政策方面除了政策本身的研究、制定和执行费用之外，主要付出的成本应该是财政收入的损失方面。但是关税水平的下降和关税收入的减少并不存在必然的联系，也即是高关税并不一定意味着高税收收入。较高的关税会促发走私逃税行为的出现，管理成本便会随之增加，名义税率和实际税率也会越发背离，而关税减让和加强征管则可以抑制走私，在一定程度上降低关税的成本收益差，进而可以增加关税收入，中国近年来不断增加的关税收入便是很好的证明。

（三）对关税政策效益的评价

对关税政策的效益评价主要是将其成本和收益进行比较。如果关税政策带来的成本大于其收益，则说明该项关税政策是无效的，反之是有效的。以与非洲国家的贸易为例：2005 年 1 月 1 日实施的《给予非洲最不发达国家特别优惠关税待遇的货物原产地规则》对非洲 39 个与中国建交的最不发达国家的部分商品实行零关税待遇，虽然使中国对非的贸易由顺差转为逆差，使中国来自非洲的关税收入减少，但是中非的双边贸易额迅速增长，同时该项措施也促进了中非的友好经贸合作关系，为中国企业走向非洲进行对外投资提供了便利。可见，和关税政策调整的成本相比，收益会更大一些，因此政策是有效的。

二、对关税政策稳定性的评价

在衡量政策的波动性方面有两种方法：一种是使用贸易政策指标的实际值与预期值偏离的绝对值来衡量[①]，这种方法比较适合于时间序列分析，另一种是选取不同界面（一般是 3 年或 5 年）计算原始数据的变异系数（Berggren，

---

① Sudsawasd, S., Moore, R., Investment under Trade Policy Uncertainty: An Empirical Investigation, *Review of International Economics*, 2006 May, Vol. 14, No. 2, pp. 316 – 329.

2012），这种方法适合于面板数据分析。鉴于中国关税政策时间序列数据的易得性，此处将采用第一种方法来衡量中国关税政策的波动性（见图7－2）。

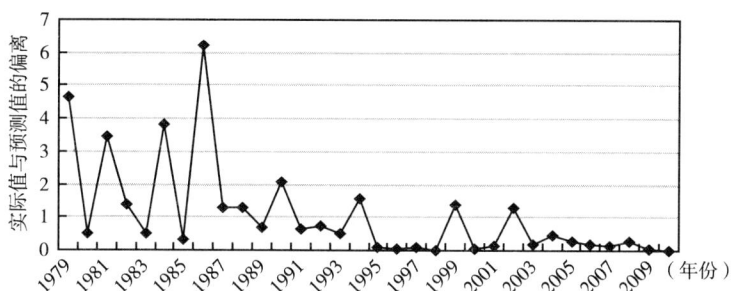

图7－2 关税政策波动性（1979～2010年）

由图7－2可以看出，中国关税政策在1987年以前波动性较大，1987年以后尤其是2002年以后波动较小。这是因为在改革开放初期，为了适应改革开放的进程，促进国民经济发展，中国对关税政策进行了全面改革：1980年国务院根据改革开放的需要所做出的《关于改革海关管理体制的决定》，标准着中国关税政策改革进程的正式启动。1982年，关税税率进行了新中国《进出口税则》制定以来最大范围的一次调整，并提出了新的制定税率的原则。1984年，确定了实行开放型保护关税政策。1985年制定进出口关税条例，对关税税则进行全面修改，一方面改变商品分类目录，采用国际上广泛使用的《海关合作理事会商品分类目录（CCCN）》；另一方面调整进口税率，改善税率结构。2001年年末加入WTO以后，中国稳步履行入世承诺，关税政策的波动性相对较小。

第三节 中国关税政策的制度质量考察
——基于VEC模型

本节将借助计量方法，利用VEC模型考察关税税率、关税政策的波动性和对外贸易之间的关系，运用协整检验分析，检验关税政策的有效性与稳定性。

一、数据来源

（一）中国关税政策的有效性（INSTI）

目前并没有衡量中国关税政策有效性的直接数据，但是观察经济自由度指数中的贸易自由度指数和弗雷泽研究所指数中的对外贸易的自由度指数可以发现其子指标中都包含有关税税率子指标，而且关税税率的高低和对外贸易自由度呈反向关系。因此，可以以中国现行的实际关税税率来作为衡量关税政策有效性的代理指标。数据来源于《中国统计年鉴》和《中国海关统计年鉴》。

（二）中国关税政策的稳定性（STAB）

如前所述，政策的稳定性较难测量，一个完整的政策稳定分析框架应该包括政策的波动性、政府的承诺以及政策的一致性三个方面（Borja，2005），但是因为缺少对政策承诺和政策一致性的统一界定标准和衡量指标，本研究将针对政策的波动性进行分析。在衡量政策波动性方面有两种方法：一种使用贸易政策指标的实际值与预期值偏离的绝对值来衡量（Sudsawasd，2005），这种方法比较适合于时间序列分析；另一种是选取不同界面（一般是 3 年或 5 年）计算原始数据的变异系数（Berggren，2009），这种方法适合于面板数据分析。因此，本节将使用第一种方法来衡量中国关税政策的稳定性。数据由笔者根据关税税率的源数据计算而得。

（三）对外贸易额（TRADE）

该数据来源于历年《中国统计年鉴》，在实际使用中取其对数值，即使用 LnTRADE 表示。

二、协整检验

研究一组非平稳时间序列时，需要检验它们是否具有协整关系，只有在一组平稳时间序列具有协整关系时，才能利用 VEC 模型进一步确认这种长期均衡关系的形式。

（一）最优滞后期的选择

最优滞后期的选择根据无约束的 VAR 模型确定，经过检验，在 5 个评价指标中全部都认为为应建立 VAR（3）模型（见表 7 - 2），所以最优滞后期选定为 3，由于 VAR（3）模型的所有特征根都在单位圆内，所以此时模型是平稳的（见图 7 - 3）。

表 7 - 2　　　　　　　　　　　最优滞后期的选择

Lag	LogL	LR	FPE	AIC	SC	HQ
0	- 155. 3622	NA	16. 41257	11. 31159	11. 45432	11. 35522
1	- 69. 06359	147. 9405	0. 066042	5. 790256	6. 361201	5. 964800
2	- 52. 12166	25. 41289	0. 038458	5. 222976	6. 222129	5. 528427
3	- 33. 13067	24. 41700 *	0. 020131 *	4. 509333 *	5. 936695 *	4. 945692 *
4	- 25. 19216	8. 505537	0. 024782	4. 585155	6. 440725	5. 152421

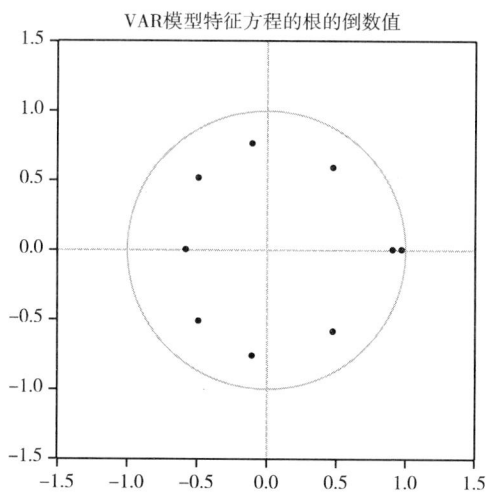

图 7 - 3　VAR 模型平稳性检验结果

（二）协整检验结果

协整似然比检验法主要包括迹检验法和最大特征值检验法，通过 Johansen 最大似然法检验 TRADE、INSTI、STAB 之间是否存在协整关系，具体检验结果如表7-3所示。

表7-3　　　　　　　　　　　　　　　　协整检验结果

零假设	特征值	迹统计量	5%临界值	P值	零假设	特征值	最大特征值	5%临界值	P值
无*	0.68	43.23	29.80	0.00	无*	0.68	32.12	21.13	0.00
至多1	0.25	11.12	15.49	0.20	至多1	0.25	7.96	14.26	0.38
至多2	0.11	3.16	3.84	0.08	至多2	0.11	3.16	3.84	0.08

由以上检验结果可以得知在5%的显着水平上 TRADE、INSTI、STAB 之间至少存在一个协整关系。协整方程如下：

$$\begin{cases} LnTRADE = -6.51\ \underset{(1.12)}{TARIFF} - 37.1\ \underset{(6.34)}{STAB} \\ LnTRADE = -11.07\ \underset{(5.14)}{STAB} \\ TARIFF = -3.99\ \underset{(0.78)}{STAB} \end{cases} \quad (7.1)$$

式中括号内数值为标准差。由协整方程可知，当以关税税率为代表的关税政策制度有效性每增加1个单位（即关税税率每减少1个单位），对外贸易额增加6.51个单位，当以关税税率波动性为代表的关税政策稳定性每增加1个单位，对外贸易额增长37.1个单位。协整方程还显示，关税政策效率与关税政策稳定性之间存在着负向关系，这表明政策制定者在制定政策时要注意政策有效性与稳定性之间的均衡，以免对贸易的长期发展带来不利的影响。

三、VEC 模型

向量误差修正模型（VEC）模型是对诸变量施加了协整约束条件的向量自回归模型。考察关税政策制度质量与贸易增长之间的联系的模型建议如下：

$$Y_t = c + \sum_{i=1}^{k} \prod_i Y_{t-i} + \mu_t$$ 其中，$Y_t = [\,GR_t, INSTI_t, STAB_t\,]'$，$k$ 为滞后阶数，c 为常数项，μ_t 为随机误差项且 $\mu_t \sim IID\,(0,\ \sigma^2)$。VEC 模型的 p 值应比无约束的 VAR 模型的最优滞后阶数小1。模型结果如下：

$$\Delta Y_t = \begin{bmatrix} 0.336 & -0.03 & -0.17 \\ -2.30 & -0.30 & -0.05 \\ -1.56 & -0.47 & 0.06 \end{bmatrix} \Delta Y_{t-1} + \begin{bmatrix} -0.27 & -0.06 & -0.21 \\ -4.45 & -0.37 & -0.09 \\ 0.86 & -0.22 & 0.12 \end{bmatrix} \Delta Y_{t-2}$$

$$+ \begin{bmatrix} 0.067 \\ 0.025 \\ 0.089 \end{bmatrix} ECM(-1) + \begin{bmatrix} 0.17 \\ 0.68 \\ -0.77 \end{bmatrix}$$

$$\tag{7.2}$$

$$ECM(-1) = \begin{bmatrix} 1 & 5.4 & -2.93 \end{bmatrix} Y_t \tag{7.3}$$

虽然上面的 VEC 模型中有少量的参数不具有统计意义上的显著性,但是该模型反映了对外贸易额、关税政策有效性和关税政策稳定性之间的短期波动关系,该波动不仅受偏离均衡的影响,还受到关税政策有效性和稳定性自身变动的影响。从模型系数可以看出,滞后一期和滞后二期的关税政策有效性对对外贸易额的系数分别为 - 0.03 和 - 0.17,滞后一期和滞后二期的关税政策稳定性对对外贸易额的系数分别为 - 0.06 和 - 0.21,由此可见,在短期,关税政策稳定性对对外贸易额的影响更为显著。模型中误差修正系数体现了误差修正项对对外贸易额的调整速度,该误差修正系数值为 0.067,这说明对外贸易额、关税政策的有效性、关税政策的稳定性三者之间的长期稳定关系由非均衡状态拉回到均衡状态的调整力度为 0.067,误差修正项的正值系数对当期值的调整作用是正向的。

四、方差分解分析

方差分解分析能进一步提供模型随机信息的相对重要性。方差分解分析是把系统中每个内生变量(共 m 个)的波动按其成因分解为与各方程信息相关联的 m 个组成部分,从而了解各信息对模型内生变量的相对重要性[①]。由于本书主要考察关税政策的有效性和稳定性对对外贸易的影响,因此,以下仅给出 LnTRADE 对 TARIFF 和 STAB 的方差分解结果(见表 7 - 4)。

[①]　易丹辉:《数据分析于 EViews 应用》,中国人民大学出版社 2008 年版,第 224 页。

表 7 - 4   LnTRADE 的方差分解

滞后期	S. E.	LnTRADE	TARIFF	STAB
1	0. 152209	99. 88673	0. 113266	0. 000000
2	0. 259641	99. 52189	0. 180465	0. 297641
3	0. 330551	96. 35228	0. 217670	3. 430054
4	0. 373059	92. 82117	1. 384343	5. 794485
5	0. 398586	92. 03294	2. 400154	5. 566905
6	0. 424976	91. 32889	2. 774324	5. 896785
7	0. 446276	91. 28033	2. 713182	6. 006491
8	0. 468585	91. 49900	2. 681399	5. 819597
9	0. 495487	91. 61602	2. 659328	5. 724650
10	0. 520702	91. 58345	2. 640786	5. 775766

表 7 - 4 中包括 5 列，第一列是预测期，S. E. 中的数据为变量 LnTRADE 的各期预测标准误。后三列均为百分数，分别代表以 LnTRADE，TARIFF 和 STAB 为因变量的方程新息对各期预测误差的贡献度，每行结果相加为 100。由上面的结果可见，从第 6 期开始，方差分解的结果基本稳定，虽然总方差中来自 LnTRADE 自身的贡献呈不断下降趋势，但是仍以 91.32% 这一远高于其他变量的贡献度居首要因素。TARIFF 的方差贡献在除了在第一期大于 STAB 外，其余各期均小于 STAB 的方差贡献，在第 6 期，TARIFF 和 STAB 的方差贡献度分别为 2.77% 和 5.90%。这说明在长期，关税政策的稳定性随着滞后期的增加，对对外贸易的贡献度较关税政策的有效性反而更大一些，因此从贸易的可持续发展而言，关税政策稳定性的重要性更高一些。

本 章 小 结

本章在第六章对中国总贸易政策制度质量进行分析的基础上，选择一项具体的贸易政策——关税政策，对其制度质量进行考察。本章内容主要包括以下三个方面：

第一节为中国关税政策简述，主要介绍中国关税政策的内容和目标，并回顾了改革开放以来中国关税政策的调整。第二节为中国关税政策的制度质量评价，本节根据论文第四章所提出的贸易政策有效性与稳定性的评价标准和方法，对中国关税政策的有效性和稳定性进行了评价。第三节为中国关税政策的制度质量考察，本节从实证角度，利用 VEC 模型考察了对外贸易额、关税政策有效性和关税政策稳定性之间的短期波动关系。

VEC 模型表明，对外贸易额的波动不仅受偏离均衡的影响，还受到关税政策有效性和稳定性自身变动的影响。从模型的系数可以看出，滞后一期和滞后二期的关税政策有效性对对外贸易额的系数分别为 -0.03 和 -0.17，滞后一期和滞后二期的关税政策稳定性对对外贸易额的系数分别为 -0.06 和 -0.21，由此可见，在短期关税政策稳定性对对外贸易额的影响更为显著。同时，模型中误差修正系数体现了误差修正项对对外贸易额的调整速度，该误差修正系数值为 0.067，这说明对外贸易额、关税政策的有效性、关税政策的稳定性三者之间的长期稳定关系由非均衡状态拉回到均衡状态的调整力度为0.067，误差修正项的正值系数对当期值的调整作用是正向的。

对对外贸易额进行方差分解的结果表明，关税政策的稳定性对贸易发展的影响除了在第一期小于关税政策的有效性外，其余各期都大于关税政策有效性对贸易发展的影响，这说明关税政策的稳定性的重要性更高一些，同时这也说明了帮助微观经济主体形成稳定的预期对贸易和经济的可持续发展更为重要，因此政府的宏观调控措施应强调微观经济主体能动性和创造性的发挥。

第八章

新时期中国贸易政策的选择

第一节　中国现有贸易政策存在的问题

整体来看，经过 30 多年不断深入的改革开放，中国已经初步建立起了一个符合市场经济要求和国际贸易惯例的、符合多边贸易规则的、统一、开放并具有中国特点的贸易制度，极大地促进了中国的贸易发展和经济增长，同时也大大地提升了中国在国际市场上的地位。然而，从制度质量视角看，中国的贸易政策和贸易发展仍然存在着一系列的问题。首先，政府对贸易政策的行政性干预过多而经济性干预不足，虽然自改革开放以来，中国的贸易政策逐渐由行政性、计划性为基础的调节手段转变为市场为基础的调节手段，政府不断地弱化对贸易的干预，但并没有根本改变对贸易的干预方式，表现在贸易政策上，即是主要采用行政干预手段来实现贸易自由化改革的路径选择。其次，随着改革开放的深入，中国国内的利益集团也正在逐渐形成，但和西方国家所形成的维护不同阶层特定利益的集团不同，中国国内的贸易利益集团主要有两类：强势利益集团和弱势利益集团，前者主要由垄断了某个行业或在某个行业中处于垄断地位的少数机构构成，后者主要由分散且缺乏组织性的弱势群体构成（有学者认为这类弱势群体不能称之为集团）。对贸易政策能真正产生影响的是强势利益集团，弱势集团对贸易政策的制定和实施的影响都很有限。最后，贸易政策与产业政策、环境政策、外资政策等相关政策的协调配合度还需要进一步提升。

一、贸易政策的有效性方面

由第六章的分析可知，中国现行的贸易政策从整体上而言是"有效的"，贸易开放被证明可以显著地降低整体制度成本。改革开放 30 多年来，中国的贸易政策随着改革开放的深入和经济领域的变革而不断进行调整，从有管制的开放式贸易保护政策逐渐过渡到接受 WTO 主导的自由贸易政策，贸易自由度指数从 1995 年的 20 分上升至 2012 年的 71.6 分，这些都促进了中国对外贸易的飞速发展，进出口总额从 1978 年为 206.4 亿美元上升到 2012 年的 3.87 万亿美元，增长了 185[①] 倍。对外贸易已经成为推动中国经济增长的重要动力。同时，本研究的实证结果还表明中国经济增长对出口增长的强劲促进作用有一部分也需要归功于贸易政策的制度质量，也即是贸易政策有效性的发挥一方面表现为对对外贸易的直接促进作用，另一方面则表现为对对外贸易的间接促进作用——通过促进经济增长进而促进对外贸易。然而，应该看到，中国贸易政策在其有效性方面还存在以下问题：

（一）贸易政策的有效性仍待进一步提升

根据《华尔街日报》和美国传统基金会发布经济自由度指数，2012 年中国的贸易自由度指数为 71.6 分，世界排名为第 119 位，不仅排在美国、法国、韩国和日本等发达国家之后，甚至还排在缅甸、印度尼西亚、墨西哥等发展中国家之后（见表 8 - 1）。

表 8 - 1　　　　　部分国家贸易自由度指数（1995 ~ 2012 年）

年　份	中国	新加坡	美国	英国	韩国	日本	缅甸	印度尼西亚	墨西哥
1995	20	83	78.4	77.8	69.2	82.0	—	45.0	66.2
1996	20	83	78.4	77.8	77.0	82.0	50.0	73.0	63.0
1997	30	83	78.4	77.8	69.2	81.0	50.0	73.0	63.0
1998	34	83	78.4	77.8	69.2	79.0	50.0	73.0	74.8
1999	38.2	83	78.4	77.8	69.6	79.0	50.0	73.0	77.0

① 没有剔除价格因素。

年　份	中国	新加坡	美国	英国	韩国	日本	缅甸	印度尼西亚	墨西哥
2000	42.6	83	78.4	77.8	69.2	81.0	69.0	66.0	63.0
2001	46	83	81.0	78.0	67.8	80.6	69.0	67.2	83.0
2002	48.6	83	79.4	79.6	67.6	80.4	69.0	72.6	81.2
2003	50.6	85.0	81.4	81.4	73.2	81.0	69.0	74.6	81.0
2004	51.4	85.0	81.4	79.8	66.6	80.8	70.4	74.2	81.6
2005	54.4	85.0	79.8	80.2	73.6	80.6	70.8	77.2	75.2
2006	68	85.0	81.4	82.4	65.0	80.2	72.2	74.6	57.4
2007	68	90.0	86.6	86.6	69.2	80.2	71.8	74.0	77.6
2008	70.2	90.0	86.6	86.0	66.4	80.0	71.0	73.0	79.0
2009	71.4	90.0	86.8	85.8	70.2	82	72.2	76.4	80.2
2010	72.2	90.0	86.9	87.5	70.8	82.4	72.3	77.9	82
2011	71.6	90.0	86.4	87.6	70.8	82.6	72.3	73.8	81.2
2012	71.6	90.0	86.4	87.1	72.6	81.8	73.6	73.9	72.9

资料来源：www.freetheworld.com。

对于包括中国在内的大多数发展中国家而言，整体制度有效性偏低是影响其经济快速发展的不利因素，第二次世界大战以来各国经济增长的波动很大程度上都可以归结于制度方面的原因，拥有较低制度质量的国家，对外部冲击的承受力较差，因而经济增长的波动也较大（Acemoglu，2003）。贸易政策的制度质量虽然仅是一国整体制度质量的一部分，但其对一国的对外贸易和经济发展起着十足轻重的作用，无论是从世界经济一体化的要求来看，还是从一国长期的经济发展要求来看，都必须要高度重视贸易政策制度有效性水平的提升。

（二）贸易政策的有效性存在较大的区域性差距

在贸易政策促进中国总体贸易水平不断提高的同时，对外贸易发展的区域性差异日益凸显。东部地区作为改革开放的前沿地带，自20世纪80年代初就率先融入了经济全球化的进程。自80年代中后期，广东逐渐取代了北京和上海，占据了出口贸易和进口贸易的领头羊的位置（见表8-2），凸显了其作为一个对外贸易大省的"标杆"地位。

表 8 - 2　　　　　　中国对外贸易的区域结构（1978～2011 年）　　　　单位：亿美元

年份	出口贸易					进口贸易				
	第一名	第二名	第三名	第四名	第五名	第一名	第二名	第三名	第四名	第五名
1978	上海	辽宁	广东	天津	山东	北京	广东	上海	天津	辽宁
	28.9	15.2	13.9	8.6	8.3	2.9	2	1.3	1.2	0.7
1987	广东	上海	辽宁	山东	江苏	广东	上海	福建	北京	浙江
	101.4	41.6	37.9	29	21.1	109	18.4	9.4	7.6	7.6
1993	广东	上海	江苏	浙江	福建	广东	上海	北京	江苏	福建
	376	76	54	49	48	431	100	67	66	51
1997	广东	上海	江苏	山东	福建	广东	北京	上海	江苏	福建
	745	151	141	110	103	555	208	147	95	79
2000	广东	江苏	上海	浙江	山东	广东	北京	上海	江苏	山东
	919.2	257.7	253.5	194.4	155.3	781.8	376.5	293.6	198.7	94.6
2003	广东	江苏	上海	浙江	山东	广东	上海	江苏	浙江	山东
	1537	596	458	444	277	1355	647	617	219	217
2007	广东	江苏	上海	浙江	山东	广东	江苏	上海	浙江	山东
	3693.2	2036.1	1438.5	1282.6	751.1	2648.7	1458.6	1390.1	485.8	473.4
2008	广东	江苏	上海	浙江	山东	广东	江苏	上海	山东	浙江
	4056.7	2380.3	1691.5	1543	931.9	2793	1542.4	1529.1	652.1	568.4
2009	广东	江苏	上海	浙江	山东	广东	北京	江苏	上海	浙江
	3589.5	1992	1418	1330.1	533.2	2521.4	1663.5	1395.4	1359.2	547.2
2010	广东	江苏	上海	浙江	山东	广东	北京	江苏	上海	山东
	4531.9	2705.4	1807.1	1804.6	1042.3	3317.1	2462.9	1952.6	1882.4	849.3
2011	广东	江苏	浙江	上海	山东	广东	北京	上海	江苏	山东
	5319.3	3125.9	2163.5	2096.7	1257.1	3815.4	3305.6	2278.7	2269.9	1101.7

资料来源：《新中国五十五年统计资料汇编》和《各省统计年鉴》，历年。

　　除广东之外，在国家对外贸易政策的支持和倾斜下，浙江、江苏等省异军突起，成为了继广东省之后的中国对外贸易发展的新主力军，长三角和珠三角地区成为了中国对外贸易的主要阵地，尽管在 2000 年以后中国陆续实施了西部大开发战略、振兴东北老工业基地战略以及中部崛起战略，使区域贸易发展的不平衡有所缩小，但差距仍然很大，东部地区的进出口贸易总值仍占全国进出口贸易总值的 80% 以上。中西部各省市的对外贸易发展仍处于较低的水平，各省之间对外贸易水平的差距仍在不断拉大，以江苏和贵州两省为例：1990

年贵州省的对外贸易额为 21802 万美元（如表 0-2 所示），江苏省对外贸易额为 413910 万美元，是贵州省的 18.98 倍；2000 年，贵州省的对外贸易额为 6.6 亿美元，江苏省的对外贸易额为 456.38 亿美元，是贵州省的 67.52 倍；到了 2011 年，贵州省对外贸易额为 48.84 亿美元，而江苏省对外贸易额却高达 5397.59 亿美元，是贵州省的 110.52 倍。是什么因素导致区域之间的对外贸易水平差距呢？除了各区域的经济水平、基础设施等因素之外，贸易政策制度质量上的差异是其中一个重要的原因。东部地区所所体现出的贸易政策有效性程度要远远高于中西部地区。那么出现这种贸易制度有效性的明显地区差异的原因是什么呢？笔者认为，这可能与中国梯度型推进的改革开放战略有关。中国的改革开放从一开始就是以东部沿海地区为起点的，总结经验后，再向中西部地区拓展。例如，作为中国改革开放的桥头堡，深圳、珠海、汕头、厦门这 4 大经济特区都属于东部地区；其后，国家又进一步开放天津、大连等 14 个沿海港口城市，接着开辟"长三角""珠三角"，1988 年又增设海南经济特区，1990 年 4 月更是作出了开放、开发上海浦东的重大决策。这种由东向西、由点及面的逐步推进的改革和开放，使某些地区优先或独自享有了某些制度，进而拉开了地区之间的贸易政策的有效性差距。

（三）贸易政策与相关政策的协调性有待进一步提升

任何一项具体的政策都是在其特定的领域中发挥主要作用的，但同时也会对其他领域产生一定的影响，因此不同的政策之间是相互联系、相互制约、相互作用的，一项政策的正常实施需要有其他政策的支持和包容。

就贸易政策而言，其有效性的发挥依赖于与其他的相关国内政策的协调和配套。然而，目前中国的贸易政策与产业政策、外资政策和环境政策等相关政策的协调度还不够。就与产业政策的协调而言，关税政策体现不出对国家重点产业的保护和支持；就与外资政策的协调而言，由于贸易政策与外资政策是分别制定的，因此存在内容相冲突的地方，有些属于外资政策优惠范围内的政策却不符合贸易政策的规定，例如，中国加入 WTO 后，根据承诺逐步降低了关税和非关税壁垒，但另一方面随着中国出口商品遭遇"两反"的指控增多，中国又制定了对外贸易反倾销法等相关法律。进口反倾销方面的政策对中国而言，是开放国内市场所必需的贸易保护手段，但是随着这一政策实施力度的不断加大，对外商直接投资产生了不利的影响，与吸引外商投资的优惠政策存在

潜在的冲突，不利于引资的发展。就与环境政策的协调而言，中国贸易政策的
"出口＋创汇"导向导致了资源和污染密集型产品不断得到生产和出口，结果
严重污染了中国的生态环境，过度开发并浪费了国内的资源，但环保政策却视
而不见，环境政策的制定和实施对改善环境的作用严重不足。

二、贸易政策的稳定性方面

对制度稳定性的分析使得本研究有别于传统的制度质量分析框架。无论是
在短期还是中长期，贸易政策的稳定性都对贸易发展和经济增长有着显着的影
响。同时，本书的实证结果还表明中国经济增长对出口增长的强劲促进作用有
一部分需要归功于贸易政策的稳定性，也即是贸易政策稳定性作用的发挥一方
面表现为对对外贸易的直接促进作用；另一方面则表现为对对外贸易的间接促
进作用，即是通过促进经济增长而促进对外贸易。

那么，中国贸易政策在制度稳定性方面存在什么问题？是稳定过渡、震荡
激烈还是处于两者之间的温和波动？Levitsky 和 Murillo（2009）根据制度的执
行力和稳定性的不同组合，将"制度力量"划分为四种类型（见图 8-1）。

		执行力	
		高	低
稳定性	高	强壮型制度	稳健型（执行力较差）制度
	低	非稳健型（执行力较强）制度	衰弱型制度

图 8-1　制度力量

资料来源：Levitsky, S., Murillo, M., Variation in Institutional Strength, *Annual Review of Political Science*, 2009 Jun, Vol. 12, P. 120。

Levitsky 和 Murillo 认为制度的执行力和稳定性并非是同步变化的。如图
8-1所示，这两个维度将图划分了四个象限。在左上角象限，对应的是强壮型
（strong）的制度，执行力和稳定性都很好。这是制度力量的完美例子。在左下
角象限对应的是执行力强但不稳定的制度。在这种制度下，书面制度被广泛地
执行，但是被修正的频率很高，导致行为人无法基于过去的行为形成共同的预
期。在右上角象限对应的是稳健型的制度，很稳定但是缺乏执行力。换句话
说，制度长时间地停留在文件中而被人们长久地忽视了，只起到粉饰门面的作
用，在这种情况下，行为人往往依靠非正式制度。最后，在右下角象限，对应

的是既不稳定也没有得到很好的执行的制度，制度存在于文件中，但在实践中，在约束人们的行为和形成预期方面几乎没有起到作用。

新中国成立后到改革开放前这一阶段，中国一直实行的都是保护贸易政策，这一政策直到改革开放前虽然保持了很好的稳定性，但由于该时期将对外贸易作为调剂余缺的手段，执行国家统制型的封闭式保护贸易政策，因此这一时期的贸易政策并没有顺应国际范围内的大环境，该时期贸易政策的稳定也并没有对中国对外贸易的发展起到很大的作用。改革开放后到1992年前后，中国实行了有管制的开放式贸易保护政策，为了摆脱封闭的、保守的旧的计划经济的束缚，中国政府进行了大刀阔斧的贸易体制改革和贸易政策调整，尤其是对东部省份，无论是在发展外贸方面还是吸引外资方面都享有国家特殊的优惠政策，因此这一时期的外贸政策应该属于非稳健型。此后随着改革开放的深入以及加入WTO的需要，中国对外贸易政策改革的步伐又进一步较快，实施了有自由化倾向的贸易保护政策。2001年12月中国成功地加入WTO，改革开放进入了全方位宽领域时期。这一时期，中国对外贸易政策一方面需要与世贸规则保持一致；另一方面更要适应中国市场化改革的要求。外贸政策开始向有协调管理的一般自由贸易政策转变。这两个时期的外贸政策虽然也进行了不断的调整，但和1978～1992年这个阶段相比，稳定性程度已有所增加。其后，中国的贸易政策进入了平稳时期，贸易制度力量的类型实现了向"稳健型"和"强壮型"过渡，贸易和经济也进入了相对平稳的发展时期。

从中国外贸政策的发展历程可以看出，中国某一时期"非稳健型"的贸易制度力量——对贸易体制的改革和贸易政策的大范围调整是适应外界经济大环境变化的结果。需要指出的是，长期的"非稳健型"贸易政策对外贸发展甚至经济增长都是不利的，"稳健型"和"强壮型"的贸易制度力量才是未来中国贸易发展的正确选择。

第二节　中国贸易政策的选择

一、中国贸易政策选择的约束因素

在经济一体化程度不断深入发展的当今世界，任何一国贸易政策的制定都会受到国内外两方面环境的约束，高制度质量贸易政策的制定更是如此。一方面，贸易政策的制定要符合国内经济的实际情况，要和国内其他经济政策目标保持一致；另一方面，经济一体化的发展和开放经济的特征又要求一国的贸易政策还要满足一定的国际约束条件。国际间的协调发展对一国的对外贸易和经济发展都有着十分重要的影响，不考虑外部环境的贸易政策会给一国对外贸易的发展带来阻碍因素，进而会约束该国经济发展的势头。所以，一国贸易政策的选择既要考虑内部因素的约束，又要兼顾外部因素的影响。

（一）贸易政策要符合中国经济持续发展的需要

1. 生产力水平。

制度变迁和生产力发展是一个相互影响的动态过程。任何经济政策的制定都要与同时期的生产力水平相适应。经济政策的制定从某种意义上讲是一种生产关系的调整，只有适应生产力水平的生产关系的调整才会对生产力的发展起着积极的推动作用。

2. 文化和意识形态。

文化和意识形态是影响对外贸易政策的重要因素之一。一项贸易政策的制定只有适应其时的文化背景和意识形态，才会获得经济主体的认同和信任，才会发挥其效率。

3. 政治目标。

政治目标也是中国贸易政策理念中不可忽视的一部分内容。例如：针对不同的国家采取差异性的国别贸易政策；针对来自国外的不公平的政策或歧视性政策，实施"以眼还眼、以牙还牙"的贸易战；采取措施严厉限制或禁止可能对中国国民健康造成危害、对国内环境造成污染或破坏以及对中国的优良传统文化进行腐蚀产品的进口等，都是政治目标影响中国贸易政策选择的具体体现。

4. 利益集团。

一国贸易政策的形成过程从某种意义上说是一个公共选择的过程。作为国际贸易政策的需求者，各大利益集团都是经济学意义上的理性的经济人，其目的都是追求自身的利益最大，都希望贸易政策能够满足和实现个人利益的最大化目标。然而，某项贸易政策的制定和实施并不能公平地去满足所有利益集团的利益，利益集团利益最大化目标的实现程度取决于该集团拥有的权利资源，因此，国际贸易政策的形成过程实际上是不同利益集团和政府部门在权力资源基础上的利益表达和利益选择的结果。另外，由于不同的政府部门所管辖的领域不同，因此每一个政府部门总是将本部门的特殊利益置于首位，最终导致不同的政府部门也卷入到不同利益集团的利益表达和利益选择之中。

（二）贸易政策要与国际贸易环境相适应

1. 国际经济环境。

高制度质量的贸易政策不仅要符合中国经济持续发展的需要，还应该顺应国际经济发展的潮流。目前的国际经济秩序仍存在一定的不合理之处，国际贸易领域的歧视和盘剥依然存在，作为国际贸易和经济全球化的后来参与者，中国的贸易发展应更多地顺应经济全球化的要求，尽可能地根据现有的国际治理规则来捍卫和保障中国在国际分工、贸易发展和经济全球化进程中的应享权利和应得利益。

2. 国际贸易规则和法律法规。

在国际经济交往中，一方面，一国政策的制定需要与国际上通行的一般规则接轨；另一方面，国际上现行的制度也会影响到一国的政策制定和执行。WTO 是以推进贸易自由化为宗旨的多边贸易组织，作为 WTO 的一员，中国的贸易政策面临着严格的国际约束。WTO 的"透明度原则""公平贸易原则"和"非歧视性原则"在很大程度上约束着中国贸易政策的基本取向。

3. 国外利益集团。

在开放的国际经济体系下，中国贸易政策的制定不仅要受到国内利益集团的约束，还会受到国外利益集团的影响。例如，保护国内进口竞争型产业部门利益集团的贸易政策必然会招致外国出口主导型利益集团的反对；中国自改革开放以来的外资的引进使得外国制造业资本汇聚中国，造成了制造业基地的转移和资本母国员工的失业，这无疑招致了外国劳工利益集团的反对；中国在制定和实施贸易政策的过程中，缺乏兼顾政策对环境、文化和安全等公共品影响的评估经验和补偿机制，这使得在贸易政策的实施中，即便是得到了直接利益相关的特殊利益集团和政府的支持，也很可能遭到公共利益集团的反对。

二、中国贸易政策的现实选择

通过对各国贸易政策演变的历史进行深入观察和研究，可以得出"对外贸易政策总是为一国短期或长期的经济发展而服务"的结论。因此，作为发展中国家的大国，中国贸易政策的制定也应该以本国的短期利益和长期利益为重心，同时确保相应的国际义务的履行。新时期，中国应当建立符合 WTO 基本原则的、开放的、具有中国特点的有管理的自由贸易政策。

有管理的自由贸易政策是指在比较优势和竞争优势的基础上，在 WTO 的多边贸易体制下，通过加强管理，实现与贸易对象的"开放、公平和无扭曲的竞争"进而促进与贸易对象相互的经济发展和社会稳定。有管理的自由贸易政策不是完全和彻底的自由贸易政策，而是强调在自由化背景下的管理，包括主动的"战略管理"和被动的"风险管理"。贸易自由化与"管理"是相互依存的关系，一方面，管理是贸易自由化的需要和体现；另一方面，贸易的自由化也要以管理作为保障才能长久。管理的目标不是要插手管制，也不是全面保护，管理不是要阻碍贸易自由化的进程，而是要推动贸易自由化进程的平衡发展，规避和化解贸易自由化进程中可能出现的摩擦和风险。贸易政策体系应确保政府对贸易的"管理"在法制体系内实施，并符合国际规则和惯例，不能让"管理"成为保护落后的借口和理由。

（一）中国实施有管理的自由贸易政策的历史必然性

第一，中国是世界上的贸易大国，社会主义市场经济的完善和对经济全球化的积极参与使中国具备了执行自由政策的实力。反过来，自由贸易政策会使中国的比较优势和后发优势得到更好的发挥，推动中国由贸易大国向贸易强国转变，进一步促进中国社会经济的发展。

第二，作为世界上的贸易大国，中国的贸易发展更要关注与众多贸易对象的互动发展关系，协调与贸易伙伴国的贸易利益与贸易政策。有管理的自由贸易政策有利于保证双赢的实现。

第三，中国对外贸易的发展一方面表现为中国与世界各国在贸易合作上的不断扩大，另一方面也表现为中国在对外贸易中所面临的竞争更加复杂。在激烈的竞争和贸易摩擦成为常态化并向纵深发展的情况下，"协商管理"是贸易双方获取贸易利益和处理贸易摩擦的上策。中国实施有管理的自由贸易政策有助于避免相互报复，化解贸易摩擦，阻止竞争的进一步激化。

（二）制定 WTO 框架下的有管理的自由贸易政策

1. 政府进行有限的、合理的和必要的干预。

有管理的自由贸易政策所体现的是对大多数产业的自由贸易和对少数产业的"管理"，也即是对少数产业实行适度的保护。有管理的自由贸易政策要求政府进行有限的、合理的和必要的干预。尽管以比较优势论和 H—O 理论为代表的传统比较优势理论主张自由贸易，认为只有在自由贸易下，贸易双方从贸易中的得益才会达到最大。然而，在现实世界中，完全的自由贸易是不存在的，因为自由贸易的基础——市场本身经常存在失灵的情况。另外，西方国家在国际贸易中的霸权地位和南北方国家在贸易中得益不均等的现象都表明完全的自由贸易是一种理想状态。在贸易实践中，贸易自由化需要借助于关税、保障、反倾销、反补贴、反垄断、政府采购等贸易政策工具发挥作用。有管理的自由贸易政策虽然是建立在比较优势理论的基础之上，但它不仅强调静态、外生比较优势的发挥，还强调动态、内生比较优势的培育和发展。

政府对贸易的有限的、合理的和必要的干预意味着政府运用相应的贸易政策工具对国内少数产业实行动态的温和的保护，这种保护具有暂时性和隐蔽性，是建立在保护幼稚产业理论基础上的。有管理的自由贸易政策一方面要求中国根据劳动力充裕、劳动力价格低廉的比较优势发展高新技术产业的底链工序环节或低技术产业；另一方面又强调"干中学"，注重技术的引进、吸收和消化，大力发展高新技术产业，并使这些高新技术产业成为贸易发展和经济结构中的"骨干"力量。有管理的自由贸易政策既注重自由贸易，又提倡有选择性的政策干预，鼓励国内开展有序的竞争。

2. 战略性贸易政策是中国对外贸易政策的重要组成部分。

20 世纪 80 年代以来，以布朗德、斯潘塞、克鲁格曼等人为代表的西方经济学家提出了战略性贸易政策，认为一国政府在不完全竞争和规模经济条件下，可以凭借生产补贴、出口补贴和保护国内市场等政策手段，扶植本国战略性产业的成长，增强其在国际市场上的竞争能力，从而谋取规模经济之类的额外收益[①]。这一政策在日本、美国和欧盟都已经分别取得了相当大的成功。

---

① 张二震、马野青：《国际贸易学》，南京大学出版社 2002 年版，第 206 页。

中国应该借鉴日、美和欧盟等发达国家和地区的经验，适度推行战略性贸易政策。作为发展中国家的大国，中国也具有推行战略性贸易政策的有利条件：第一，中国国内市场潜力巨大；第二，一些产业部门逐步形成了以规模经济为基础的不完全竞争；第三，一些行业的技术水平已经达到了国际领先的地位；第四，中国市场经济体制正在逐步完善。这些都将为在中国的某些行业领域实行战略性贸易政策提供了可能。

中国战略性贸易政策的实施应该重视发挥政府的作用。为了增强中国产业的国际竞争力，政府可以对国内产业集中进行积极地引导，以培育规模较大、实力较雄厚的跨国企业；同时可以向发达国家进行学习，加强对战略性产业的正确引导，通过直接提供补贴或者政府与企业联合共同实现科技攻关的形式，对具有正外部性的重点高新技术产业的研发活动提供支持，以此促进中国产业结构科技含量的提升。

3. 积极参与区域经济一体化。

二战后，世界经济贸易中区域经济一体化和贸易集团化的趋势加强，且已经成为各国维护自己经济贸易利益的重要手段。目前，区域经济贸易集团更是得到了前所未有的发展，集团之间相互影响、相互联合、相互渗透，遍布全球。区域经济一体化在内部奉行自由贸易原则，减少内部的各种贸易壁垒，极大地促进了自由贸易的发展；同时，区域内部保护贸易的约束机制对成员方内部的贸易保护主义起到一定的遏制作用，提高了区域内的贸易合作和经济发展。目前，亚太地区已经成为了世界经济的重心之一，作为亚太地区的经济大国，中国应该积极地参与区域经济一体化的进程，通过贸易自由化行动来更多地分享区域经济一体化发展所带来的利益。

第三节　提升中国贸易政策制度质量的建议

作为经济增长的发动机，一国的贸易发展对经济增长的作用已被世界各国的发展历史充分证明。而贸易发展的国际经验表明，一国贸易的成功与否在很大程度上取决于该国贸易政策的是否得到合理的安排和运用。只有符合世界发展规律、代表贸易发展潮流、代表广大群体利益的贸易政策才是保障中国的贸易和经济健康、持续、稳定发展的贸易政策。寻找符合中国国情的贸易政策创新和演化路径是当前贸易政策调整的核心问题，而贸易政策能否为中国的贸易和经济发展带来长远的利益则取决于贸易政策的制度质量。

首先，应合理地定位政府在贸易政策中的角色。政府应转变职能，放弃对贸易的不适当干预和对某些行业的行政垄断，由贸易发展的参与者，转变为贸易发展的协调者和服务者。

其次，应建立对特殊利益群体的约束机制。特殊利益群体通过影响政府而影响贸易政策，其动机是获取局部的垄断利润，因此，为了减少贸易政策调整的交易成本，应该对特殊利益群体的行为进行约束，约束其对要素资源的垄断，使资源根据市场的供求状况进行自由流动，也即是要实施自由化的贸易政策，削弱特殊利益群体对贸易政策调整的影响能力，降低其贸易政策寻租带来的成本，从相对自由贸易和生产要素的自由流动中获得对特殊利益群体约束的贸易利益。

最后，应完善贸易及有关政策的综合配套。加强贸易政策与产业政策、投资政策和区域政策、环境政策等相关政策之间的协调和衔接，发挥贸易政策在促进产业结构升级和培育产业竞争力方面的引导和促进作用，发挥产业振兴对提高产业国际竞争力和扩大市场份额的作用，促进贸易与外资、外经的协同发展，提高对外资利用的质量和水平；促进贸易与资源环境的协调发展，走资源节约型和环境友好型贸易发展道路；注重贸易的东西部区域协调，进一步扩大沿边开放，不断提升边境贸易发展水平，实现贸易的全方位发展。

具体而言，应该改善包括对产权的保护、合约实施的执行、对投资者的保护、对腐败的控制等在内的贸易运行的市场制度环境，从贸易政策的有效性和稳定性两个方面入手来改进贸易政策的制度质量，为贸易和经济的自由发展创造客观基础。

一、努力提升贸易政策的有效性

针对中国贸易政策有效性现状，贸易政策制度质量的提升应从以下几个方面入手：

（一）贸易政策应凸显对知识产权的保护

对知识产权进行有效的保护可以减少甚至完全克服技术创新的外部性，使技术创新者的成本得到合理的补偿。中国作为发展中的大国，虽然知识产权的国际保护在短期内会对国内的贸易和经济发展带来一定的不利影响；但我们应该清醒地认识到，对知识产权的保护是大势所趋，从长期来看，对发展中国家也是有利的。一旦政府放松对产权的保护力度，不但会受到来自他国的严厉制裁，还会影响到中国的国际形象，跨国公司的技术转让速度会放缓，国内进口竞争企业的创新活力也会下降，最终会不利于贸易政策制度有效性的提高。

（二）贸易政策应推进劳动分工的发展

亚当·斯密认为，增加国民财富的根本原因在于提高劳动生产率，而劳动生产率的提高要靠劳动分工的发展。市场规模的扩大会引致劳动分工的深化，反过来，劳动分工的发展又会促进市场规模的进一步扩大，两者之间是一个循环累积的演进过程。两者之间的良性循环一旦形成，就会产生经济起飞的现象；而当分工演进的潜力因人口规模或与制度有关的交易条件的限制而受到影响时，分工演进就会减缓，严重时甚至会停止，社会就会进入经济增长的减速甚至衰退阶段，人均实际增长率就会下降。国际分工和贸易政策之间相互影响：一方面，国际分工状况如何，是各个国家制定对外贸易政策的依据；另一方面，贸易政策是推进或延缓国际分工形成和发展的影响性因素。中国贸易政策的制定应有利于国内劳动分工和国际劳动分工的深化。

（三）贸易政策应长期重视、不断优化权利分配

权利分配问题主要涉及政府的目标和利益集团的寻租问题，是制度有效性的决定因素之一。对政府而言，包含着两方面的内容：中央政府和地方政府两级制的双重影响。从中央政府的角度来看，作为最权威的贸易政策的供给者，中央政府在推进贸易开放的过程中体现了足够的智慧，这已经被贸易发展的现实所证明；而美中不足的是，中央政府在市场化进程中所体现的是一种"强权政府"，贸易政策变革的模式仍是"政府主导—企业跟进—个人参与"的发展态势，微观经济主体的积极性没有得到全面的体现和充分的发挥。从地方政府的角度而言，贸易发展仍然面临着比较严重的地方保护问题，市场分割的现象依然存在。如果对这一现象不加以制止，任其蔓延，市场经济的基本秩序就会混乱，并成为进一步滋生官僚腐败的温床。因此，今后一段时期内中央政府和地方政府应该更加明确自己隐藏在贸易政策背后的实际政府目标，避免不必

要的社会福利损失。当然，除了政府之外，我们也不应忽视利益集团的影响，降低利益集团对政府贸易政策的影响权重。

（四）贸易政策应注意调节贸易发展的区域性差异

中国贸易发展的区域性差异跟其梯度型推进的改革开放战略有关。这种由东向西、由点及面的逐步推进的改革和开放，使东部地区优先或独自享有了某些贸易政策，进而拉开了地区之间的贸易政策的有效性差距。面对中国贸易发展的区域性差异，政府应该对中部和西部地区的贸易发展进行适时的、必要的政策扶持，不断发掘中西部地区的贸易制度潜力，尽快帮助中西部地区发展对外贸易。

（五）贸易政策应继续全方位推进贸易开放，以贸易和经济发展解决收入差距问题

库茨涅兹曲线表明，经济增长与不平等之间存在倒 U 型关系，当经济发展到一定程度，经济增长会降低收入的不平等现象，而对外贸易又常被视为经济增长的发动机，因此，面对中国目前不断加大的收入差距，本书认为一方面要不断地从贸易政策上对中西部地区予以倾斜，帮助其尽快发展对外贸易，只有中西部地区取得了与东部地区相当的经济发展水平，中国才能实现真正意义上的区域均衡发展；另一方面，中国的贸易政策应继续全方位地推进贸易开放，只有贸易发展和经济增长发展到一定程度，中国的不平等问题才能从根本上得到解决。

二、不断改善贸易政策的稳定性

传统的制度质量分析主要强调制度的有效性层面，对制度的稳定性关注较少。对于身处贸易体制变革进程中的发展中国家而言，贸易政策的制度质量低下、制度环境恶劣是其普遍面临的问题，而这些问题的解决都依赖于制度稳定性的改善。

贸易政策的不稳定性——包括政策的经常性逆转、政策之间的不一致以及政策指标的高波动性——是影响贸易自由化和经济绩效的原因之一，因为它为市场参与者创造了一个不确定的环境，在政策不确定的情形下，企业和消费者更青睐于推迟作出经济决策，直到政府当局开始致力于新的改革。这种经济决

策的延迟会不利于贸易发展和经济增长。而对于那些经历过不稳定的欠发达国家而言，其经济主体会更加关注政策的不稳定性。结果，当私有部门不情愿投资或者与因预期政策环境不稳定而反对改革时，政策制定者会发现自己试图建立有效的贸易政策和合理的贸易自由化改革，但却不能很好地实施这些政策。因此，对于发展中国家而言，政府应该不仅关注新贸易政策的利益，更要去创造高稳定性的政策环境①。

贸易政策的稳定性是相对的。承认制度的稳定性有利于对外贸易的发展并不意味着制度应当是一成不变的。一成不变的贸易制度只会使国家陷入"制度僵化"陷阱。贸易制度需要随其所在环境的变化而变化。要促进对外贸易的发展并非一定需要大刀阔斧的制度改革，对于发展中国家而言，制度的学习和引进是必需的，但它必须在可承受的范围内进行，具有相对稳定性的制度才能对对外贸易发展和经济增长产生长期作用。

针对中国贸易政策的稳定性现状，其稳定性的维持需要注意以下几个方面：

第一，贸易政策的稳定性要与贸易政策的有效性相匹配，并根据贸易政策有效性的动态变化进行相应的调整。政策的制度稳定性为有效性提供保障，由于制度本身存在着边际收益递减规律；因此，随着外界环境的改变，制度将不可避免地面临着有效性递减的问题，如果任由其下滑而不加以制止，一国不仅无法享受有效的贸易政策所带来的全部好处，反而还要承担政策有效性不断下降的成本。此时，如果处理不好政策有效性和稳定性的关系，低效的政策就有可能不断被"锁定"，"政策陷阱"就可能开始出现，长期的贸易发展和经济增长也就失去了保障。

第二，贸易政策稳定性的调节应以发挥微观主体的能动性和创造性为导向。贸易政策的不稳定性——包括政策的经常性逆转、政策之间的不一致，以及政策指标的高波动性——会为微观主体创造一个不良的经济环境，会压制微观主体进一步的生产性活动，因此，贸易政策的稳定性调节要注重发挥微观主体的能动性和创造性。

第三，要注重贸易政策与其他经济政策之间的协调。贸易政策稳定性的维

---

① Borja, K., Trade Policy Instability Index: The Effect of Trade Policy Instability on Economic Growth, *ProQuest Dissertations and Theses*, 2005.

持离不开贸易政策与包括货币政策、外资政策等在内的其他经济政策之间的协调。贸易政策不仅在贸易领域发挥主要作用，对其他经济领域也会产生一定的影响；因此，贸易政策的稳定需要有其他经济政策的支持。只有贸易政策与其他的经济政策之间能够相互包容，才能够得到其他政策的支持和配合，贸易政策的稳定性也才能够维持。

总之，必须按照当前"深化经济体制改革"和加"快转变经济发展方式"的内在要求，进一步优化贸易制度安排，通过提升贸易政策的有效性与稳定性，改善贸易和经济的运行环境，促进中国贸易结构和经济结构的战略性调整，以"靠深化改革而形成的制度红利"代替"人口红利"和"资源红利"，推动贸易更有效率、更加协调、更可持续地发展。

结   论

本部分将对全书的主要观点和结论进行简要的归纳总结，并在此基础上，分析本研究的不足之处以及未来的研究方向。

一、本书的主要观点和结论

在借鉴前人相关研究成果的基础上，本书从制度质量视角对中国的贸易政策问题进行了研究。本研究以制度有效性和制度稳定性的基本范畴和中国贸易政策的现状为出发点，以理论分析和经验分析为主要的研究方法，通过构建制度有效性和制度稳定性的二维属性统一维度的分析框架，来对中国的贸易政策和贸易发展问题进行理论和统计的分析，以求为处于"完善社会主义市场经济体制"和"加快转变经济发展方式"的中国的贸易发展和贸易制度改革提供参考。本研究的主要观点和结论如下：

（1）好的制度既是有效的制度，也是相对稳定的制度。一个完整的制度质量分析框架应该包括制度有效性和制度稳定性两个方面，制度有效性与制度稳定性是一个有机的整体。有效性是制度的直接特性，稳定性是制度的长期特性，是制度存在的理由，只有从同一维度对制度的有效性和稳定性进行把握，制度的竞争力才会得以体现。

（2）制度是影响国际贸易的内生变量。包括政策、体制、规则等在内的制度本身既可以直接对贸易产生影响，还可以通过人力资本、交易费用、技术创新、规模经济等渠道间接地对贸易产生影响。

（3）对贸易政策的制度质量评价应当包括政策的有效性和政策的稳定性两个方面。贸易政策的有效性是对贸易政策的结果和成本的综合考虑，贸易政策的稳定性是对贸易政策的波动性、政府对贸易政策承诺，以及贸易政策一致性三者的综合考虑。

（4）高质量（高有效性和相对稳定）的贸易政策促进一国对外贸易发展，低质量的贸易政策阻碍其对外贸易发展。通过使用面板数据对发达国家的贸易政策和发展中国家的贸易政策进行比较研究以及对中国贸易政策制度质量的实证考察都证明了这一观点。因为高质量的贸易政策通过减少经济交易和生产性激励活动中的不确定性，提供有效的产权、信任和有效的激励，减少了对外贸易商所面临交易的不确定性进而降低了交易的成本，激励了微观经济个体的交易行为的增加和交易效率的提高，增加了人们从专业化分工和对外贸易中获取的利益。

（5）中国的贸易政策总体上是有效的。对中国贸易政策结果的定性分析说明了这一点。中国贸易政策有效性的实证考察也表明贸易政策有效性对对外贸易有显著的正向拉动作用。在"协调管理的一般自由贸易政策"的大原则下，中国现行的贸易政策保持了相对稳定性。中国贸易政策波动性较大的两个时间段是 1995～1997 年以及 2004～2006 年，这是中国的贸易政策适应外界经济大环境变化的结果。中国贸易政策稳定性的实证考察也表明贸易政策稳定性对对外贸易有显著的正向拉动作用。中国贸易政策的有效性与相对稳定性在发挥作用时相互影响，共同促进对外贸易的发展。

（6）中国要实现对外贸易的良好发展，须以改善贸易政策制度质量为基础，良好的制度是对外贸易和经济长期持续增长的推动器。与难以改变的地缘联系和文化纽带联系相比，制度更容易改进，决策者可以通过行之有效的工作提升制度的有效性和稳定性，虽然近年来决策者在这方面在不断地改进，但是要实现中国贸易和经济的稳定增长，仍需进一步采取措施改善贸易制度环境。

二、本书的不足之处及后续的研究方向

从制度质量视角研究贸易政策是一个较新的研究方向，国内外可供参考的成熟的理论和经验研究成果都不是很丰富，本书在前人研究成果的基础上进行了理论和实证检验上的拓展，但由于本人的理论知识和计量知识有限，本研究仍存在很多不足之处亟待进一步研究和完善：

第一，本书的理论研究和实证研究都属于宏观层面，对微观层面涉及较少，因此，将对制度有效性和制度稳定性的分析与微观个体行为联系在一起，细化制度质量变量，针对微观个体的动机和行为进行建模，将是未来研究的一

个方向。

第二，在数据的收集和整理方面，由于有关研究机构对各类制度质量指标的统计时间相对较短，导致本研究计量检验的样本期不足 20 年，面板数据的结果可能会受到一定的影响，如何合理地运用现有的制度质量衡量方法进行范围更广泛的、合理的、科学的实证研究，将会是未来研究的另一个方向。

第三，本书虽然采取了规范分析和实证分析相结合的分析方法，但实证分析的数据多是来源于国内外公开发表的刊物或网站，相关研究并没有进行相应的实地调查。为了避免理论与实践相脱节，后续研究有必要对这一方面进行改善。

参 考 文 献

[1] 白泉旺、俞海山:《中国对外贸易政策与环境政策的协调——基于世贸组织规则的研究》,载《国际贸易问题》2007年第9期。

[2] 蔡洁:《基于制度差异视角的贸易摩擦分析》,载《经济经纬》2007年第3期。

[3] 丁煌:《政策制定的科学性与政策执行的有效性》,载《南京社会科学》2002年第1期。

[4] 冯务中:《制度有效性理论论纲》,载《理论与改革》2005年第5期。

[5] 郭苏文、黄汉民:《制度质量、制度稳定性与对外贸易:一项实证研究》,载《国际经贸探索》2011年第4期。

[6] 郭苏文、黄汉民:《中国对外贸易差异化发展的制度质量解释》,载《中南财经政法大学学报》2011年第1期。

[7] 韩景华、任维:《后危机时代贸易保护主义新趋势及应对策略》,载《国际经济合作》2011年第2期。

[8] 韩小威:《经济全球化背景下中国产业政策有效性问题研究》,中国经济出版社2008年版。

[9] 黄汉民、郑先勇:《大国崛起中的贸易政策取向及对中国贸易政策启示——基于制度质量视角的思考》,载《国际贸易》2010年第10期。

[10] 黄少安:《关于制度变迁的三个假说及其验证》,载《中国社会科学》2000年第4期。

[11] 霍春龙、包国宪:《新制度主义政治学视角下的制度有效性》,载《内蒙古社会科学》,2010年第1期。

[12] 柯武刚、史漫飞:《制度经济学:社会秩序与公共政策》,商务印书馆2000年版。

[13] 孔庆峰、朱俊丽:《中国贸易政策的政治经济学分析——基于2002~2007年FDI和对外贸易的面板数据》,载《山东社会科学》2011年第1期。

[14] 卢现祥:《新制度经济学》,武汉大学出版社2004年版。

[15] 李钢:《后危机时代中国外贸政策的战略性调整与体制机制创新》,载《国际贸

易》2010 年第 3 期。

[16] 李健：《WTO 体系下中国对外贸易政策与环境政策的协调》，载《经营与管理》2009 年第 7 期。

[17] 李燕、张波：《中国产业政策与贸易政策的协调问题研究——基于制度性贸易摩擦背景下的分析》，载《现代经济探讨》2012 年第 2 期。

[18] 李文峰：《贸易政策形成研究》，2001 年中国社会科学院博士论文。

[19] 李富强、董直庆、王林辉：《制度主导、要素贡献和中国经济增长动力的分类检验》，载《经济研究》2008 年第 4 期。

[20] 李怀：《制度生命周期与制度效率递减》，载《管理世界》1999 年第 3 期。

[21] 李莉：《小融资大制度——透过危机看中国贸易政策体系的制度缺陷》，载《国际贸易》2010 年第 4 期。

[22] 李晓峰：《中国对外贸易政策取向的实证研究——基于中韩自由贸易区的建立》，载《国际经贸探索》2011 年第 11 期。

[23] 刘替：《竞争政策与贸易政策关系浅析》，载《中国特色社会主义研究》2010 年第 2 期。

[24] 刘文革、高伟：《制度变迁的度量与中国经济增长——基于中国 1952～2006 年数据的实证分析》，载《经济学家》2008 年第 6 期。

[25] 罗小芳、户现祥：《制度质量：衡量与价值》，载《国外社会科学》2011 年第 2 期。

[26] 倪晓菁、唐海燕：《论制度创新与中国对外贸易发展》，载《石家庄经济学院学报》2005 年第 5 期。

[27] 潘向东、廖进中、赖明勇：《经济制度安排、国际贸易与经济增长影响机理的经验研究》，载《经济研究》2005 年第 11 期。

[28] 潘镇：《制度质量、制度距离与双边贸易》，载《中国工业经济》2006 年第 7 期。

[29] 乔畅：《当前中国国际贸易政策研究》，载《现代经济信息》2012 年第 1 期。

[30] 任重：《基于产品内分工的贸易政策研究》，载《中央财经大学学报》2011 年第 3 期。

[31] 任重、朱延福：《论战略性贸易政策与制度环境的稳定性》，载《中南财经政法大学学报》2005 年第 4 期。

[32] 茹玉骢、金祥荣：《合约实施制度与国际贸易文献综述》，载《国际贸易问题》2008 年第 2 期。

[33] 孙杰：《克鲁格曼的理论"接口"和诺思的"贸易由制度启动"命题》，载《经济研究》1997 年第 12 期。

[34] 唐海燕：《中国对外贸易创新系统构建及其路径》，载《国际贸易》2005 年第

8 期。

　　[35] 唐永红：《制度创新与外贸发展》，载《云南财贸学院学报》1999 年第 6 期。

　　[36] 佟家栋、林力：《金融危机与中国对外贸易政策和产业政策的思考》，载《南开学报（哲学社会科学版）》2009 年第 6 期。

　　[37] 涂红：《贸易开放、制度变迁与经济增长——基于不同国家规模和发展水平的比较分析》，载《南开学报（哲学社会科学版）》2006 年第 3 期。

　　[38] 王俊：《从制度设想到贸易政策：美国碳关税蜕变之路障碍分析》，载《世界经济与政治》2011 年第 1 期。

　　[39] 万荃、年志远、孙彬：《制度质量有效性与稳定性对利率市场化改革的影响》，载《国际金融研究》2012 年第 10 期。

　　[40] 王申宁：《关于后危机时代外贸政策创新的思考》，载《国际贸易》2010 年第 2 期。

　　[41] 王恬、王苍峰：《贸易政策变动对异质性企业生产率的影响——对中国制造业企业数据的实证研究》，载《世界经济文汇》2010 年第 3 期。

　　[42] 王蕾、孙婷：《中国国际贸易政策探析》，载《经济研究导刊》2010 年第 18 期。

　　[43] 吴盼文：《货币政策、财政政策、产业政策、贸易政策、汇率政策协调配合问题研究》，载《华北金融》2007 年第 10 期。

　　[44] 肖利平、郭熙保：《制度质量与追赶型增长——基于中国省域经济的实证研究》，载《北京工商大学学报（社会科学版）》2011 年第 5 期。

　　[45] 薛荣久：《中国应转向协调管理型自由贸易政策》，载《人民论坛（中旬刊）》2010 年第 3 期。

　　[46] 熊锋、黄汉民：《贸易政策的制度质量分析——基于制度稳定性视角的研究评述》，载《中南财经政法大学学报》2009 年第 5 期。

　　[47] 姚鹏：《论政策执行成本的困境与消解》，载《南京工业大学学报》2006 年第 12 期。

　　[48] 余官胜：《对外贸易政策与经济增长：度量方法和基于省际面板数据的实证研究》，载《统计与信息论坛》2010 年第 9 期。

　　[49] 俞剑平、张小蒂：《制度创新：国际贸易增长的重要因素》，载《经济理论与经济管理》2001 年第 8 期。

　　[50] 张海伟：《贸易引力模型的扩展及应用综述》，载《商业经济》2010 年第 2 期。

　　[51] 张亚斌：《论国际贸易中的制度资源》，载《甘肃社会科学》2000 年第 2 期。

　　[52] 张伟：《论制度因素对发展中国家贸易的影响——以中国的外贸发展为例》，载《云南民族学院学报（哲学社会科学版）》2003 年第 2 期。

　　[53] 战松：《制度与效率：基于中国债券市场的思考》，2006 年西南财经大学博士

论文。

[54] 钟昌标、李富强：《经济制度和中国经济增长效率的实证研究》，载《数量经济技术经济研究》2006 年第 11 期。

[55] Acemoglu, D., Johnson, S., Robinson. J. A., Reversal of Fortune: Geography and Institutions in the making of the modern world income distribution, *The Quarterly Journal of Economics*, 2002 Nov, Vol. 117, No. 4, pp. 1231 – 1294.

[56] Acemoglu, D., Johnson, S., Robinson. J., Institutions as a Fundamental Cause of Long – Run Growth. *Handbook of Economic Growth*, 2005, Vol. 1, part A, pp. 385 – 472.

[57] Acemoglu, D., Robinson, J. A., Political Power and Institutional Persistence, *The American Economic Review*, 2006 May, Vol. 96. No. 2, pp. 325 – 330.

[58] Acemoglu, D., Antràs, P., Helpman, E., Contracts and technology adoption, *The American economic review*, 2007 Jun, Vol. 97, No. 3, pp. 916 – 943.

[59] Addison, T., Baliamoune-Lutz, M., Economic Reform when Institutional Quality is Weak: The Case of the Maghreb, *Journal of Policy Modeling*, 2006 Dec, Vol. 28, No. 9, pp. 1029 – 1043.

[60] Aizenman, J., Marion, N., Volatility, Investment and disappointment aversion. National Bureau of Economic Research, Working Paper No. 5386, 1995.

[61] Anderson, J. E., Marcouiller, D., Insecurity and the pattern of trade: an empirical investigation, *Review of Economics and Statistics*, 2002 May, Vol. 84, No. 2, pp. 342 – 352.

[62] Basri, M. C., Patunru, A. A., How to Keep Trade Policy Open: The Case of Indonesia, 2012 Jul, Vol. 48, No. 2, pp. 191 – 208.

[63] Berggren N., Bergh A., Bjornskov C., The Growth Effects of Institutional Instability, *Journal of Institutional Economics*, 2012 Jun, Vol. 8, No. 2, pp. 187 – 224.

[64] Berkowitz, D., J Moenius, K., Pistor-Mich. J. L., Legal Institutions and International Trade Flows, *Michigan Journal of International Law*, 2004 fall.

[65] Bhattacharyya, S., Five Centuries of Economic Growth in India: The Institutions Perpective, *Routledge Handbook of South Asian Economics*, 2011.

[66] Bhattacharyya, S., Dowrick, S., Golley, J., Institutions and Trade: Competitors or Complements in Economic Development?, *Economic Record*, 2009Sep, Vol. 85, No. 270, pp. 318 – 330.

[67] Bjørnskov, C., Kurrild-Klitgaard, P., Economic Growth and Institutional Reform in Modern Monarchies and Republics: A Historical Cross – Country Perspective 1820 – 2000, *Working Paper* 08 – 15, Aarhus School of Business. Aarhus, Denmark, 2008.

[68] Borja, K., Trade Policy Instability Index: The Effect of Trade Policy Instability on

Economic Growth, *ProQuest Dissertations and Theses*, 2005.

［69］Borrmann, A., Busse, M., Institutional Quality and the Gains from Trade, *International Review for Social Sciences*, 2006 Aug, Vol. 59, No. 3, pp. 345 – 368.

［70］Butter, F., Mosch, R., Trade, Trust and Transaction Costs, Tinbergen Institute *Working Paper* No. 2003 – 082/3, 2008.

［71］Calvo, G., Costly Trade Liberalization: Durable Goods and Capital Mobility, *International Monetary Fund Staff Papers*, 1988 Sep, Vol. 35, No. 3, pp. 461 – 473.

［72］Chaudhry, A., Garner, P., Do Government Suppress Growth? Institutions, Rent-Seeking, and Innovation Blocking in A Model of Schumpeterian Growth, *Economics and Politics*, 2007 Mar, Vol. 19, No. 1, pp. 35 – 52.

［73］Coe, D. T., Helpman, E., International R&D Spillovers, *European Economic Review*, 1995 May, Vol. 39, No. 5, pp. 859 – 887.

［74］Costinot, A., Contract Enforcement, Division of Labor and The Pattern of Trade, http://citeseerx.ist.psu.edu/viewdoc/download? doi = 10.1.1.188.9603&rep = rep1&type = pdf, 2005.

［75］Davis, L. S., Institutional Flexibility and Economic Growth, *Journal of Comparative Economics*, 2010 Sep Vol. 38, No. 3, pp. 306 – 320.

［76］Davis, L. S., Intellectual Property Rights, Institutional Quality and Economic Growth, *Journal of International Commerce, Economics and Policy*, 2012, Vol. 3, No. 1, pp. 1 – 27.

［77］Dent, C. What Difference a Crisis? Continuity and Change in South Korea's Foreign Economic Policy, *Journal of the Asia Pacific Economy*, 2000, Vol. 5, No. 3, pp. 275 – 302.

［78］Desroches, B., Francis, M., Institutional Quality, Trade, and the Changing Distribution of World Income, *Bank of Canada Working Paper* No. 2006 – 19, 2006 May.

［79］Dixit, A. K. Entry and Exit Decisions Uncertainty, *Journal of Political Economy*, 1989 Jun, Vol. 97, No. 3, pp. 620 – 638.

［80］Dollar, D., Kraay, A., Institutions, trade, and growth, *Journal of Monetary Economics*, 2003 Jan, Vol. 50, No. 1, pp. 133 – 162.

［81］Elyasiani, E., Jia, J. Y., Mao, C. X., Institutional Ownership Stability and The Cost of Debt, *Journal of Financial Markets*, 2010 Nov, Vol. 13, No. 4, pp. 475 – 500.

［82］Feenstra, R. C., Hong, C., Ma, H., Spencer, B. J., Contractual Versus Non-Contractual Trade: The Role of Institutions in China, NBER Working Paper No. 17728, 2012 Jan.

［83］Fernandez, R., Rodrik, D., Resistance to Reform: Status quo bias in the presence of individual-specific uncertainty, *The American Economic Review*, 1991Dec, Vol. 81, No. 5, pp. 1146 – 1155.

［84］Frankel. J. A., Romer, David., Does Trade Cause Growth?, *American Economic Review*, 1999 Jun, Vol. 89, No. 3, pp. 379 – 399.

〔85〕 Gallo, A. , Trade Policy and Protectionism In Argentina, Economic Affairs, 2012 Feb, Vol. 32, No. 1, pp. 55 – 59.

〔86〕 Gani, A. , Prasad, B. C. , Institutional Quality and Trade in Pacific Island Countries, *Asia-Pacific Research and Training Network on Trade Working Paper Series No. 20*, 2006 Oct.

〔87〕 Giavazzi, F. and Tabellini, G. , Economic and Political Liberalizations, Journal of Monetary Economics, 2005 Oct, Vol. 52. No. 7 pp. 1297 – 1330.

〔88〕 Greif, A. , Contract Enforceability and Economic Institutions in Early Trade: the Maghribi Trades' Coalition, The American Economic Review , 1993, Vol. 83, No. 3, pp. 525 – 548.

〔89〕 Handley, K. , Exporting Under Trade Policy Uncertainty: Theory and Evidence, *WTO working paper series ERSD – 2011 – 20*, 2011.

〔90〕 Handley, K. , Limao, N. , Trade and Investment under Policy Uncertainty: Theory and Firm Evidence, *Working Paper of University of Maryland*, 2011.

〔91〕 Hayek, F. A. Competition as a Discovery Procedure In New Studies in Philosophy, Politics and Economics, University of Chicago Press 1978.

〔92〕 Heckelman J. C. , Benjamin P. , Corruption and the Institutional Environment for Growth, *Comparative Economic Studies*, 2010 July, Vol. 52, pp. 351 – 378.

〔93〕 Henri L. F. de Groot. , Linders, G. , The Institutional Determinants of Bilateral Trade Patterns, *International Review for Social Sciences*, 2004 Feb, Vol. 57, No. 1, pp. 103 – 123.

〔94〕 Hoekman B. , Trade Policy, Trade Costs, and Developing Country Trade, *World Development*, 2011 Dec, Vol. 39, No. 12, pp. 2069 – 2079.

〔95〕 Johnson, S. , Ostry, J. , The Prospects for Sustained Growth in Africa: Benchmarking the Constraints, *IMF Working Paper 07/52*, 2007.

〔96〕 Klomp, J. , Haan, J. , Political Institutions and Economic Volatility, European Journal of Political Economy, 2009 Sep, Vol. 25, No. 3, pp. 311 – 326.

〔97〕 Knight, J. , Johnson, J. , The Priority of Democracy: A Pragmatist Approach to Political – Economic Institution and the Burden of Justification, *American Political Science Review*, 2007 Feb, Vol. 101, No. 1, pp. 47 – 61.

〔98〕 Levchenko. , A. A. , Institutional Quality and International Trade, *Review of Economic Studies*, 2007, Vol. 74, No. 3, pp. 791 – 819.

〔99〕 Levchenko, A. A. , International Trade and Institutional Change, *NBER Working Paper No. 17675*, 2011 Dec.

〔100〕 Levitsky, S. , Murillo, M. , Variation in Institutional Strength, *Annual Review of Political Science*, 2009 Jun, Vol. 12, pp. 115 – 133.

〔101〕 LiPuma J. A. , Newbert, S. L. , Doh, J. P. , The effect of institutional quality on firm export performance in emerging economies: a contingency model of firm age and size, *Small Business Economics* 2011, DOI: 10. 1007/s11187 – 011 – 9395 – 7.

[102] Mahoney, J. , Thelen, K. , A Theory of Gradual Institutional Change, Cambridge University Press, 2010.

[103] Marin, D. , Schnitzer, M. , *Contracts in Trade and Transition: The Resurgence of Barter*, MIT Press 2002.

[104] Meon, P. G. , Sekkat, K. , Institutional quality and trade: Which institutions? Which trade? *Economic Inquiry*, 2008 April, Vol. 46, No. 2, pp. 227 – 240.

[105] North D. C. , *Structure and Change in Economic History*, New York. Cambridge University Press, 1981.

[106] Olson, M. , *The Rise and Decline of Nations: Economic Growth, Stagflation, and Social Rigidities*, Yale University Press, 1982.

[107] Ptilik, H. , The Path of Liberalization and Economic Growth, *Kyklos*, 2002 Feb, Vol. 55, No. 1, pp. 57 – 80.

[108] Ranjan, R. , Young L. , Contract Enforcement and International Trade, *Economics and Politics*, 2007 July, Vol. 19, Issue 2, pp. 191 – 218.

[109] Rauch, J. Trindade, V Ethnic Chinese Networks in International Trade, *The Review of Economics and Statistics*, 2002 Feb, Vol. 84, No. 1, pp. 116 – 130.

[110] Robbins, B. G. , Institutional Quality and Generalized Trust: A Non-recursive Causal Model, *Social Indicators Research*, 2012 Jun, Vol. 107, No. 2, pp. 235 – 258.

[111] Rodrik, D. , Trade Policy Reform as Institutional Reform, http: //ideas. repec. org/p/idb/brikps/8750. html, 2002.

[112] Rodrik, D. , Subramanian, A. , Trebbi, F. , Institutions Rule: The Primacy of Institutions over Geography and Integration in Economic Development, *NBER Working Paper* No. 9305, 2002 Nov.

[113] Rogowski, R. , *How trade affects domestic political alignments*, Princeton University Press, 1989.

[114] Romer, P. , Endogenous Technological Change, *The Journal of Political Economy*, 1990, Vol. 98 No. 5, pp. 71 – 102.

[115] Ronald B. , Mitchell. , *Evaluating the Performance of Environmental Institutions: What to Evaluate and How to Evaluate It*? MIT Press, 2008.

[116] Sambit B. , Trade liberalization and institutional development, *Journal of Policy Modeling*, 2012 Apr, Vol. 34, No. 2, pp. 253 – 269.

[117] Sato, M. , Samreth, S. , Sasaki, K. , Stability of Sustainable Development Path and

the Institution, http: //www. webmeets. com/files/papers/EAERE/2011/624/Stability. pdf 2011 June 17.

[118] Shleifer, A. , Vishny, R. W. , Corruption, *The Quarterly Journal of Economics*, 1993 Aug, Vol. cviii, No. 3, P. 599.

[119] Slabe – Erker, R. , Klun, M. , The Contribution of Institutional Quality to Lowering Company Compliance Costs, *African Journal of Business Management*, 2012 Feb, Vol. 6, No. 8, pp. 3111 – 3119.

[120] Engerman S. L. , Sokoloff K. L. , Institutional and non – institutional explanation of economic differences, *Working Paper* 9989, 2003 Sep.

[121] Thanh L. , Trade, Remittances, Institutions, and Economic Growth, *International Economic Journal*, 2009. Vol. 23 (3), pp. 391 – 408.

[122] Teles VK. , Institutional Quality and Endogenous Economic Growth, *Journal of Economic Studies*, 2007, Vol. 34, No. 1, pp. 29 – 41.

[123] Toke S. A. , Corruption, institutions, and economic development, *Oxford Review of Economic Policy*, 2009, Vol. 25, No. 2, pp. 271 – 291.

[124] Valman, M. , Institutional Stability and Change in the Baltic Sea: 30 Years of Issues, Crises and Solutions, Marine Policy, 2012 Mar, Vol. 38, pp. 54 – 64.

[125] Von H. J. , Lutz, S. , Fiscal and Monetary Policy on the Way to EMU, *Open Economies Review*, 1996, Vol. 7, No. 4, pp. 299 – 325.

[126] Wei S. J. , How Taxing is Corruption on International Investors?, *Review of Economics and Statistics*, 2000 Feb, Vol. 82, No. 1 pp. 1 – 11.

[127] Young, O. R. , *The Effectiveness of International Environmental Regimes: Causal Connection and Behavioral Mechanisms*, MIT Press, 1999.

[128] Yu, M. J. , Trade, Democracy and The Gravity Equation, *Journal of Development Economics*, 2010 Mar, Vol. 91, No. 2, pp. 289 – 300.

[129] Zhao M. , Fogel K. , Trade Liberalization and Institutional Reform, *Asian Economic Papers*, 2010 Summer Vol. 9, pp. 44 – 71.

后　　记

　　世界经济一体化的发展趋势以及国与国之间的紧密联系使一国的对外贸易在其经济发展的作用越来越举足轻重。然而各国之间的贸易发展却极不平衡，美国与俄罗斯无论是在人口规模上还是在国土面积、自然资源和科学技术等指标上都比较接近，但美国的对外贸易额几乎是俄罗斯对外贸易总额的10倍。韩国、日本、中国台湾以及以色列等国家和地区在资源相对劣势的情况下却能够创造出竞争优势，而有些国家虽然在资源上拥有优势但其贸易却没有得到长足的发展，原因是什么？制度因素在其中起到了什么样的作用？

　　就中国而言，自改革开放以来的外贸体制的不断改革和完善，极大地促进了对外贸易的发展，根据世界银行的统计数据显示，1978～2011年中国GDP平均增长率高达9.98%，人均GDP平均增长率高达8.84%，另外，中国在全球贸易中的排名也迅速攀升，已经由1978年的第32位上升到2012年的第1位，超过美国，成为第一国际贸易大国。然而，中国的贸易政策和贸易发展还存在一系列的问题，如政府对贸易政策的行政性干预过多，经济性干预不足；贸易政策与相关经济政策还存在一定的不协调性；外贸发展的不平衡、不协调和不可持续问题日显严峻：贸易发展与资源能源供给和环境承载力的矛盾日益突出，和东部地区相比，中部和西部地区的对外贸易无论从规模上还是水平上都相对落后，外贸发展的质量和效益仍然相对低下等。这些问题如果得不到及时纠正，贸易发展和经济增长的进一步开展就会遇到阻碍。

　　作为发展大国和贸易大国，中国当前面临着如何保持贸易平衡、协调和可持续发展的严峻问题。那么，究竟采用什么样的贸易政策，如何提高贸易政策的有效性、维持贸易政策的稳定性，优化贸易制度安排，才能使中国充分发挥比较优势，变比较优势为竞争优势，从贸易中取得更大的利益？对这个问题有很多的研究成果提供了深刻的见解。在借鉴这些研究成果的基础上，本书以制度有效性与稳定性的基本范畴和中国贸易政策的现状为出发点，以理论分析和经验分析为主要的研究方法，通过构建制度有效性和制度稳定性的二维属性统一维度的分析框架，提出贸易政策的制度质量评价标准与方法，从理论和实证角度系统研究中国经济综合转型下的贸易政策和贸易发展问题，试图从改善贸易制度质量出发，构建适应新时期中国经济发展要求的贸易政策，以求为处于"完善社会主义市场经济体制"和"加快转变经济发展方式"的中国的贸易发展和贸易制度改革提供参考。由于作者水平所限，难免出现疏漏乃至错误。不足之处，诚望读者和专家批评指正。

在本书的撰写过程中，我从许多同行的工作中受益匪浅。本书参考了大量的相关文献，由于篇幅所限参考文献在文末未能全部列出，遗漏之处，敬请见谅。

本书是在我的博士论文的基础上修改而成。从博士论文写作到本书成稿，首先要感谢的是我的恩师黄汉民教授，恩师知识渊博、治学严谨、性格平易近人，不仅在学业上给予我精心、耐心的指导，还在生活上给予了我极大的关怀和帮助。在此，特向恩师表达我最崇高的敬意和诚挚的感谢！其次，感谢张相文教授、张建民教授和张华容教授，感谢他们所给予的有益评论和建议。感谢我的家人对我无私的关爱和支持。还要感谢出版社编辑的辛苦工作，感谢西南政法大学对本书出版的资助。

郭苏文

2013 年 10 月